风雨六十年

上海市中医文献馆馆史

（1956~2015）

季伟苹 主编

广西师范大学出版社
·桂林·

图书在版编目（CIP）数据

风雨六十年：上海市中医文献馆馆史：1956～2015 /
季伟苹 主编.—桂林：广西师范大学出版社，2016.2
ISBN 978－7－5495－7231－1

Ⅰ．①风… Ⅱ．①季… Ⅲ．①中国医药学－专业图
书馆－图书馆史－上海市－1956～2015 Ⅳ．①G259.255

中国版本图书馆 CIP 数据核字（2016）第 013477 号

出 品 人：刘广汉
责任编辑：李　杨　黄　越
装帧设计：徐　妙

广西师范大学出版社出版发行

（广西桂林市中华路 22 号　　　邮政编码：541001）
（网址：http://www.bbtpress.com）

出版人：何林夏
全国新华书店经销
销售热线：021－31260822－882/883
上海盛通时代印刷有限公司印刷
（金山工业区漕廊公司 2888 号 7 幢 2 区　邮政编码：201506）
开本：720mm×1 000mm　　1/16
印张：19　　　　　　　　字数：344 千字
2016 年 2 月第 1 版　　　2016 年 2 月第 1 次印刷
定价：168.00 元

如发现印装质量问题，影响阅读，请与印刷单位联系调换。

《风雨六十年》编委会

编 写 说 明

一、上海市中医文献馆是全国最早的专门从事中医文献研究的机构，创办于 1956 年，迄今为止已走过六十年的风雨历程。上海市中医文献馆是上海中医的学术之家，是上海名医经验的交流平台，上海市名中医中有许多都是文献馆的馆员，他们一直是文献馆鲜活的文献资源。因此，编修文献馆六十年的馆史，不单是记录一部中医机构的成长史，而是能够从一个侧面反映出上海中医的发展历程。"鉴前世之兴衰，考当今之得失""修志问道，以启未来"是编修馆史的价值所在。

二、《风雨六十年——上海市中医文献馆馆史（1956~2015）》是一部史学专著。全书有四个部分组成，依次为"立馆篇（1956~1972）""复馆篇（1981~2000）""兴馆篇（2001~2015）""附录图表"四个部分。

每一部分，都以重要的人物、事件及研究成果为叙述的主题，具体的资料数据则以图表的形式附录书后。例如，"立馆篇"中对建馆初期的第一任馆长顾渭川，副馆长张赞臣，以及"复馆篇"中的董廷瑶、姜春华等名医大家的叙述较为详细，其他馆员的珍贵资料，可见"附录图表"中的《馆员名录》。

三、本书的主体内容由正文、插图、小贴士、出处注释四部分组成。1. 正文是对事件、人物以及时代特征的描述，保持一种文字简洁、叙述连贯的风格。2. 插图不是正文内容的印证，而是正文内容的延伸。3. 小贴士是突出正文精华，或补充相关内容。4. 出处的注释，一是将那些年代久远的、未能连续保存下来的史实，通过今人的口述、对尘封文献的挖掘而点滴获得的珍贵史料，注明其来源，以便提供给后人研究；二是为了保持整书的文体一致，对那些重要但又较长的引文，只在正文中提炼观点不引原文，并在页脚注明原文出处。

"正文、插图、小贴士、出处"四部分组成本书的结构特点，其优势在于，读者可根据自己的需要进行选择，若快速浏览，可先阅小贴士，了解重点；若深入阅读，插图和出处可提供线索；正文部分则按时间顺序娓娓道来。

四、本书的史料是由文献、档案加口述三部分组成。特别是 1956 年至 1972 年的早期资料，由于"文革"期间机构撤销，档案散失，十五年的馆情沉默在历史的长河之中难觅其踪。

六十年后的今天，要再现历史原貌，接续馆史文脉，实非易事。因此，为了还原这段历史，我们着力于从五个途径进行搜寻：一是根据馆内退休老专家们的回忆，口述整理；二是通过翻看档案中的老照片逐一分析辨认当年的人和事；三是从当年馆员们发表的文章中发现线索；四是文献馆老职工捐献出个人的珍藏；五是寻访与那段历史有关的其他单位。一步一步寻其足迹，将获得的资料关联起来，终于理出了当年的概貌，并形成了几个重要的主题。

工会及党支部的内容以本届工会、本届党支部为主，由于资料所限，以往的活动内容，仅选择对文献馆的发展有重大影响的部分写入本书。

五、本书是文献馆 2015 年财政专项《上海市中医文献馆馆史》项目的组成部分。该专项称为"五个一工程"，即一部馆史专著、一部馆史纪录片、一个馆史数据库、一本馆史画册、一个馆史陈列馆。在馆内人员的通力合作与馆外人士的大力协作下，该专项将于2015 年底顺利完成。《风雨六十年——上海市中医文献馆馆史（1956~2015）》是当今文献馆人向中医文献馆"文献甲子"献上的一份厚礼。

中医传承继往开来（代序）

　　2015 年的深秋依然遵循着亘古不变的规律，金叶与晨露相依，清月共霞光一色。在临近岁末之际，我们终于进入到了馆史撰写的收官阶段。回眸其间，我这个撰写小组的组长，很自然的顺着思绪捋了一捋这一年多的修史亲历，终是按捺不住心中的感慨，用虽粗拙却饱含着五味记忆的笔触，写下了此文——"中医传承、继往开来"，并以此代序。

　　多年前，由于工作的关系我曾与文献馆有着密切接触，自认为对这所中医的文献研究机构十分了解，直到两年前接任馆长后，才真正感受到了它的与众不同。上海市中医文献馆从 1956 年的南昌路 218 号，到如今的瑞金二路 156 号，已经走过了六十年的历程。六十年的过往，文献馆与国家的命运、上海中医的发展风雨同路，尤其是建馆初期十五年的馆员制、复馆后师承教育的平台效应、中医药信息化的领先尝试、门诊部纯中医诊疗的坚持、海派中医的开放研究、中医政策的学术性研究迈上了新台阶、以及六十年来一脉相承的中医文献的应用性研究等特色，确实是让一部几十万字的馆史难以尽诉其衷。本书冠以"风雨六十年"之名，实为有感而发；本序所谈以下五大特点，仅作一家之言。

　　我馆是上海市卫生局的直属机构，1956 年与全国大部分中医机构同年成立，是落实中医"统战"政策的产物。所不同的是，我馆是新中国成立后，也是迄今唯一的一所以馆员制为特色、称谓为"馆"的中医文献研究机构，相形于其他中医机构，我馆则有着独特的优势及鲜明的特色。

馆员建制

　　我馆在六十年中先后聘请了三批馆员。第一批馆员（1956~1972）62 名，大多为当时六十岁以上的上海名医。聘任初衷是落实党的统战政策、抢救名老中医经验；第二批馆员（1981~1995）35 名，为复馆后陆续聘任，其职责是传承名医馆员经验，培养继承人；第三批馆员（2014 年至今）32 名，名誉馆员 3 名。重新恢复了停止多年的馆员聘任制，其宗旨是吸纳馆员智慧，深化中医传承。在这些馆员中，有在中医近代史上留名的张赞臣、顾渭川；新中国成立后的全国儿科名医董廷瑶、中西结合名医姜春华；新世纪的国医大师张镜人、裘沛然、颜德馨、石仰山，以及以顾筱岩、严苍山、陈苏生、施维智、李国衡、

柏连松、朱南孙、蔡小荪、沈自尹、唐汉钧、施杞、严世芸、王霞芳等为代表的中医流派名家，几乎囊括了现代大部分的上海名医。除了中医的名医名师以外，著名的西医名家邝安堃、文史馆馆员蒋维乔等，也曾是我馆馆员。这是一大批在中医文献学意义上的"活的文献"，它的传承价值和方法，是早期文献馆人的重要命题。

曾经的助理馆员，向我们讲述了当年如何将"活文献"最大限度地抢救和保存下来，如为老馆员们配备年轻的助理，跟在老先生身边一边临床、一边整理零散的口述经验；既有每月例会、老先生们坐而论道，也有平日里的座谈交流；既有老馆员们撰文出书、又有年轻的助理馆员在《引玉》上撰写跟师心得。文献馆为"活文献"的传承，采取了创办学术交流刊物、开办中医门诊、办班授课以及外出开展活动等多种形式，使得老馆员们能够在轻松的活动谈笑间迸发出灵感火花，抒发对上海中医发展的独到见解、对中医后学的悉心教诲。当年的助理馆员们也得以直接感受到名医馆员的学术风采，习得他们的人生智慧，同时责无旁贷地承担起"活文献"的传承重任。这种符合中医学术规律的、体现"悟性"的、含金量颇高的传承方法，值得我们现代文献馆人进一步的深入研究。

文献研究

从早期名为"上海市中医文献研究馆"到复馆后改为"上海市中医文献馆"，中医药的文献研究工作始终是本馆的重要工作。如今随着中医临床科研的深入进行，文献研究的基础地位和引领作用就显得更为突出。梳理我馆六十年的文献研究工作，不难看出，研究的重点集中在临床文献研究、医史文献研究两大部分。

我馆的临床文献研究，在1972年以前主要是以馆员个人的医案医话或家传的独门秘笈、民间献方、专病专科文献、个人临床心得等为主要内容，研究成果以出版《上海市中医文献研究馆丛刊》（包括十部专病专辑）为代表。1982年复馆后，重点是围绕着近现代名老中医的临证经验和医案、各流派医家特色、名医工作室等内容展开，《董廷瑶〈幼科撷要〉》《恽铁樵遗著选》《难病辨治》，张仁教授的针灸临床系列专著、陈熠教授的肿瘤临床系列专著等，都是那一时期的成果。进入新世纪，《祝味菊医案选》《曹颖甫医案》《近代海上名医医案丛书》《上海名老中医医案精选》《海上名医医案心悟》《跟名医做临床》系列丛书等陆续出版，对上海近现代名医的医案整理，达到了一定的数量。在这里我特别要提到的是，第一批馆员曾为我馆的文献研究奠定了坚实的基础，曾经撰著出版的《上海市中医文献研究馆丛刊》至今仍被视为中医精品。近期有文章报道，其中的《疟疾专辑》曾给获得诺贝尔奖的屠呦呦团队，在早期筛选抗疟药的过程中提供了重要线索。即《疟疾专辑》中记载了中医古籍《肘后备急方》的原文："疗诸疟方：青蒿一把，上一味，以水一升渍，绞取汁，尽服之。"屠呦呦团队在此指引下，大大缩短了进行药物筛选的时间。这一史实，充分体现了中医文献研究的重要价值[1]。

我馆的医史文献研究，同样贯穿了我馆从成立到现在的各个时期。1959 年出版的《中国历代医史》作为新中国成立后国内较早的中医史研究专著，为我馆的医史文献研究奠定了坚实的基础。复馆后的《中国针刺麻醉发展史》《医林春秋——上海中医中西医结合发展史》《上海中国医学院院史》《名医摇篮——上海中医学院（上海中医专门学校）校史》《杏苑鹤鸣——上海新中国医学院院史》等陆续出版，不同学科的专史、院校史的研究一直未间断。近十年来，我馆学者又为近代上海名医谢利恒、黄文东、姜春华、蔡小荪等撰写人物传记，均收入线装精本《中华中医昆仑》丛书中；与中国中医科学院、上海中医药大学等文献研究机构合作开展了上海地区古代地方志研究、中医流派发展研究等一系列上海中医的史学研究。

这些医史文献的研究成果，越来越清晰地呈现出上海中医在我国近代中医史上的独特地位。例如，开埠之前，上海由于紧邻苏杭的地理环境，在人文底蕴上占尽优势，产生了江南何氏八百年这个在世界医学史上都罕见的医学世家，也是中华医学史上少见的瑰丽画卷。开埠之后，由于政治、经济、文化上的独特背景，吸引和成就了一大批近代名医，使得上海在近代中医史上占据着举足轻重的地位。我馆前辈在上海中医史方面积累的丰厚资源，加之上海在近代中医史上的独特位置，使得我们这一代人有责任将上海中医史的研究深入进行下去。秉承前师之志，不负后师之望，目前我们在中医药发展办公室的支持下，在老专家、老领导的具体指导下，正在着力编著《上海中医药发展史略》，为今后全面开展上海中医药通史的研究，开篇引路。

"海派中医"研究

2006 年初，我在主持当年上海市卫生局中医药科技基金项目的申报工作的时候，曾向文献馆的研究人员提出要开展"海派中医"的研究。当时文献馆的学者思维敏捷，很快组织团队成功申报了课题《"海派中医"特色及对中医药发展之影响的研究》[2]。由此，文

---

[1] 黎润红．"523 任务"与青蒿抗疟作用的再发现 [J]．中国科技史杂志，2011（4）
[2] 2006J005A《"海派中医"特色及对中医药发展之影响的研究》

献馆拉开了"海派中医"的研究序幕。早期的课题研究第一次从正面诠释了"海派中医"的名称内涵；清晰的提出了"海派中医"是具有开放、多元、扬弃、创新"海派文化"特质的上海名医群体；揭示了"海派中医"的传统文化内涵，即"有容乃大""和而不同""革故鼎新"等。认识到能称其为"海派中医"的，必须是有其深厚的文化底蕴者，即所谓根基扎实才能有开放的自信，才能容纳和吸收多元文化中的精华，才能有选择和辨别孰扬孰弃的能力，才有可能创新。如今，在中医药发展办公室的大力支持下，在裘沛然、颜德馨、施杞、严世芸、张仁等海派名医的直接指导下，"海派中医"主题研究已经走过了近十年的历程。近十年来，随着一年一度的海派中医论坛的召开，将"海派中医"的研究逐步引向深入，从最初对"海派中医"概念的诠释、对其社会背景的探究、对其历史渊源的追溯……到其后对海派医家的研究，出版了《近代海上名医医案丛书》；从海派中医流派研究的兴起到近代上海中西医汇通的课题结题；从海派中医的史学研究，进一步拓展到对海派中医文化的全方位渗透，诸如海派中医文化科普基地的建设，《海派中医》影像资料的抢救整理等，取得了一系列的研究成果。"海派中医"研究方兴未艾，"海派中医"的文化意识、开放意识在如今的文献馆越来越深入人心。

信息服务　政策研究

作为局级直属单位，我馆有着辐射、服务于整个上海中医的特点，加之多任卫生局中医处领导先后出任文献馆馆长，这样的起点与高度，使得我馆领导在考虑馆的业务发展时常着眼于上海中医全局，亦能洞察中医发展的先机。上世纪 80 年代，馆领导深刻认识到中医进入信息化时代的趋势，抓住机遇、引进人才，组建了"中医情报研究室"，随后在全国率先开展了中医药数据库的建设。1993 年，当许多医学工作者尚在手工翻阅杂志查找所需文献时，我馆已经完成第一张中医检索光盘；1998 年，当许多业内人士对引文还不甚了解时，我馆已经开始筹建《中医引文数据库》。这两个数据库和当时反映中医药行业最新动态、最高水平的《国内外中医药科技进展》年刊一道，奠定了我馆当时在中医药信息行业的领先地位。近几年来，随着中医药发展研究室的成立，对中医政策的精细研究、对中医现状的深入调查，使得其撰写的调研报告已经成为中医药发展办公室制定各项中医政策的重要依据。研究室主任程勇研究员率团队中标国家社会科学基金的战略研究类重点项

[1] 国家社科基金【15AGJ003】

目——《中医药走向世界战略研究》[1]，标志着我馆对于中医药政策的研究已不限于上海、正放眼全国乃至世界。

门诊容纳各派名医

作为唯一设立于文献研究机构中的门诊部，我馆门诊部成立的初衷即为了让广大名老中医将宝贵经验在实践中传下去。通过带教门诊，培养了一批又一批的中医学术继承人，为活文献的传承起到重要作用。

如今的中医门诊部，已是老中医学术经验继承工作的实践基地，更是成为海派中医各流派的临床荟萃之地，门诊临床带教与文献研究相辅相成，进一步增强了我馆临床文献研究的应用性。几十年来门诊部一直坚持应用纯中药饮片，在全市中医临床机构中独树一帜，其初衷也正是因为饮片最能体现中医三因制宜、辨证施治、一人一方的独特魅力。目前门诊部集中了膏方、脐疗、割治、穴位敷贴、头皮针、小刀针等诸多中医特色的治疗手段，也正是为了将这些医技作为中医临床文献的生动写照传承、发扬下去。

我们从当初为名老中医落实"统战"政策、重点进行文献整理的纯学术性的文献研究馆，到进入新世纪后，增加了政府职能的延伸，为各类型各层次学习班、师承班提供基层管理服务，并成为科研课题的检索、鉴定、申报成果等提供管理与服务的综合平台，馆情已发生了变化。但是，贯穿各个时代的宗旨——"中医传承"始终未变。无论是初期在"统战"口号下团结大批名老中医、还是现在于"海派中医"旗帜下衍生系列课题，都是以"中医传承"为核心。如今的文献馆人，将"开放办馆、学术建馆、专家治馆、文化兴馆"立为办馆方针，将"厚德笃志、博学求真"定位馆训，正群策群力在中医文献研究的领域扬帆破浪，旨在延续我馆临床文献研究、医史文献研究的特色，并汇入政策研究的智慧、流派名医汇聚的魅力，将我馆建设成为一座特色鲜明、独一无二、不可取代的学术型研究机构。

本部馆史是举全馆之力完成的。在整个馆史编写的过程中，我馆老领导王翘楚、励正康、张仁、陈熠、方松春、周家琪，老专家郭天玲、唐国顺、招萼华等多次接受采访，提供线索、资料，并给予中肯意见，他们的殷切期待，使我们深受鼓舞。上海市中医药发展办公室主任郑锦、上海中医药大学原校长施杞亲自为本书作序。本书还得到了上海市卫生和计划生育委员会档案室黄昭莉老师、上海中医药大学图书馆姚捷馆长、档案室的赵晓军主任等的鼎力协助，还有上海中医药大学博物馆、上海市档案馆、上海市图书馆相关工作人员的热情接待，在此，一并致谢！

对于书中记载的史实，我们虽尽力搜集，唯恐疏漏，但毕竟资料所涉年代久远、相关人员众多，在细节上或有不妥之处，敬请谅解并指正。

我们谨以此书的编撰，希祈两愿：其一"以史为鉴，可以知兴替"，对我馆制定现行政策及未来规划提供借鉴，使之更为清醒的明晰文献馆中医传承的使命。其二，向长期以来为我馆的事业热情作为、贡献突出的老馆员、老专家、老领导们致敬，呈送一份珍贵的历史记忆；为曾在文献馆工作过的全体职工，送上一份职业生涯的记录；也为现在岗位工作的文献馆人续写馆史"家谱"，奠定基础。

六十年，一个甲子的轮回，承载的是文献馆人在不同时期的历史责任。馆史《风雨六十年》的编撰过程，是一个回顾反思、扬弃清明的过程；一个聚集人气、团结汇智的过程；一个沉潜砥砺，重展新途的过程。如今，文献馆正在中医传承的征途上，继往开来；未来，文献馆必将在波澜壮阔的海派中医传承史上，留下灿烂篇章！

李伟萍

（上海市中医文献馆馆长）

2015 年 11 月

序（二）

古人曾说过："以铜为镜，可以正衣冠；以史为镜，可以知兴替……"

写史修志不仅仅是保存史料，历史更是一面镜子，在展现曾经发生过的史实的同时，更多的是昭示未来、启迪后人。

上海市中医文献馆（以下简称"文献馆"）在建馆六十周年之际，组织专业人员编撰了《风雨六十年——上海市中医文献馆馆史》一书，系统梳理了文献馆六十年的发展轨迹。该书分"立馆篇""复馆篇"和"兴馆篇"三篇，以大量详实的资料记述了文献馆从上世纪五十年代应势而建馆、文革期间被迫闭馆、改革开放后复馆、直至如今这六十年来风雨沧桑的发展历程；阐释了文献馆在不同时期的职能和任务；展示了文献馆为中医事业所做出的贡献和成就。

文献馆是上海市卫生和计划生育委员会直属单位，相继承担了多项政府延伸职能，加之其特殊的办馆宗旨和立馆方式，该书的编撰不仅是文献馆的一件大事，也是建国后上海中医发展史料的重要组成部分，对于上海中医也意义非凡。概括来说，主要有以下几点：

一是上海中医的统战工作。文献馆成立之初即肩负着上海中医的特殊使命——响应党的中医统战政策。初期的上海市中医文献研究馆以"统战、整理研究老中医学术经验、中医培训基地"为宗旨，汇集了散落在上海各地而又年事已高的名医学者，整理其经验，开展文献研究，以发挥他们的余热。复馆后的文献馆尽管职能不断扩展，但中医馆员制和中医药文献研究工作贯穿始终。从成立至今，文献馆已相继聘任三批共130余名馆员及名誉馆员。通过此举，一大批沪上名医大家如顾渭川、张赞臣、儿科泰斗董廷瑶等汇聚文献馆，研究中医文献，整理出版了大量学术专著；又培养后学传人，使其学术经验得以传承并发扬光大。特别是建国初期那些名医的珍贵资料及其学术经验因此而得以保存下来，成为上海中医的一笔宝贵财富，弥足珍贵。

二是中医馆员制的尝试。文献馆至今仍是全国唯一的以馆员制立馆的中医文献研究机构。中医馆员制在全国是首创，就目前来看也是比较成功的中医传承发展模式之一。

新中国成立初期，由于社会制度的转型，虽然有大批中医师进入了各公立医疗机构工作，但仍有一部分年龄较高的名医散落在社会上。馆员制立馆是在当时条件下，上海市卫生局为更好地贯彻党的中医统战政策所采取的探索模式。几十年来，文献馆的馆员们通过带教馆员助理、交流座谈、创办刊物、办班授课、开办门诊以及外出活动等多种形式，既传承了他们的鲜活文献，又为他们开展中医学术活动提供了便利条件，使其充分发挥积极性。实践证明，这种模式对落实党的中医政策、对上海中医的发展均起到了重要作用。

文献馆的馆员一直是由本市中医药界德高望重、学识渊博、具有代表性的人士组成的。现阶段，馆员们更是积极献策献力，为弘扬中医、传承学术发挥了重要作用。因此，馆员制对于当前落实党的中医政策、团结凝聚行业力量，推动中医事业的发展仍将发挥积极的促进作用。

三是中医师承教育的发展与创新。文献馆是上海市中医师承教育管理的主要承担者，八十年代以后，相继承办并管理过中医研究班、全国及上海市老中医药专家学术经验继承班、全国中医科研管理干部学习班、全国民族医院院长管理学习班、全国优秀中医临床人才研修项目、上海市优秀青年人才培养项目等各类各级别中医人才培养项目。在师承教育管理的同时，勇于探索创新，2006年"上海市老中医药专家学术经验继承高级研修班"首次尝试师承与学位相结合的传承模式，并积累了一定经验。其后，这一模式在全国推广，在第四、第五批全国老中医药专家学术经验继承工作中成功运用。这些成功经验是上海中医师承教育的宝贵财富。

四是"海派中医"系列研究。"海派中医"的概念是近些年在海派文化研究基础上逐渐兴起的。2006年，文献馆以申报课题形式拉开了"海派中医"系列研究的序幕，在深入研究、广泛听取意见的基础上，对"海派中医"的内涵进行了正面诠释，对"海派中医"形成的社会和历史背景进行了深入分析研究；在阐释海派中医具有"和而不同""革故鼎新""有容乃大"等传统文化内涵的基础上，明确提出海派中医是具有"开放、多元、扬弃、创新"的海派文化特质的上海名医群体。通过承办八届海派中医论坛，邀请市内外中医药名家、相关研究领域的专家切磋交流，吸引了更多业内外人员参与到"海派中医"相关研究中，使海派中医研究逐渐深入到医家、流派、中西医汇通、文化及海派中医发展史等方面，对上海中医流派传承工程的启动起到了积极的推动作用。"海派中医"的概念也逐渐深入人心，影响日益扩大。

　　五是中医药信息服务与中医药发展研究。1987 年，文献馆成立"情报研究室"，在全国中医界较早的开展中医药情报信息服务与研究工作。1990 年 2 月，"上海市中医药科技情报研究所"在文献馆成立，其后又成为"中国中医药文献检索中心上海分中心"，开展中医药情报研究工作，并为全市提供中医药检索查新和中医药情报服务。相继开展的中医药数据库建设、完成的中医检索光盘、筹建的《中医引文数据库》，均领当时全国之先。2010 年 6 月，上海市中医药发展办公室成立了中医药发展研究室（挂靠上海市中医文献馆），开展中医药政策法规研究、中医药发展现状研究等，为上海乃至全国的中医药政策决策提供了可靠的调研分析依据，为上海市中医政策的制定提供了有力的支撑。尤其是，在国家《中医药健康服务发展规划（2015~2020）》开局之年、在深入贯彻实施《上海市进一步加快中医药事业发展三年行动计划（2014~2016）》之际，中医药发展研究室中标国家社会科学基金战略研究类重点项目——《中医药走向世界战略研究》，研究如何依托国家"一带一路"战略来促进中医药走向世界。该课题代表了当前此类研究的最前沿。

　　……

　　六十年为一甲子，是一个轮回，这是时间计算方法上的循环。文献馆自建馆以来，却是随着社会的变革、中医发展的需求，以文献研究为主要任务，不断扩展职能，取得了较大成就，对上海中医药事业的发展发挥了重要作用。如今，在文献馆即将迎来的建馆六十周年之际，在本书即将完稿付梓之际，我欣然写下此序，以示祝贺。也希望并相信文献馆能以此为契机，坚持"厚德笃志，博学求真"的馆训精神，开门办馆、开放办馆，不断开拓创新；继续深入挖掘中医中药的宝藏，更好地发挥中医在当代人民健康保健中的服务作用！

　　　　　　　　　　　　　　　　　　　　郑锦

（上海市卫生和计划生育委员会副主任
上海市中医药发展办公室主任）

2015 年 11 月

序（三）

　　上海市中医文献馆成立于 1956 年，迄今已历六十周年，庆典在即，由季伟苹馆长为主编的《上海市中医文献馆馆史》亦将付梓，有幸先睹原稿获益良多不胜感慨。该书以通行的编年体为主兼及纪传体形式记叙了该馆一个甲子的前行历程和重要事件。洋洋数十万言，爬罗剔抉、条分缕析，展示了一个个生动而又令人难以忘怀的画面。"荏苒冬春谢，寒暑忽流易"，六十年在人类历史长河中仅仅是短暂的一瞬，然而这岁月流光不仅印记了该馆的发展历史，在《馆史》中同样闪烁着我国中医药事业从新生历经曲折而走向繁荣的历程。"沉舟侧畔千帆过，病树前头万木春"，我们终于在艰难奋斗中迎来中医药事业春天的曙光。由此而言，这部历史学著作不仅属于上海市中医文献馆，也属于上海市乃至全国中医药界命运共同体的集体记忆。历史永远是一部教科书，大道岐黄，薪火相传，我们要增强对我国优秀民族文化的自觉、自信和自为，必将从我们自身的岗位迈开坚定的步伐，《馆史》从一个个侧面给予我们启迪和助推，编著者功莫大焉！

　　披览《馆史》全书，系统而全面地回顾总结了上海市中医文献馆六十年来各方面的工作及其累累硕果，骄人业绩，生动地体现了五方面的结合，即：临床文献与历史文献研究结合，静态史料整理与动态新闻采撷结合，前人遗存与当下实践结合，馆内人员与馆外专家结合，政事结合（政府职能延伸项目承担与馆内业务结合）等，如此推动着全馆工作沿着正确方向欣欣向荣卓有成就。

　　文献研究是文献馆历任领导坚持务实的基本也是基础工作，数十年来锲而不舍，贡献巨大。"文献"一词最早见于《论语·八佾》已有两千五百多年，朱熹在《论语集注》释《八佾》中指出："文，典籍也。献，贤也。"现人们将一切社会史料统称"文献"。汉刘歆父子编著《七略》，班固据此撰著《汉书·艺文志》列"六略"：六艺略、诸子略、诗赋略、兵书略、术数略、方技略等。医家为方技略属六略之一，载中医药古籍 36 种，862 卷。后世二千多年来在此基础上代有发展增加，其数可谓浩如烟海。《儒门事亲·序》曰："医学奥旨，非儒不能明。"不仅儒学，众多中医学经典名著除五经、三史、诸子、老庄外，还涉及天文地理等。孙思邈在《大医习业》中要求均应"具而学之，则于医道无所滞碍，尽善尽美矣"。这于今天实属苛刻少有能为者，因此文献的研究为广大医学工作者提供了极其重要而又宝贵的学习和工作资源，上海市中医文献馆倾全力打造文献研究高水准平台，功不可没。荣获 2015 年医学诺贝尔奖的我国药学家屠呦呦教授当年正是受到该馆编辑的《疟疾专辑》中记载的《肘后备急方》运用青蒿治疟的启示，最终发明了青蒿素。文献馆同道用自己的辛勤劳动再一次诠释了"传统的也是现代的，民族的也是世界的"这一客观真理。

上海市中医文献馆以地域冠名，必然立足上海，依托上海，研究上海，从而服务于上海为要务。在 19 世纪中叶，上海已成为远东第一大都市，不仅是新兴华埠，而且是有着厚重文化积淀的历史名城。上世纪 80 年代上海青浦崧泽遗址出土的水井便可揭示六千年前先民们在饮食文化方面的发端，上海金山区枫泾镇是吴越两国的分界地，迄今还保持有界河和界碑。吴越争雄，遗存的青铜尊（酒器）也表明两千多年前该地酒的饮用和医药之滥觞。晋代文学家陆机祖籍松江小昆山，他书写的《平复帖》不仅留下文化珍宝，也记录了一千七百年前与"瘵"病（结核病）斗争的轶事。南宋咸淳元年（1265）设有上海镇，元代至元二十八年（1291）升格为县制，迄今已有七百余载。然而医药的肇始则远远超前于地制的设置，上海自唐代开始便有名医问世，如唐代陆贽，南宋何侃，元代徐复等。自明清更日益增多，传世知名者二百多人，如李中梓、何鸿舫、王世雄、陈莲芳等。民国时期更是全国名医集萃之地，如张骧云、恽铁樵、谢利恒、丁甘仁、曹颖甫、张山雷等。薪火相传，在他们的培育和影响下，上世纪初叶上海已成名医辈出，百花争艳之地。他们兴医办学，抗争摧灭之毁。不仅保护了中医药基因和一方高原，而且独立特行，代代相传，承继着众多流派或学派的光辉。他们当年播下的种子在后来新中国的土壤、雨露和阳光下苗壮成长，成为振兴中医的俊才和中流砥柱。无论从中医地方志或历代名家大师鲜活的临证经验，考察和梳理都是上海中医事业不可多得的财富。正是基于这样的认识，文献馆在整理研究现代文献方面不遗余力，所取得的成绩同样光照可鉴。

该馆从 1959 年创办《引玉》后又相继发展并更名为《杏苑》《杏苑中医文献杂志》，直至 1994 年最后国家批准正式定名为《中医文献杂志》，历经三十余年厚积薄发、破茧而出，始终遵循"引玉之砖"的最初宗旨，广受海内外读者专家好评，迄今仍为国内唯一公开发行的中医文献类期刊，无疑是上海中医高地的一块品牌。

"海派中医"是上海近代中医的一张名片，她所张扬的理念是"开放包容，博采众长；百家争鸣，和而不同；改革创新，与时俱进"，这种植根于文化渊源的特点，使上海的中医药事业在不同时期都能知难而进，积极进取，从而开创新的局面。细究源流吴文化的影

响应是一个重要方面。吴文化源于周代泰伯南下，现在江苏无锡市的梅里建立勾吴国，至十九世吴王寿梦继位（公元前585年），吴之国力不断增强，统辖地域包括江苏、安徽、浙北、鲁南、江西大部及河南东南部，成为春秋后期五霸之一。公元前514年周敬王六年，寿梦孙阖闾始筑新城于苏州，42年后建成遂为吴国新都城。公元前473年吴为越国所灭，存世达七百年之久。吴楚越相争相融，推动了长江文明的形成和发展，并与黄河文明相呼应。战国时期曾任楚相之春申君黄歇，后封吴地大兴水利，上海广受其益，故有"申城"之别称及"黄浦江"之命名。明清时期苏州成为吴文化重镇，上海松江地区首先接纳吴文化的辐射，逐渐影响日广。吴文化的特点是"德治为本，开放纳善，刚勇尚武，灵活机智，善于谋略"。这种文化背景无疑对海派中医的形成和发展，是一个极有力的推动，1842年中英《南京条约》将上海列为"五口通商"口岸之一，随着军事经济的入侵，西方文化包括教会、医学亦大举涌入。上海成为我国中西文化争斗与交流的桥头堡，这种本土与异域、传统与现代、人文与科技相杂陈的激烈碰撞与有益借鉴，也必然为海派中医的发展增添新的元素和促进思维的活跃。作为近代上海中医在二百年的发展史上所形成的海派特色和风格不仅是可以理解的，而且为后人留下了效尤之榜样。

《馆史》不仅反映了该馆高度重视海派中医史料的搜集，整理，研究，写下了宝贵的篇章。为了弘扬百家争鸣，百花齐放，和"海派中医"与时俱进的精神，创办了"海派中医论坛"四海嘉宾切磋学术，辩论观点，交流经验，传播信息，不啻是一座"上海书院"。随着时日的推移，越来越多的中青年学者和沪外专家应邀登台演讲"华山论剑"，其会风、学风、文风令人耳目一新。

"上海市中医文献馆"为其1981年复馆后的称谓，1956年建馆时初名为"上海市中医文献研究馆"，删去其中"研究"二字，却使该馆业务由单纯文献研究扩大了范围，特别是对接政府职能延伸项目。上世纪90年代以来，该馆努力做到政事结合，承接了大量工作，特别是关于中医科技项目审评，海派中医流派传承基地管理，师承教育制度建立与实施过程管理和研究等。许多成果为全国首创，开中医业界之先河。例如师承教育方面，他们在传统和现代中寻找结合点。现代高等中医教育制度在上世纪的1916年由丁甘仁先生创办的上海中医专门学校中即已初显端倪，一改传统师徒耳提面命教学方式。实行课程教学，改变只读几本原著；实行课堂群体讲学，改变师父单打独斗传技模式；实行前理论后实践的前后期分段教学，改变无序知识传递方式。在这样的模式下延续了整整一个世纪，培养造就了一大批中医学子。但是实践让人们看到其中也有许多有悖中医人才培养的内在规律，尤其是知行分离的短板往往使已经学了三五年的大学生依然不会看病，基本理论、基本知识、基本技能等"三基"功底较差，在部分学生中表现尤为突出。在当时市卫生局及后来的市卫计委的支持下，该馆出色的通过师承再教育模式补上这一短板，并且与流派传承、学位教育相结合形成了中医人才继续教育完整的体系，也充分调动了学员和导师的积极性，为全国创造了新鲜经验，部分解决了我国中医高层次人才培养的瓶颈问题。

"以史为鉴知兴替"，人民大众创造的历史无疑是一座丰碑。纵览《馆史》我们清晰地看到上海市中医文献馆几代人在半个多世纪的艰辛历程中，怀着"莫怨春归早，花余几点红。留得根蒂在，岁岁有东风"的坚定信念，默默耕耘在文献研究的浩瀚烟海中。他们清贫，但却清净；他们无名，但却安乐，他们艰辛，但却以奉献为己任。他们的价值取向和追求正如元代诗人王冕《咏梅》曰："冰雪林中著此身，不同桃李混芳尘。忽然一夜清香发，散作乾坤万里春。"季伟苹馆长偕全馆同仁编就的这部《馆史》不仅绘制了一幅长长的画卷，向世人展示了六十年历史的光彩，也是一部催人奋进的教科书。今天我们已经不必追寻李白当年"闲来垂钓碧溪上，忽复乘舟梦日边"的奇思，我们看到的是"长风破浪会有时，直挂云帆济沧海"新时代浪潮。二百年来多少异己和儒夫或从外部摧毁中医或从内部自毁长城，但是最终依然印证了杜甫的千古名言"尔曹身与名俱灭，不废江河万古流"。

"满园春色关不住，一枝红杏出墙来。"六十年过去了，上海市中医文献馆留下来一座丰碑，一个甲子的辉煌。历史永远在前进，"雄关漫道真如铁，而今迈步从头越"。历史的责任，时代的使命，他们坚信自己永远是前进中的强者、收获者。握管濡毫，谨以为序。

施杞

二〇一五年初冬

目次

立馆篇

新中国成立初期立馆
—— 上海市中医文献研究馆（1956~1972）

复馆篇

在改革开放中复馆

——上海市中医文献馆（1981~1999）

兴馆篇

进入新世纪兴馆
—— 上海市中医文献馆（2000~2015）

附录

风雨六十年
——上海市中医文献馆（1956~2015）

立馆篇

新中国成立初期立馆
——上海市中医文献研究馆
（1956~1972）

一、建馆概况

新中国成立初期党的中医政策

新中国成立之初，百废待兴，人民疾病丛生，药品供应紧缺，绝大部分的化学药品要依靠进口。面对当时缺医少药的局面，1950 年党和国家在第一次全国卫生工作会议上制定了"预防为主"和"团结中西医"的新中国卫生工作方针[1]。

然而，在 1951 年至 1953 年，这个"团结中西医"的工作方针未被认真贯彻执行，中医在很多方面受到限制，例如，实行公费医疗制度没有考虑中医的作用，吃中药不报销；大医院不接收中医专业的毕业生参加工作；办中医进修学校，主要讲授简单的西医诊疗技术，片面地鼓励中医改学西医；各高等医学院校的课程设置，没有考虑中医药课程；中华医学会不吸收中医会员；中药产供销无人管理，盲目取缔一些深受群众欢迎又确能治病的中成药等。这些举措极大地挫伤了中医师的积极性，严重影响了中医药事业的发展。

所幸，1954 年以后，党和国家及时纠正了中医工作中的一些错误，坚决贯彻执行卫生工作的方针政策以团结中医，如大力开展西医学习中医运动，组成巩固的统一战线，使中医的社会地位和学术地位有了根本转变：大量中医院校的毕业生参加了全民或集体的医院工作，中医病床、中医门诊部、综合医院中医科和中西医结合病房大量增加；一大批中医学院和中医药学校陆续成立，培养了数千名毕业生和数万名学徒；"西医学习中医"班培养了数千名"西学中"医师。根据卫生部中医司的报告，到 1957 年 3 月，全国有 20 万中医参加了各地联合中医院、联合诊所、农业合作社保健站的疫病防治工作，有约 2.9 万余位中医师进入各公立医疗机构工作。这一时期，中医中药发挥了应有的作用，党的中医政策落到了实处。[2]

---

[1] 贺诚.在第一届全国卫生会议上的总结报告 [J].北京中医，创刊号.1951
[2] 中医工作资料汇编第 1 辑.中华人民共和国卫生部.1956（4）

在这一重视中医的背景下，上海市卫生局以实际行动贯彻落实党的中医政策，1956 年 4 月，召开全市卫生行政干部会议，决定采取以下措施：

1. 市卫生局成立中医处；

2. 全市统一吸收安排 1 630 名中医进入国家医疗机构工作，改变历史上中医不能在公立医院工作的不合理状况；

3. 举办西医离职学习中医的中医研究班（学制 2~3 年）；

4. 筹建上海中医学院；

5. 设立中医文献研究馆，聘请一批名老中医为文献研究馆馆员；

6. 举办推拿、气功训练班，建立气功疗养所。

以实际行动贯彻落实党的中医政策。

1956 年，上海市中医文献研究馆应运而生

为了响应党的中医统战政策，将散落各地、年事已高的名医学者汇集一处，上海市卫生局在 1956 年 4 月的全市卫生行政干部会议上决定设立中医文献研究馆。

经过卫生局的精心筹划，以及相关人士的不懈努力，1956 年 7 月 16 日，上海市中医文献研究馆正式成立。成立之初，文献研究馆即卫生局直属单位 [1]（1958 年 10 月 ~1959 年 8 月曾短暂划归上海中医学院领导），馆址设在当时的卢湾区南昌路 218 号，首任馆长是沪上名医顾渭川，首聘 47 位名老中医担任馆员，并配备了 37 名青壮年中医专业技术人员任助理馆员。由此，全国唯一的一所以馆员制为特色的中医文献研究机构应运而生。

《上海中医药杂志》1956 年 8 月号封底登载了上海市中医文献研究馆成立时的合影，并描述到："许多白发苍苍、精神矍铄、行医几十年的中医老前辈们，欢聚一堂，兴奋地诉说着内心的喜悦，感谢党和政府对老年中医师的关怀和重视，并决心做好整理和研究中医文献的工作。"

在文献研究馆成立不久，其归属问题曾发生一些波折：1958 年 8 月初，上海中医学院

---

[1] 上海中医药大学校志编纂委员会.上海中医药大学志.上海：上海中医药大学出版社.1997（3）：7

为了更好地开展教学与科学研究工作，曾向上海市教委、上海市卫生局请示，将卫生局所属的上海市中医文献研究馆和第十一人民医院、上海市公费医疗第五门诊部、推拿医士学校划归上海中医学院领导[1]；但仅仅一年之后，上海中医学院即发现"文献馆的性质，主要是照顾老年中医师……我院限于经费和设备，对该馆业务的发展，例如增加馆员以及对馆员们生活上妥善的照顾存在诸多困难"，因此又呈请将文献研究馆仍划归卫生局直接领导[2]。于是，1959年8月后，本馆又成为卫生局直属单位。可见，作为名老中医云集的文献研究馆，其管理模式与一般的教学、医疗机构不同，有其特殊性。

上海市中医文献研究馆成立纪念合影，摄于 1956 年 7 月 16 日

党的中医政策，在几经曲折后，终于得以落实。名医们济济一堂，以文献研究馆为家，团结在一起，为中医事业的发展共同谋划。

> 据王翘楚老馆长回忆："当时在社会上尚有许多未被吸收到国家医疗机构，却又有真才实学及一定声望的老中医，急需有一机构来承担照顾及继承的工作。"

---

[1] 呈请批示接受第十一人民医院、第五门诊部、推拿医士学校和中医文献研究馆.上海市档案馆 B242-1-1077-33

[2] 呈请将中医文献研究馆划归卫生局领导的请示.（59）沪中医办字第 71 号.上海市档案馆 B243-2-143-65

建馆初期的办馆宗旨

上海成立中医文献研究馆

【新华社上海16日电】上海市中医文献研究馆今天成立。研究馆有四十位经验丰富的老中医作馆员，其中有著名的内科医师顾渭川，研究气功疗法四五十年的蒋维乔，还有九十四岁、从事秘戴中医外科和伤科秘方工作几十年的章芝山。

研究馆为照顾馆员们的健康，准备让他们采取多种多样的方式进行工作，主要的是由馆员根据自己的擅长在家里或自己的诊所里进行研究工作，研究馆派助理馆员前往访问，把他们口述的经验纪录下来。

研究馆还设有设备良好的馆员室、图书馆和文献研究室，供馆员们随时查考和研究。每隔一定时期，研究馆还将举行专题研究会，把各家的经验系统地整理出来。

这个研究馆的成立，受到上海中医界热烈支持。到现在为止，上海中医师和社会人士已经赠给研究馆各种珍贵的中医著作五百多种，历年来各地编辑的中医杂志二千多种，其中有上海治伤寒闻名的中医师张骧孙的遗著一百多件。

新华社新闻稿，1956 年 7 月 17 日

统战以及整理研究老中医学术经验。

上海市中医文献研究馆一成立，就是以馆员制为特色，汇聚上海名医、传承鲜活文献的中医文献研究机构，既发挥着统战作用，也是整理名家经验、培养中医后学的培训基地。

统战

当时，中医文献研究馆的统战对象，是以在上海生活的高龄中医和有一定社会影响的名中医为主，也包括在海外和国内其他地区的名老中医。例如：馆员中萧范群是印尼归国华侨，赵景生由成都调入等。初期的馆员有专职和兼职两种，生活上给予一定津贴，例如：兼职馆员每月有 50~80 元不等的生活津贴，相对于当时的经济水平，这可保证名、老中医的基本生活费用 [1]。

整理研究老中医学术经验

在整理名家经验方面，根据不同专家的具体情况，开展多种形式的学术传承。

一是馆员口述，助理笔录：馆员根据自己的擅长，主要在家里或自己的诊所里进行研究工作，我馆派助理馆员上门，将他们口述的经验记录下来，整理成文。对于上临床的老中医如曹惕寅、严苍山、张赞臣等，则安排助理馆员或进修生参与门诊、抄方，整理他们的临床经验和心得。

二是每月例会，坐而论道：据当年的助理馆员郭镜我医师回忆："对身体健康，能外出活动者，每月有一次例会，或由馆领导讲解党的中医政策及国内外形势、时事，或组织

---

[1] 上海市卫生局文件 56 沪卫人—1930 号，1931 号，1932 号，1933 号，1934 号

例如参观'一大'会址等革命教育活动，也有大家一起去公园走走，随意聊聊治病经验"。可见当时例会的活动形式灵活多样，力求在轻松愉快的氛围里，让老中医们畅所欲言，各抒己见，充分体现了党在统战时期对名老中医细致入微的关心与爱护。

这种问答、漫谈、即兴发挥的形式，堪比叶天士及其门人泛舟太湖而传天下的《温热论》，当时文献研究馆辑录的许多名、老中医经验集，正是在如此轻松自由的气氛中完成的。这种重视交流、研讨、各抒己见的传承模式，有别于院校教育的单向授课，更类似于古代书苑之讲学，为之后的老中医学术继承人的培养提供了一种有效的借鉴。

二、第一批（1956~1972）馆员概况及来源背景 [1]

这一批馆员由上海及少量外地在沪的名、老中医组成，共有 62 位。他们是由上海各区县的卫生科选择推荐的，条件是年龄在 60 岁以上，社会各方的反响良好。

1956~1972 年，上海市中医文献研究馆先后聘任馆员 62 位，其中 1956 年聘任 47 位，1960 年至 1964 年又续聘 15 位。在这 62 位馆员中，17 位为专职馆员，45 位为兼职馆员。

这些馆员皆为 60 岁以上，逾 70 岁者也近 30 位，其中，从事收藏中医外科和伤科秘方工作几十年的章芝山老先生入馆时已 94 岁高龄。抢救这些年事已高的名老中医的学术经验刻不容缓。

据 1963 年毕业进入馆里做助理馆员的郭天玲教授回忆："当时馆党支部书记兼副馆长栾长明对我们说，你们这些大学生不能老钻在故纸堆里啃死文献，你们要'抢救'老馆员老中医的活文献——把他们的医疗经验、学术思想继承下来，跟在他们身边捕捉他们的灵感、精华，把精彩的片言只语记录下来，这是有时间性的。他们都老了……古文献则跑不掉。"[2]

中医馆员制的设立，当时在全国中医界尚属首创，迄今为止也是全国中医界的唯一。馆员制为中医药文献的研究、中医药学术的传承开启了一种有益的尝试，馆员制的传承模式是中医师承教育的延伸，符合中医的思维方式，颇具中医特色。中医馆员制在上海的创立，使一批达到馆员级别的名老中医得以汇聚上海，伴随其身的鲜活的中医文献也得以保存于上海、流传于上海、造福于上海、影响至全国。

文献馆历史上的三批馆员聘任

第一批馆员（1956~1972）：聘任馆员 62 名。

第二批馆员（1981~1995）：聘任馆员 31 名，顾问 4 名。

第三批馆员（2013~2015）：聘任馆员 32 名，名誉馆员 3 名。

---

[1] 上海市中医文献研究馆档案 - 业务类 .1956-8-23—1956-8-25：15~18

[2] 金芷君，张建中主编 . 中医文化掬萃 . 上海：上海中医药大学出版社 .2010（4）：308

文献研究馆的馆员们从四面八方来到上海，背景各异，专长有别，在当时的中医界各领风骚。最为人熟知者，当属首任馆长顾渭川和第二任副馆长张赞臣。

顾渭川，1956年以71岁的高龄出任上海市中医文献研究馆的首任馆长。他一生忠诚地维护和传承中医事业。1934年顾渭川被推选为神州医药总会会长，受到众多中医人士的拥戴。解放后顾渭川在党和政府的关怀下，致力于中医事业的研究和发展，为培养中医接班人、保存名医经验鞠躬尽瘁。

> 顾渭川（1885~1966），字梦熊，号渭庐，浙江嘉善人。叔父顾兆麟是清代名医，顾渭川自幼得其叔父耳提面命的亲授，加上天资聪颖又勤奋好学，18岁时（1905）就独自来到上海，在名医云集的上海滩，以他的品行智慧和精湛医技，闯出了一片天地。顾渭川行医六十余年，擅长内、妇、儿科，尤擅内科，在20世纪初被誉为"江南医杰"。

顾渭川担任馆长后，繁忙事务之余仍不忘著书立说，以冀将毕生心得传给后人。早期整理重刊的《叶选医衡》一书，现保存有1920年锦章书局的石印本。晚年撰有《渭庐医案醇滕》《顾氏详注印机草》《顾评温病条辨》等著作。尤其是《渭庐医案醇滕》一书，是顾老集数十年临床心得而著，特色突出，书中的其法其方已成为后学典范[1]。

顾渭川在1949年前曾历任卫生局历届中医试验（考试）委员会委员、中医公会常务委员，解放后，先后担任华东医院、静安区中心医院医学顾问等职，曾当选为上海市第二届人大代表，上海市第三届、第四届政协委员。

首任馆长顾渭川的一生，以"抗压维权、传承中医"的赤子之心，"用药轻清、辨证精当"的诊疗特点，"团结同道、一呼百应"的领军气质深受人们的赞誉。

张赞臣，于1960年担任副馆长时，年届花甲，在一群名老中医之中却显年轻。他身为名医之后，家学渊源，临床涉及各科，尤以喉科及外科出名。临诊之余，积极参加社会活动，组织社团，创办刊物，开办书局；又热心教育，创立学校或学习班，或担任教师；勤耕不辍，著作等身，在外科、喉科方、医学史等方面皆有传世之作。

---

[1] 肖芸，张晶滢. 顾渭川医事医案[J]. 湖北中医杂志，2010（7）：32~33

张赞臣（1904~1993），名继勋，字赞臣，晚号壶叟，其父张伯熙乃常州名医，张赞臣幼承庭训，奠定了深厚的中医功底。弱冠之年来沪，先后就读于上海中医专门学校、上海中医大学。毕业后悬壶沪上，对内外妇儿各科无不涉及，尤擅中医喉科与外科，为我国著名喉科专家，曾任中华全国中医学会耳鼻喉科名誉主任、外科学会顾问。

张赞臣在青年时期即表现出非凡的胆识与卓越的领导才能。1926 年，22 岁的张赞臣与同学杨志一、朱振声一起创办了"上海医界春秋社"，并担任《医界春秋》月刊的主编，前后历时 11 年之久，促使该刊物成为上海民国时期历史久长、影响深广的中医刊物之一。1929 年的"三·一七抗争"中，在上海中医界的领军人物谢观的带领下，年仅 25 岁的张赞臣与陈存仁联手，通过各自主办的《医界春秋》《健康报》的读者群，成功地宣传、组织、促进了全国医药团体代表大会在上海的召开，为抗争的最终胜利立下了汗马功劳。

《医界春秋》创办两周年之际，清末民初的著名文人姚公鹤写了《张赞臣君》，配以张赞臣的照片整版刊登在第 25 期上，称赞张赞臣创社办刊之举，可见当年尚为青年中医的张赞臣已有相当的社会影响[1]。

张赞臣热心中医教育及中医宣传、社会活动。曾创办上海国医讲习所、中国医药研究所、上海中医专科学校，又作为中医教员任教于上海中国医学院、新中国医学院、苏州国医研究院等；除《医界春秋》外，他还创办了《医药常识报》《世界医报》；创办了中国医药书局，发行出版各种中医药书籍；创建中国制药局，监制各种中成药；曾任上海市中医师研究会理事长[2]。

张赞臣一生勤勉，文章众多，著有《张赞臣临床经验选编》《中国诊断学纲要》《咽喉病新镜》《中国历代医学史略》《本草概要》《中国外科医籍存佚考》，晚年还主编了百万字的巨作——《中医喉科集成》[3]。其中喉科方面的著作，奠定了其现代中医耳鼻喉

[1] 沈伟东.医界春秋，1926~1937：民国中医变局中的人和事[M].桂林：广西师范大学出版社.2011
[2] 黄素英，张利.启承研求励精创新——记中医学家张赞臣[J].中医文献杂志，2009（2）：47~50
[3] 郑昌雄，张剑华.张赞臣[J].中国医药学报，1987（3）：55~63

科创始人之一的地位。

张赞臣广泛参与民国时期及解放后中医事务的各个方面，临床、教学，卓有建树；社会活动，卓有成效。青年之时，他已名满天下；中医危难之际，他能团结同道，力挽狂澜。最终成为众人信服的，中医界影响较大的中医理论家、中医临床家、中医药书刊出版人及中医社会活动家。

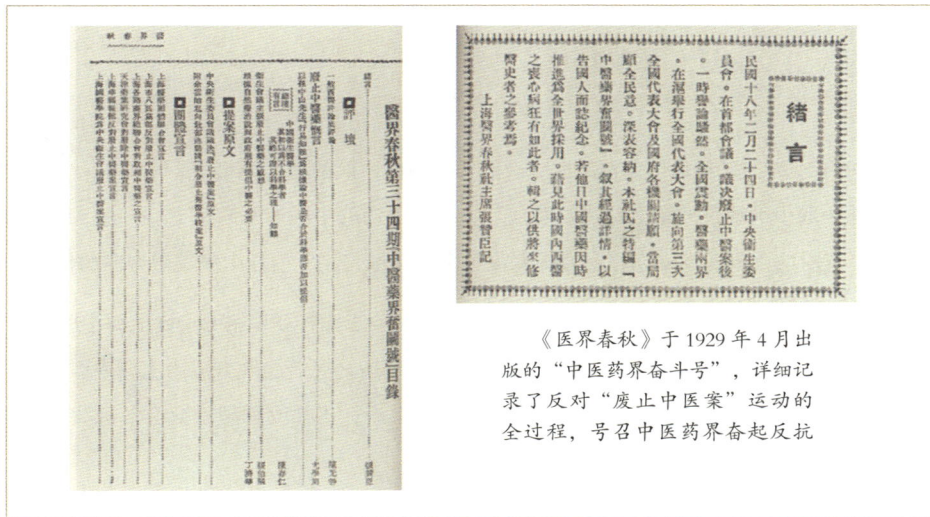

《医界春秋》于 1929 年 4 月出版的"中医药界奋斗号"，详细记录了反对"废止中医案"运动的全过程，号召中医药界奋起反抗

民国时期的上海，已经成为全国经济中心、文化中心、医学中心，如顾渭川、张赞臣等因求学、行医、任教等原因从外地来到上海，从此留驻上海的各路名中医，在当年文献研究馆的馆员中甚多。

汇聚各地名医

民国时期的上海中医界，已经显示出海纳百川之势，乃至文献研究馆成立，更是如聚宝盆一般，汇聚着各地在沪名医。文献研究馆的中医馆员和当时上海文化界文史馆的馆员来源相近，大部分为上海本地及附近江浙人士，亦有少数来自南方、北方或西部省市的。

上海本地人有顾筱岩、邵若舟、窦雄伯、陈其昌、张慕岐、沈杏苑、傅晋康、王寄尘、孙恒、王剑宾、倪文鼎、葛养民、姚揖君、黄宝忠等。

来自江苏的有郭柏良、曹惕寅、金翰章、韩纪臣、殷震贤、杨中一、吴秉卿、崔灼三、蒋鹤鸣、刘镜湖、高咏霓、刘可斋、刘少方、杨光泽、王松山、谢炳耀、蒋维乔等。

来自浙江的有严苍山、范禾安、包句香、王泰亨、陆眉寿、蔡济平、沈梦庐等。

来自天南地北的其他省市的有贵州遵义的梁少甫、江西的章芝山、湖南的陈树修、福建的方行维等。[1]、[2]

中医社团中的领军人物

1949 年以前，战乱频仍，在国民党政府意欲取缔中医的恶劣环境下，中医药社团发挥着保护并争取中医地位的重要作用。解放后，一度停滞的中医迎来政策支持并进入快速发展时期，这时的中医药学术团体又发挥着促进中医学术交流、引导中医发展方向的作用。

民国时期上海的中医学术团体影响较大者，主要有上海神州医药总会、上海中医学会、上海医界春秋社。1928 年 12 月，前两个团体后与中华医药联合会联合成为上海中医协会，1929 年 3 月 17 日中医界反对国民党政府废止中医案后，该会改称国医公会，抗战后又改称医师公会[3]。

文献研究馆馆员中有多位曾任职于神州医药总会、上海中医学会、国医馆等。

任职神州医药总会

该会 1912 年由余伯陶等人创办，以振兴中医为宗旨，主张中西汇通，是民国时期中医界成立较早、规模较大的医药团体之一。该会发行《神州医药学报》《神州国医学报》，出版多种医学类书籍，创办医学传习所、医院，筹办药品陈列所等，为改进、发展中医做出了重要贡献[4]。

---

[1] 郑雪君，顾问：郭天玲.上海市中医文献馆馆员志 [J].中医文献杂志，2008（2）：40~43

[2] 郑雪君，顾问：郭天玲.上海市中医文献馆馆员志（续完）[J].中医文献杂志，2008（3）：34~38

[3] 傅维康.中国医学史.上海：上海中医学院出版社.1990（1）：515

[4] 齐丹.神州医药总会研究（1912~1951）[D].河北大学.2013

> **任职于神州医药总会的馆员名录**
>
> **顾渭川，**1934 年被推选为神州医药总会会长。
>
> **陈树修，**1947 年任神州医药总会理事长。
>
> **郭柏良，**曾任神州医药总会（后称"上海市国医公会"）常务理事。
>
> **蔡济平，**曾任上海神州医药总会评议副会长执行委员。
>
> **张慕岐，**1928 年出任神州医药总会吴淞分会会长。

任职上海中医学会

　　1921 年，上海名医丁甘仁、夏应堂发起创立了上海中医学会[1]。学会倡议定期组织学术讨论会，相互切磋中医学理医道，共商解决疑难病症之法，藉以提高会员的学术水平和临床诊疗技能，以促进中医学术的发展。会刊为《中医杂志》，主编由学会秘书长王一仁担任[2]。

　　当时上海中医学会在全市中医界广泛开展各种学术活动，老馆员们也曾纷纷参与其中，为中医发展贡献一己之力。

> **任职于上海中医学会的馆员名录**
>
> **张赞臣，**曾任上海中医学会副主委、上海市中医学会副理事长。
>
> **严苍山，**曾任上海中医学会常务理事兼秘书长。
>
> **梁少甫、郭柏良、叶大密，**曾任上海中医学会委员。

　　借助学术团体的平台，许多老馆员的经历中有了更宽广的视角，得以更多样的形式为中医药发展贡献力量。

---

[1] 张宪文，方庆秋等主编 . 中华民国史大辞典 . 南京：江苏古籍出版社 .2001（8）：85

[2] 沈伟东著 . 中医往事 1910~1949. 民国中医期刊研究 . 北京：商务印书馆 .2012（9）：130

中医教育领域的名家

传统的中医学习依靠家传、师承，而到了近代，面对西方文化和西医的冲击，许多中医人士汲取西方先进的教育理念，开始兴办具有现代教育模式的中医院校，是为规模化、制度化的现代中医药教育体系产生之萌芽。

学验俱丰的文献馆馆员们皆热心中医教育，除了临床带教，亦亲自授课，任教于各类中医药学校，培育桃李无数。

如馆员严苍山，在中医事业处于风雨飘摇之时，为拯救祖国医学，曾为中国医学院的创建筚路蓝缕，后又执教于新中国医学院[1]；张赞臣，创办中医新式教育之时，曾教授诊断学、本草学等课程，自言"教学相长"[2]；郭柏良，踊跃出资捐助上海中国医学院，先后任上海中国医学院董事、常务董事、院长[3]；张慕岐，于1942年创办德本产科医院，德本义务启蒙小学，德本善堂，施诊给药。解放后，又不辞辛劳，培育中医后代，执教于中医学院、中医带徒班、西医学中医讲课班[4]；俞大同，上海中国医学院创办期间的群务主务[5]，负责院内外的联络工作，继任训育主任，后任教于上海新中国医学院；黄宝忠，兼任上海中国医学院及上海新中国医学院事务主任[6]；张梦痕，曾为上海中国医学院教授[7]。王松山，共收带了16名学徒，在授业中，善于区别学徒的志趣和禀赋，因人施教，基于亲身体会，严格要求学徒坚持练功。[8]

文史界的名宿

中医药根植于中国传统文化，与文学、哲学等有着密切的联系。本馆成立之时，旨在遍邀海上名医入馆，成为名医聚会之所，实际上，有若干在文学、哲学等学科造诣颇深的名家，也一并被邀请成为馆员，为中医及其他学科的交融，为开拓中医研究的思路打开了

[1] 中国人民政治协商会议上海市委员会文史资料委员会编.海上医林.上海文史资料选辑第67辑（中医专辑）.上海：上海人民出版社.1991（8）：24

[2][6] 周凤梧，张奇文等主编.名老中医之路第2辑.济南：山东科学技术出版社.1982（8）：504

[3][5] 杨杏林，唐晓红.上海中国医学院院史.上海：上海科学技术文献出版社.1991（9）：82；5

[4][7] 郑雪君，顾问：郭天玲.上海市中医文献馆馆员志[J].中医文献杂志，2008（2）：40~43

[8] 陈道瑾，薛渭涛.江苏历代医人志.南京：江苏科学技术出版社.1985（8）：53

另一扇窗；有些名医，本身也是文史双馨。这说明中医文献研究馆成立之初，就已初具一种开放的研究态度。

其中，有代表性的是具有双馆员身份的向迪琮和蒋维乔。向迪琮，既承家传医学，又从事古文研究，曾任四川大学中文系教授，在任本馆馆员的同时，亦为上海文史馆馆员[1]；蒋维乔，曾在商务印书馆任职，编辑中学及师范院校教科书，后以教育为主业[2]，曾讲授国文，历任教育部秘书长、教育部参事、江苏省教育厅厅长、国立东南大学校长等。1949年后曾任上海气功研究所所长、上海市文史研究馆副馆长，广泛地研究哲学、佛学、卫生诸书，以气功见长，曾在上海市公费医疗第五门诊部开办我国第一个气功门诊，撰有《因是子静坐法》等著作。1954年，蒋维乔还曾被中共上海市委宣传部任命为上海市报刊图书馆馆长（严独鹤为副馆长）[3]。文献研究馆因易学、气功方面的专长被邀至馆员列中的还有：杨中一，著名周易学者、气功家，通读《道藏》，1936年任上海寒风金石书画研究社顾问，解放后撰有《气功自疗》《气功哲学》等著作，丁福保曾为其撰联："宿世早应成佛去，今生单为著书来。"耿午楼，专长气功，早年毕业于上海工业专门学校（交通大学前身）无线电工程海军班，撰有《木讷子》《奇门探索钩引路》等著作[4]。

上述文献研究馆馆员的聘任不仅丰富了文献研究馆的学术内涵，也在一定程度上开拓了中医研究的思路与范围。

馆员的学术背景

馆员中出身医学世家，自幼耳濡目染，跟随父辈走上从医道路者，有顾筱岩、殷震贤、范禾安、单养和等；立志从医，辗转拜师，终成名医者，有王松山、沈杏苑、金翰章等；专门进入各种中医药学校，博采众长以求名家真谛者，有就读于上海中医专门学校的严苍山、俞大同等。馆员们多有机缘得以继承名医衣钵，尽得其传，并在实践中有所发展，例

[1] 郑雪君，顾问：郭天玲.上海市中医文献馆馆员志[J].中医文献杂志，2008（2）：40~43
[2] 周川主编.中国近现代高等教育人物辞典.福州：福建教育出版社.2012（1）：596
[3] 上海市档案馆 S313-1-146-6
[4] 杨杏林，唐晓红.上海中国医学院院史.上海：上海科学技术文献出版社.1991（9）：5

如殷氏伤科的殷震贤、顾氏伤科的顾筱岩，都是中医流派的奠基人或使流派别开生面的代表性传人。

部分馆员学医背景简表

顾渭川，传承叔父清代名医顾兆麟。

徐相任，从随岳父费绳甫。

姚揖君，师从徐相任。

顾筱岩，跟随父顾云岩、兄顾筱云习医。

殷震贤，随父殷致祥学习伤科，更获昆山闵家伤科闵老太的传授。

范禾安，师承其父浙江名医范文虎。

沈杏苑，师从徐建村，精内、外科，并传于黄宝忠。

王松山，师从推拿名家丁凤山。

单养和，幼承家父镇安，尽得其传，擅长小儿推拿。

曹惕寅，师从伯父清代御医曹沧洲。

馆员参政议政

在新中国成立后，不少馆员因为在中医界乃至社会上的巨大影响力，被选为上海市政协委员，怀着对新中国中医药事业的无限热忱，他们纷纷畅所欲言，提出了不少有实际意义的提案。

如顾渭川在上海市政协第一届委员会上的两项提案："捐赠医书及私家文稿的奖励办法"[1] "拟请政府大量培植中药以应需要"[2]。身为文献研究馆馆长，顾氏对社会群众捐献医书的热情以及医书可能流失民间的隐患有着切身体会，"上海市中医文献研究馆成立数月以来，起初有人捐赠图书达 2 763 册之多，兼有私人撰述的未经付印之当年其祖先手创遗稿……近月以来，来书减少，似有私自卖给书商或旧货担贩者，长此以往，遭受无形损

---

[1] 上海市档案馆.档案号：L1-1-116-40
[2] 上海市档案馆.档案号：L1-1-143-6

失自当不可估计"，对于追回已流失国外的图书、或捐献祖先未出版遗著等各种情况，顾氏还给出了具体奖励建议，为保存珍贵的中医文献，可谓高瞻远瞩、用心良苦。

在"拟请政府大量培植中药以应需要"的提案中，顾渭川针对临床中出现的药材质量、数量之不足，建议政府出面："1. 训练药学人才，号令农业部通知全国人民公社增加中药产量供应；2. 号召全国人民废物利用冬瓜皮、橘皮等；3. 号召全国人民公社就地取材。"顾氏的三个建议，都是立足自身工作体会提出，又非常具有实际可操作性，非常符合其担任文献研究馆馆长、作为上海市名中医的身份。

另一位副馆长张赞臣，曾任上海市第一、二、四、六届政协委员。1960 年后目击中医耳鼻喉科未能受到重视，后继乏人，曾多方呼吁，遂引起有关方面的重视，对中医耳鼻喉科的开创起到重要作用。

馆员之精彩，笔墨难以尽述。馆员们的具体生卒年月、入馆时间、所任职务及学术专长，详见书末附录一《文献馆馆员名录》。

三、开展文献研究

上海市中医文献研究馆自 1956 年至 1966 年，开展中医文献研究的主要任务是整理研究本馆馆员的临床经验，以及历代文献、各家学说。为此，上海市中医文献研究馆先后设立了七个业务组，馆员根据业务专长分属于不同的组，开展不同的文献研究工作，助理馆员则协助整理馆员的学术经验。当时的助理馆员多是来自上海中医学院和各医院的中青年医师。七个业务组分别是：[1]

医史组，研究中国医学发展史，包括历代名医传记等，组长为张汝伟；

医经组，研究包括《内经》《难经》《神农本草经》《甲乙经》等中医经典，组长为张梦痕、向迪琮；

方药组，研究《千金要方》《外台秘要》等各种本草学著作，组长为郭柏良；

验方组，收集各类验方、秘方、民间单方，组长为曹惕寅；

外科组，研究外科、喉科、眼科、正骨科等，组长为包句香、顾筱岩；

方书组，研究包括《伤寒论》《金匮要略》及金元四大家学说以及历代医学专著；后改为审研组，收集馆员经验，编纂疾病专辑，如《肿胀专辑》《哮喘专辑》等；[2]

针灸、推拿、气功组，研究针灸、推拿、气功等，针对某一具体病证，收集针灸、推拿、气功各科方法，拟定综合治疗方案；

成立后的文献研究馆，开展了丰富多彩的文献整理工作，定期举行专题研究会，助理和馆员配对，由助理馆员来整理馆员的医案医话，由馆员们分组整理民间验方、医史、医经和专病文献。

---

[1] 上海市中医文献研究馆档案－业务类 .1956-7-16-1956-10-15：15
[2] 上海市中医文献研究馆档案－业务类 .1957-1-29-1957-12-30：29~32

文献研究内容

整理馆员的医案医话

医案，是医家临证思路、遣方用药的真实记载，对于名老中医临床经验的传承具有重要意义；医话，则形式活泼，不拘体裁，内容丰富，全面反映医家的学术观点与见解，有助于名老中医学术思想的传承。基于此，以保存、研究名老中医的临床经验、学术思想为目的，开展了馆员的医案医话的整理工作。这些整理好的医案医话，或见诸期刊，或结集成书，名老中医的珍贵经验由此得以留传。

杂志专栏

《上海中医药杂志》1962 年 1 月号设《老中医医案医话录》，主要登载上海市中医文献研究馆馆员医案医话。顾渭川、郭柏良、张汝伟、张慕岐、曹惕寅、窦雄伯、尹仲选、张赞臣、刘少方、孙汉庭、顾筱岩、黄宝忠、严苍山等 13 位馆员都曾在此栏目撰述临床经验。文章短小精悍，字字珠玑，如顾筱岩《委中毒的治疗》一文，不足千字，却对此症各个发展周期的用药、药量阐述得清楚明白，且对开刀的注意事项、包扎细节等予以说明。其含金量绝非今日诸多长篇大论可比。

《上海中医药杂志》1962 年 1 月号上登载的上海市中医文献研究馆馆员医案医话

名篇汇著

《临床心得选集》（第一辑、第二辑）分别于 1965 年、1966 年，由上海科学技术出版社出版。两书共选集 30 余位馆员的医案或医话，几乎涵盖了当时健在的所有馆员。其中医案计 180 则，包括内、外、妇、儿、咽喉、五官、针灸、推拿等科。这些老中医的临床记录，虽经其门人整理，但未加润饰，保存了原来面目。医话计 90 篇，或由老中医自撰，或由其门人笔录，涉及范围较广，有中医理论的钻研，有临床治验的回忆，也有经典方药的探讨。

《临床心得选集》的编写贵在确有实效。该书前言有云："老中医各抒己见，互揭所长，或就医学古籍，发其精蕴，或据临床治验，写出心得，其间因病选方，辨证用药，多有可取。如外科医药，施治各有擅长，合药尤少公开，而我馆专科老医师，则皆明白揭露，不稍隐晦。它如推拿、针灸之取穴和手法，亦皆分别详载。这些资料都经我馆调查访问，是在肯定疗效的基础上而编写的。虽不能说有所发明，但也可以看到老中医们在反复实践中确实花了一些工夫。"

时至今日，六十年岁月，磨灭了很多印记，唯有这整理出版的医案医话得以留存，使后人阅读其间，得以品味名医馆员们的求真务实、开放学术的风采与胸怀。

整理民间验方

早在建馆之初，馆员们即意识到收集、整理民间验方的重要性，这些验方，或零星记载于文献中、或流传于民间、或分散于各地中医师手中，是中医学的宝贵财富。自 1956 年始，历时三年，根据简、廉、便、验四个原则，馆员们搜集经验方数千张，这些验方或为民间习用而有效的，或为家传师授的秘方，或为通过临床实践验证的古方，或为本人的经验方，从其中精选出 982 方，辑成《验方选辑（第一辑）》。全书分为内科、妇科、儿科、外科、伤科、眼科、耳鼻喉科、牙科八章。各章内又依中医惯用的病名，列目系方，便于检索。本书源起文献馆馆员自主研究工作，故验方来源以上海市中医文献研究馆馆员提供为主，如高咏霓、倪文鼎、崔灼三、曹惕寅、蒋鹤鸣、康醒华、刘少方等。少量为其他各界提供，如文史馆的褚德顺、闸北区的姜耀清等。

迨至 1958 年，上海市展开群众采风工作，收集验方以数十万计，其中由市属各医疗机构收集或群众直接献给市卫生局者，计 5.7 万余方，这些献方皆由上海市中医文献研究馆负责整理汇编[1]。

根据市卫生局指示的原则，分别将这些验方分出主次、轻重、缓急，选择其中对防治疾病有效的方剂，文献研究馆组织专门力量进行访问了解，核实分析，研究整理，精选 351 方，编成《验方选辑（第二辑）》。分为六病门（感冒、百日咳、麻疹、流行性脑脊髓膜炎、白喉、痢疾）、诸虫门、妇科门、外科门、五官门、喉科门，每方下有主治、药物、用法等项。

---

[1] 上海市中医文献研究馆编.验方选编（第二辑）.上海：上海科技出版社.1960：1

通过收集整理并汇集成册出版，使得民间验方得以保存与推广，更难能可贵之处在于，在编写过程中，花费了大量的人力、时间去查证、访问、核实，这种严谨、科学、实事求是的学术态度在当时的文献研究馆蔚然成风。

整理医史文献

医史组自 1956 年 11 月成立即着手《中国历代医史》的编撰工作，并于 1959 年出版。[1]

> "1957 年成立，11 月间，开始分组研究，医史其一也。今中央及各省市，均有编医史工作，已出版者，亦有多种。本馆站文献研究之立场，注重古医书之立场，在政治之考证，名医之搜集上着手。在时代不同，进展程度上分析。一方为尊重古圣先贤，阐扬其学术。一方为启发青年后进。洞悉其渊源。进而言之，更希望群众阅之，亦可以知祖国医学之广大浩博，历史绵远。而扭转轻视中医之心理，而转为信任。此吾组编医史之宗旨。"
>
> ——《中国历代医史》前言

本书纵横上下五千年，所录名医四千余众，约 80 万字。分上古、中古、近代三个时期介绍中国医史发展情况。包括医政、名医、医事等三篇，医政篇为介绍中医源流及设官、分科、考试等情况；名医篇按照时代先后介绍历代名医史实；医事篇释析、考证医史上的古名辞、古病名、古药名及有关医事等。本书资料丰富翔实，所集多取自历代医籍、二十四史、省府县志及历代名人笔记著述，各篇均附引用书名一览表。往往因一人之故，一事之微，遍征友朋，历访机构。

此外，1959 年 7 月医史组还编写了《上海近百年中医进展简辑》，分上、下两册，现仅存上册稿本。这两本著作合计 80 多万字，在两年多的时间内全部完成，当时担任医史研究组组长的张汝伟功不可没。"他之前只写过片段的短篇论述，从未编写成册的巨著，但进入文献研究馆并担任组长后，敢于编写历史性的文献资料，勇于挑起重担，想尽一切

---

[1] 上海中医学院附属中医文献研究馆．中国历代医史．1959：1

办法向外地和图书馆广泛搜集资料……"[1]张汝伟的这份革命干劲，对文献研究工作的全力以赴，与当时文献研究馆的良好学术氛围、当时国家对中医的优厚政策密不可分。据张汝伟自己回忆"从20岁至60岁的40年间，只写稿百万字左右；而进文献馆到现在仅仅三年的时间，编写的医著即达百万字以上，与过去比较竟提高十多倍；过去的写作是为了争取个人的报酬……而现在的努力，是为了发扬祖国医学、为工农服务，为伟大的社会主义建设服务"[2]。

以张汝伟为代表的这些馆员，在崇高理想的召唤下，全身心投入到中医药文献的研究工作中，因此建馆之后、数年之间，已是成绩斐然。这种超高的热情、超凡的效率，在医史组、医经组……在我馆初期的各个研究组皆不鲜见。

前 言

祖国医学，流传悠久，祖国医书，汗牛充栋，但注重学术者多，注重系统者少。古之著医史者，唐甘伯宗始，其后明李濂，亦有医史十卷，明徐春甫，著古今医统，所载极广。迄今数百年矣，清季晚年，西医学兴。至民国时期总欲视中医为糟粕，一再摧残，祖国之医学源流，几乎中绝。解放后党政中央与毛主席英明领导，始重视中医，号召发掘祖国中医学之文献，短短七年中，即具有显著之成绩，吾上海市中医文献研究馆，于一九五六年七月成立，十一月间，开始分组研究，医史其一也，今中央以及各省市，均有编医史工作，已出版者，亦有多种，本馆站文献研究之立场，注重古医书之发掘，在考证之考证，名医之搜集上着手，在时代不同，进展程度上分晰，一方为尊重古业先贤，阐扬其学术，一方为启发青年后进，洞悉其渊源，进而言之，更希望群众阅之，亦可以知祖国医学之广大浩博，历史绵远，而摧残轻视中医之心理，而转为信任，比吾馆编医史之宗旨，而亦即发挥其作用者，如此而已。

现各省市，正在热烈地蓬勃地编医史，正不妨互相观摩，以作抛砖引玉之举，使中央当局，或亦可以取作汇合参考之一耳。本馆同人，学识菲薄，见闻浅陋，加之参考书不多，时间短促，挂一漏万，谬误珠多，尚希前辈同道，各界人士，尽量的指教与纠正为幸，爰布区区，以作前言。时公元一九五七年四月。

《中国历代医史》前言

---

[1] 上海市1960年卫生局直属单位先进工作者登记表（上海市中医文献研究馆，张汝伟）.上海市档案馆 C3-2-118-116

[2] 上海市中医文献研究馆—张汝伟馆员先进事例.1960年4月20日.沪卫评收文第221号

整理医经文献

翻开上海市中医文献研究馆丛刊的《肿胀专辑》，在署名上海市卫生局的前言里，记述了上海市中医文献馆建馆两年多来，曾先后整理编写了《内经》《难经》《神农本草经》《金匮要略》《外科辑要》《选方分类略解》等等医学经典，完成了初稿。虽然还有许多珍贵的史料已无从寻找，但我们可以推测出当时医经组的馆员们在医经文献研究方面付出了很多心血。

尤其值得一提的是，首任馆长顾渭川针对《温病条辨》中之纰漏瑕疵，重新订正，"对于温病之属于伏气新感两端，略而不详，而于卫气营血之为病，又复语焉不精。识者病之。""自维梼陋，弥愧无以酬答涓埃，爰取吴氏《温病条辨》一书，正其纰缪，补其偏弊，并就临症所得，略抒管见，敢云传世，聊备世之有志于温热病者，参稽梗概之助云尔。"[1]最后形成《顾评温病条辨撮要》一书。

在繁忙的馆务工作之余，顾渭川仍利用点滴时间将自己对中医经典之感悟、结合个人临证心得，注之于笔端，可见上至馆长、下至医经组，每一位老馆员对中医医经文献研究饱含的热情。

整理专病文献

专病专辑是馆员们针对专病而撰写的一套丛书，馆员们从中医经典、历代名家医案中选取精华，再结合个人心得编撰而成，可谓理法方药俱全，无论对教学、或临床，无论在当时、或今天，都有着非常珍贵的参考价值。

先后出版的这套专辑有十部：《哮喘专辑》《中风专辑》《疟疾专辑》《黄疸专辑》《肿胀专辑》《调经专辑》《头痛专辑》《消渴专辑》《癃闭专辑》《重纂包氏喉证家宝》。每种编写体例基本相同，最初几种分经典、前贤论萃、各家医案、适应方剂、馆员心得五部分加以阐述，后去除适应方剂，分四分部编写。如《黄疸专辑》全书分成四个部分，分别是经典、前贤论萃、各家医案、馆员心得。前三个部分辑自《内经》以来历代文献中有关黄疸的重要记载和部分验案，第四个部分是该馆馆员们对于黄疸证治的个人经验心得。最后，附有经效单方及方剂索引，极便寻检。这套专病专辑是历代中医文献的结晶，其中的《疟疾专辑》曾给获得诺贝尔奖的屠呦呦团队，在早期筛选抗疟药的过程中提供了重要

---

[1] 上海市中医文献研究馆编. 顾评温病条辨撮要. 1960. 序

线索，因《疟疾专辑》中记载了中医古籍《肘后备急方》的原文："疗诸疟方：青蒿一把，上一味，以水一升渍，绞取汁，尽服之"，屠呦呦团队在此指引下，大大缩短了进行药物筛选的时间。这一史实，充分体现了中医文献研究的重要价值。[1]

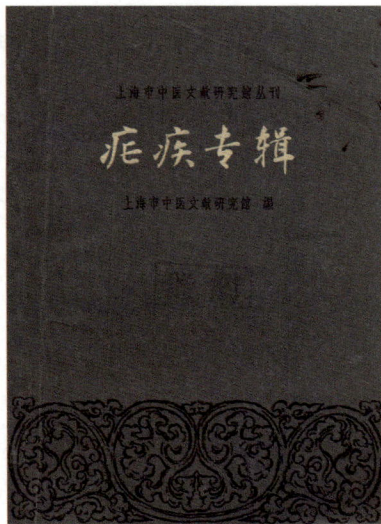

《疟疾专辑》

屠呦呦团队成员在早期从中医药文献中筛选抗疟药的过程中，参考了1956年由上海市中医文献研究馆编写的《疟疾专辑》一书，并从中初筛了青蒿作为主要研究对象。尽管研究过程一波三折，但最终屠呦呦团队从《疟疾专辑》里收录的《肘后备急方》原文"疗诸疟方：青蒿一把，上一味，以水一升渍，绞取汁，尽服之"中得到灵感，改用乙醚提取法，获得了青蒿中性提取物样品，显示对鼠虐原虫100%抑制率。

另如《重纂包氏喉证家宝》原书为馆员包句香祖传秘本。响应党和政府珍视中医祖先文化遗产，挖掘蕴藏中医宝贵经验的号召，将原书《包氏喉证家宝》重为纂正。增加经典注释，详述辨证论治，并将自己平日在临证上积累的特效验方附入特效方剂部分，以资临床应用。

该套丛书是本馆成立以来，集体编写最快的一个专辑。老馆员们采取了"一条龙的编写方法"，一个环节衔接另一个环节，紧密协作。在编写"前贤论萃"内容的同时，准备好了方剂部分所需要的目录，为编写方剂部分的馆员，节省了重复检阅的时间。在整个编辑过程中，既有明确分工，又能互相合作，使得专辑的编撰"质量提高，时间加速"[2]。

在当时资料查阅远没有今天便捷的情况下，本书的编辑实属不易，但其成书后又确实是临床及科研医生所急需的参考资料，非常有意义。

---

[1] 黎润红."523任务"与青蒿抗疟作用的再发现[J].中国科技史杂志，2011（4）

[2] 上海市中医文献研究馆编.引玉

其他文献研究成果

在党的中医政策支持下，凭借上海市中医文献研究馆提供的平台，通过馆员们认真严谨的研究整理，取得了丰硕的成果，既有杂志上发表的文章，又有《丛刊》的出版。

馆员在《上海中医药杂志》发表文章

《上海中医药杂志》创办于1955年6月，是我国创办最早的中医药学术期刊之一，在我国中医药界有着广泛的影响。

从创刊到1965年底的十年间，《上海中医药杂志》每年都刊有文献馆馆员撰写的文章，有时会连续几个月刊出。当时，上海市中医文献馆的馆员们是《上海中医药杂志》的重要撰稿人群。

文献馆馆员在《上海中医药杂志》上发表的文章（1957年4月~1964年5月号）

作　者	题　目	日　期
梁少甫	对于伤寒温病之辨惑及金元四大家著作的看法	1957年4月号
梁少甫、俞同芳	对"谈西医学习中医的道路"的意见	1957年7月号
张梦痕	谈谈在国外的中医药和有关文物	1957年9月号
曹惕寅	曹惕寅医案选——治"厥头痛"医案一则	1958年6月号
顾筱岩	谈谈乳岩	1958年8月号
殷震贤	中医伤科对于跌扑闪挫的一般处理	1958年9月号
包句香	谈谈脑项背疽的疗法	1959年8月号
曹惕寅	中医药治疗膏淋病案四则	1959年9月号
张赞臣	脑疽证治	1960年5月号
曹惕寅	医话四则	1962年4月号
张赞臣讲述，尹胜泉笔记	重舌症治验	1962年8月号
张赞臣	中西医合作治疗扁桃体未分化癌（石蛾）一例	1962年11月号
曹惕寅讲述，戴兰芬笔记	通肺气以治肝、通浊滞以治胃	1963年4月号

（续表）

作　者	题　目	日　期
张赞臣	论治乳蛾的体会	1963 年 4 月号
张汝伟	经带治案二则	1963 年 8 月号
黄宝忠	对"梅核流火"的治验	1963 年 8 月号
张赞臣讲述，金明弼笔记	谈白蜡柿饼煎治久痢脱肛	1963 年 9 月号
张赞臣讲述，陈之才笔记	药话一则	1964 年 2 月号
张汝伟	谈谈用"龙胆泻肝汤"的经验	1964 年 5 月号
张赞臣	谢利恒先生的医学经验简介	1964 年 10 月号
张慕岐	用补法治麻疹一例	1965 年 2 月号

《上海市中医文献研究馆丛刊》刊行

作为上海市中医文献研究馆的馆员们文献研究的主要成果之一，《上海市中医文献研究馆丛刊》于 1959~1963 年由上海科学技术出版社出版。

本丛刊从中医经典著作、历代名家学说、医案、医话中选录相关内容加以分析，撷菁摘要，并参合文献研究馆老中医几十年之临床心得编写而成。另出版了《脉诊选要》（1965 年上海科学技术出版社出版）、《验方选编》（第一辑、第二辑）、《中国历代医史》（1957 年出版）。自行编印的有《顾评温病条辨撮要》、《女中医医案》（1959 年）、《临症一得》（1959 年）、《中医霍乱治疗和预防》《肿胀病理疗法》《流行性感冒中医疗法》等。

四、临床带教，授业解惑

助理馆员跟师临床

张赞臣副馆长曾在一次采访中讲述了当时我馆馆员的带教情况："上海市中医文献研究馆是我国最早的中医文献研究机构，也是老中医学术经验继承整理工作的重点单位。设有内、外、妇、儿、针灸、五官等研究小组，开展继承整理工作，一方面为专职馆员、兼职馆员配备 37 名中青年中医助手[1]，建立师徒关系，通过举办座谈、讲座和在市第五门诊部的带教活动，为助理馆员跟师学习创造了条件，提高他们的基础理论和临床水平，使继承整理老中医经验的工作得以顺利进行；另一方面整理中医文献资料，在老师的亲自口授下，中青年中医对老师的专长经验有所掌握，帮助老师整理总结了数十年的临床经验，如《张氏外科秘方》《湿热性哮喘》等。"[2]

据当时的助理馆员郭镜我在《星点回忆》中描述，"姚揖君馆员，1964 年前后来馆，他是位临床医师，上班时不见他伏案耕耘，总是一卷在手，乐在其中。一日，人事干部通知我每周抽一天时间跟姚老去疗养院看病，搞好对他的继承工作"。

当年的助理馆员郭天玲教授口述："中医文献研究馆的助理馆员分两部分：一是解放前的中青年中医，有的本身已是老医生，有一定临床经验者；一是刚从中医学院毕业分配来的年轻医生。我是 1963 年从上海中医学院的六年制毕业被分配到文献馆的，主要任务是抢救、继承老馆员的临床经验，所谓活文献。我先后曾跟随曹惕寅和严苍山两位老师临诊。年轻的助理馆员除了跟师，也会联系拜访兼职馆员，这些兼职馆员大多已不再参加临床工作，所以以家访为主，我曾定期拜访、联系范禾安先生。兼职馆员也会定期到馆开会，座谈交流经验。当时组织上并没有要求我们定期汇报总结或写文章。"

---

[1] 目前所知助理馆员有邵仁太、尹胜泉、吴超玉、陈士俊、黄少堂、顾幼莲、王秀娟、王冶任、金明弼、潘本贻、沙望凝、程觉先、郭镜我、徐荣生、林功铮、陈湘君、郭天玲、郑昌雄、莫雪琴、陈禩三、陈之才、孙思清、沈静渊，此名单由杨杏林老师提供。部分助理馆员情况见附录二《文献馆职工名册》，其他助理馆员情况有待后续收集整理。

[2] 张赞臣人物专访[J].杏苑中医文献杂志，1987（3）

助理馆员们不仅继承、整理馆员专家们的临床经验，而且在馆员们的指导下开展学术研究，撰写并发表了大量学术论文和专著。有一部分助理馆员还成为了上海中医界的中坚力量，如郭天玲，曾跟随曹惕寅、严苍山、范禾安等馆员学习，后担任上海中医药大学教授、上海中医药大学专家委员会名誉委员、上海中医药学会常务理事等职务。另如陈湘君，1962年从上海中医学院毕业后进入文献研究馆成为助理馆员，如今是上海市中药大学附属龙华医院终身教授、主任医师、博士生导师、"上海市名中医"。

……

老馆员传道授业

当时的馆员们，不仅将自己的毕生积累整理成文，还主动承担培养中医事业接班人的责任，希望将自己的所有理论感悟及临床经验都传授给下一代，而且教学中，循循善诱，诲人不倦，知无不言，言无不尽，如春蚕、蜡炬一般地奉献。

比如曾当选1960年上海市先进工作者的张慕歧，为了提高馆里的后学者学术理论水平，承担经典著作的系统讲课，而且为了少占用他们宝贵的工作时间，主动提出将讲课时间提早到上班前的七点钟，上完课之后再回家吃早点。不仅在馆内如此，对馆外学员，他也一样投入了一腔热血，在区里1958年办的中医温课班，1959年办的中医进修班，胸腔医院和邮电医院举办的西学中班，他都利用下班后的晚上时间去讲课。甚至大雨滂沱、狂风怒号、积水没足、人车俱停时，他仍坚持步行涉水，保证上课。平常学生请教他，他从不推辞。他对学生视如己出的关怀，对中医发自肺腑的热爱，为他赢得了学生视如父母的尊敬[1]。

---

[1] 上海市1960年文教方面先进工作者登记表（卫生，上海市中医文献研究馆，张慕歧）.上海市档案馆 C3-1-109-98

五、创办内刊《引玉》《中医资料》

从 1959 年 6 月至 1965 年 12 月，文献研究馆先后创办了《引玉》和《中医资料》两份刊物，虽然皆是内刊，主要为馆员、助理馆员交流学术思想之用，但其文章之精悍、内容之丰富，为复馆后的《杏苑》乃至《中医文献杂志》打下了很好的基础。

《引玉》之"引玉之砖"

经过三年的工作实践，上海市中医文献研究馆在整理研究老中医馆员们的学术理论和临床经验上，有了一定的积累，需要总结保存并对外开放交流。顾渭川馆长和老一辈馆员们一起努力，创办了一本内部学术刊物，起名《引玉》。自谦"引玉之砖"，意在与兄弟单位进行交流"借以求教，取长补短"。

《引玉》创刊于 1959 年 6 月，截止于 1962 年 10 月，由文献研究馆的学术经验交流组编辑。初创时期是简易的手刻油印本，到 1962 年后才开始改为铅印本。《引玉》基本保持每月一期，每期一本，每本从 4 页到 40 余页不等，是一个用订书机自己装订的、内部刊行的、薄薄的小刊本。

> 此时的《引玉》虽不是正式出版的刊物，却实现了真正意义的学术争鸣与交流。刊首"写在这期的前面"一文中写到："（引玉）主要为介绍和报道馆内老年中医的学术经验。作为内部交流和引玉之砖。发刊以来，由于党的重视和支持，正不断地扩大交流的范围和研究的内容，这对贯彻党的中医政策，继承发扬祖国医学遗产和积极培养新生力量，确实起到一定的推动和鼓励作用。"
>
> ——引自 1960 年第 10 期《引玉》

撷取名医经验之玉

《引玉》内容上主要为介绍和报道馆内老年中医的学术经验。

创刊号第一期为摘录向迪琮馆员经验交流的《女子不月与二阳之病发心脾说》，作品引用了王冰、李东垣、王履的学说加以分析，虽引经据典，但不拘泥于旧说，能结合自己个人临床心得，加以辨析，去伪存真，对心脾与女子月经的关系做了精炼的阐述。

创刊号上另外的《吐血与肠鸣》《痰热眩晕的治验》《山楂治愈五色痢》三篇是以馆员或助理馆员的验案总结，有详细的辨证、治法、方药。

实际上，不止馆员，助理馆员、编外人员均可参加投稿。如李卓英文后的编者按云："上列稿件为李卓英老医师原文照登。查白血病我中医文献，无从稽考。李医的见解，借西医学理而拟用中药方剂，亦为研究商讨之材料，请诸同仁热烈发挥高见，以为百花齐放，百家争鸣之实践。"

《引玉》中即使是对中医经典的探讨，也绝不限于理论之穷究，而是理论联系实际，最终落实到实际临床，比如馆员谢炳耀在《中风之概说及治疗》一文中，对中风一病从源流开始论述，但最终仍落脚于各类型中风的治法、方药。

可见初期的《引玉》有着明显的临床文献特征。

刊发中医文献之玉

随着交流者的热烈参与，从1960年开始，《引玉》的内容也从临床逐渐扩展到文献，凸显了中医临床与文献的密切关系，如1960年的第7期《肝炎黄疸病理疗法的研究》一文中，就从《内经》《金匮》等经典中对黄疸一病的名称、病因等描述说起；8期中对于《七损八益》主题展开的集体讨论，遍引历代前贤之注释，从唐代王冰，到明代张介宾、李中梓，清代张隐庵、马元台等的论述，抽丝剥茧，条辨缕析，彰显了老馆员扎实的文献功底和严谨的研究作风。

承载医案医话之玉

《引玉》是以介绍和报道馆员的临床验案、学术思想为主，也包括少量的助理馆员的学习心得。如助理馆员黄少堂以"积瘀经漏"一症参与交流，自称不归队的中医师高长令多次登稿参与交流。小小油印本很受欢迎，两年后，从1960年5月第10期开始不断扩大篇幅、增加内容，尤其是老馆员的学术经验和助理馆员的学习心得。

如，1. 医案：《引玉》刊载了曹惕寅、黄宝忠、刘少方、倪文鼎、张慕岐、陈树修、郭柏良、严苍山、葛养民、韩纪臣、沈梦庐、刘镜湖、张赞臣、张汝伟、顾筱岩等多位馆员治疗伤寒、咳嗽遗溺、产后虚脱、腹水、秋温、单腹胀、积聚、流火风、吐血、癃闭、噎膈、

我馆所藏《引玉》

痰饮等多种疾病的个人医案和助理馆员整理的馆员医案；2. 医论医话：顾筱岩、陈树修、曹惕寅、李卓英、肖范群等馆员对中医各科疑难杂病的医话；赵景生、高长令、邵仁太、谢炳耀、向迪琮、张赞臣等对中医经典有关疾病、方剂、药物、治法等的专论。

其内容的逐渐丰富，从《引玉》的栏目设置，可见一斑。

栏目灵变多样化

《引玉》每期内容多少无一定之规，形式灵活多变，每期栏目也根据当时需要而变，如《引玉》第六期公告"我们接受读者要求，使讨论内容集中和深入，下期改为'专题讨论——黄疸'，并邀请李卓英馆员为主讲。"以服务好学术交流为唯一和最终目标。

《引玉》的栏目设置，也是在实践中逐渐探索、发展起来的：第一阶段是随意的，馆员交流什么就刊登什么；第二阶段为专题讨论稿件；第三阶段以正式文章形式呈现，增设目录；最后至1961年的第2期才形成了《专论》《医案》《医话》三个固定栏目，版面也更加清晰整洁，同时非固定栏目更加多样化，比如《说药》《说郁》《点点滴滴》《教好学好》等。

《说药》《说郁》栏目为作者各抒己见，学术争鸣比如《漫谈三七》《漫谈阿魏》等；《点点滴滴》《教好学好》等栏目，则不拘内容，篇幅短小。

虽然因为条件简陋，纸张粗糙，颜色黄黑，但看着那由不同人誊写却同样工整的字迹，质朴清新之气仍扑面而来，阅读老前辈们数十年临证积累的真知灼见，深切感念他们在一股革命热情的驱使下、那愿为中医药事业发展贡献一切的赤诚。

再续《引玉》——《中医资料》

1962 年 10 月《引玉》刊出最末一期后，就结束了三年余的短暂历史。

经过一年的酝酿，1963 年 11 月开始，《中医资料》作为《引玉》的延续，作为文献研究馆的内部资料，继续发行，但改为每年 1~3 期，每期间隔 2~9 个月不等，直至 1965 年 12 月，共有 6 期。

每期皆有目录，内容以馆员对某病的临床经验、对某证的辨别要点，或某药的应用心得为主，既有馆员亲自撰写的，也有或助理馆员协助整理的。从内容到形式，与《引玉》相似，也是馆员们的心血之作，甚至有馆员去世后发表的遗著，如 1965 年 4 月刊出的第一篇《论慢性腰痛临床治疗》即为殷震贤馆员的遗稿，馆员们对上海市中医文献研究馆"春蚕到死丝方尽"的一片深情由此可见。

可惜到文革来临之前，《中医资料》也停办了；直到 1982 复馆后，才由《杏苑》杂志继续这份对中医文献的纯粹热情。

六、创办中医门诊部

1968 年，文献馆在馆内开办了中医门诊部[1]，据我馆前副馆长陈熠回忆，当时开办门诊部的初衷是为执行中央的三大政策，即：统战政策、高级知识分子政策和中医政策，团结广大名老中医，让他们在实践中把经验传承下去，在张赞臣副馆长的提议下，开办了继承老中医经验的带教门诊。

该门诊部为全国首创的老中医门诊部，作用有三：1. 可以发挥名老中医之余热，将文献经验用于临床；2. 通过带教门诊，培养了一批青年中医；3. 解决群众看病难的问题，取得很好的社会效益。

可惜这个有着良好声誉、独具文献馆特色的门诊部，在 1972 年，随同文献馆一起被关闭。

---

[1] 关于文献馆办馆方向的几点意见 . 上海市中医文献馆工宣队 .1971（8.5）. 上海市档案馆 B242-2-137-7

七、"文革"中期被迫闭馆

文献馆撤销、合并

1966 年至 1976 年，"文化大革命"席卷全国，在极左路线的摧残下，上海市卫生系统遭受重创。上海市中医药学会与中华医学会上海分会等组织，合并为上海工农兵医学会，失去了原有的功能；工宣队、军宣队进驻上海市中医文献研究馆，原有的党政组织被迫瘫痪。1971 年上海市卫生局原中医处副处长刘文篆调任上海市中医文献研究馆领导小组负责人。1971 年 10 月，上海中医学院的医教研体制被打乱，上海市龙华医院、上海市针灸研究所与上海第一医学院的经络研究所合并，成立了上海市中医研究所。1972 年 3 月，在上海市卫生局革命委员会的主张下，上海市中医文献研究馆被撤销，人员、中医书籍、文献资料等并入上海市中医研究所，该所归属上海中医学院领导。

曾经在建馆后陆续整理、出版大量中医文献资料的文献馆，被革命委员会形容为"名为收集、整理、研究中医文献，实为安排供养社会上开业的老中医……每周五个半天对外门诊，应付医疗，对发动群众，深入实践的收集、整理、研究中医文献工作一直处于停顿状态"。[1]老馆员、老职工们为中医文献事业呕心沥血的的努力，被革委会一句话一笔勾销；这些馆员、职工和书籍，也被雨打风吹，不知所向。

藏书、名医流离失所

文革中，许多馆员被迫离开上海，或离开凝结心血的研究岗位。馆长顾渭川在文革开始的 1966 年即去世，副馆长张禹勋被调往云南工作，张赞臣和许多馆员遭受抄家和批斗。

---

[1] 关于中医文献馆并入中医研究所的请示报告 . 沪卫革（71）字第 20 号 .1971（8.23）.上海市档案馆 B242-2-137-7

曾经由馆员和社会热心捐赠的大量珍贵的藏书，遗失殆尽。例如1956年建馆时上海中医师和社会人士捐赠的各地中医著作五百多种，历年来各地编辑的中医杂志二千多本，其中张骧孙的遗著一百多件，也一并失散、不知所向，连当时上海市中医文献馆的藏书目录再未得见。至今我们从上海中医药大学的档案室里，也只找到合并时的组织结构变更记录，而无法追踪到这些书籍的下落。

至此，上海市中医文献研究馆结束了最初十五年的风雨历程。

结 语

从1956年到1966年，中医文献研究馆乘着中医备受重视的政策春风应运而生、从无到有，成为全国唯一的以馆员建制的中医文献研究机构。文献研究馆得天时地利人和之便，将散在上海闹市或深巷中的各路名老中医汇集于一馆，成立了多个研究小组，从医史、医经、临床、方药等各个领域搜集、整理了大量中医文献，并在短期内结集出版，开创了馆员制度，开设了中医门诊，开办了内刊《引玉》《中医资料》等，为我馆初步奠定了制度、研究、临床等方面的工作基础。

可惜，"文革"的暴风雨袭来，一夜之间就吹散了当初费尽心力聚集起来、为中医文献事业殚精竭虑的馆员们，连同他们一起消散的还有上海市中医文献馆成立时由社会捐赠的大量书籍。今天，我们在上海中医药大学的图书馆、档案室、上海市档案馆、龙华医院档案馆苦苦寻找，并通过健在的老馆员、助理馆员等多方询问，也仅找到当时上海市中医文献馆编纂的《引玉》《中医资料》《上海市中医文献研究馆丛刊》等部分资料。

想起当初文献研究馆成立时上海市卫生局从上至下各方的努力筹措，成立时各界人士的热心捐助，社会群众的热切盼望，老馆员及馆里同志们呕心沥血地付出，转眼之间烟消云散，多少人物，只能流离失所，叫人不甚唏嘘。

当初苦心经营、大有起色的中医文献研究工作遭遇文革的疾风骤雨，不得不就此搁浅，直至文革结束后，文献馆才得以"春风吹又生"。

复馆篇

在改革开放中复馆
—— 上海市中医文献馆
（1981~1999）

十一届三中全会后，党中央全面拨乱反正，上海也开始重建在文革期间被破坏的科教文卫事业。1978 年 9 月中共中央批转了卫生部党组《关于认真贯彻党的中医政策，解决中医队伍后继乏人问题的报告》【（78）56 号文件】，在批示中特别强调："要为中医的发展和提高创造良好的物质条件。"

为贯彻落实该文件精神，上海中医学院于 1980 年 5 月向卫生部中医局、科技局提出恢复上海市中医文献研究馆[1]，同时抄送上海市教卫办、市科委、市卫生局，请示中提议"即日起建立筹备小组，着手筹备复馆，落实人员、地点和图书资料等具体事项。原文献馆人员原则上都予以调回，并调整现中医文献研究室、基础部文献研究室以及辞海中医编辑组的力量，相对集中。同时把学院中医各个基础教研组老教师和医院的一部分老中医聘作兼职馆员，参加一些文献研究工作。"这就为馆员、职工提供了来源。

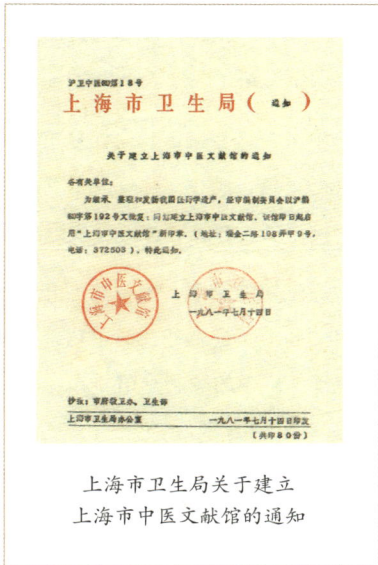

上海市卫生局关于建立
上海市中医文献馆的通知

在中医学院这份请示的基础上，为"尽快组织力量继承、整理、研究祖国医药学及培养一支精通中医理论和有丰富临床经验的高水平的中医队伍"[2]，上海市卫生局决定成立"上海市中医药文史馆"，并于 1980 年 6 月上报上海市教育卫生办公室。该请示中提到："1972 年并入中医学院的原中医文献研究馆，由中医学院充实力量，予以提高，不再划出；拟另成立上海市中医药文史馆。两馆分工协作，各有侧重。文史馆的任务：1. 以中医药文史馆为阵地，在中医药界开展一些统战工作；2. 整理中医中药古典文献，实践证明有良好疗效的中医各家流派的秘方、验方和学术文献史料；3. 培养、提高中青年中医的理论水平。"

一年后的 1981 年 7 月，上海市编制委员会批复同意，但馆名并非"上海市中医药文史馆"，而是"上海市中医文献馆"。新的"上海市中医文献馆"印章启用之际，新的馆址，新的馆员，新的上海市中医文献馆气象万千。

[1] 关于恢复上海市中医文献研究馆的请示报告 . 上中医（80 科）字第 007 号 . 上海市档案馆 B242-4-578
[2] 关于成立上海市中医药文史馆的请示 . 沪卫（80）第 50 号文 . 上海市档案馆 B242-4-578

一、复馆概况

1981 年 7 月 14 日，上海市卫生局转发市编制委员会（80）第 192 号文 [1]，同意建立"上海市中医文献馆"，直属卫生局管理，拟编制 18 名，新馆址为瑞金二路 198 弄 9 号甲，即今瑞金二路 156 号。

中医儿科专家董廷瑶任复馆后第一任馆长，袁云瑞任副馆长。经各区推荐、市卫生局中医处审核，聘请了余子贞、恽慧庄、陈苏生、沈小芳、张友琴等 15 名老中医为复馆后第一批馆员。春暖杏林，文献馆也重获新生，再续中医传承史。

文献馆的重生，同样离不开一些关心、热爱中医的人士的努力付出，尤其是时任上海市卫生局中医处副处长的王翘楚同志，为文献馆的恢复、选址等奔波呼吁，诸多心血终于促成了文献馆的顺利复馆。

复馆后的办馆宗旨与功能

1981 年复馆后，文献馆制订了周详的建馆规划 [1]，并上报卫生局中医处等。规划中提到了文献馆的任务、领导关系、组织体制、人员编制、馆员、顾问、筹备工作七个方面，按照卫生局指示，我馆以统战、整理中医药古典文献、培养青年中医为任务。复馆初期，科室设置上仅分为业务组和办公室。待王翘楚 1985 年来文献馆担任馆长后，开始建立编辑教研室、文献研究室、中医古籍与老中医经验及民间医药研究室，情报研究室和后勤科，业务发展走上正轨。

复馆后第一批 31 位馆员和 4 名顾问

1981 年复馆后的当务之急就是重启馆员聘任工作，"建馆规划"中对于馆员有清晰规定：

---

[1] 关于建立上海市中医文献馆的通知 . 沪卫中医（81）第 18 号 . 上海市档案馆 B242-4-578.

[2] 上海市中医文献馆建馆规划（草案）.1981（7.10）. 上海市档案馆 B242-4-578.

1. 名额 30~40 人（不列编制，先聘请 10 人左右，逐步增聘）；2. 条件：退休、退职或闲散在家的老中医，热心于祖国医学继承发展事业，对中医学术理论、教学、临床有较深造诣，确有真才实学和一定名望。年 60 岁以上，不分性别，身体健康状况尚可者，经聘定发给聘书；3. 工作方式：以在家整理编写为主，定期来馆参加政治学习和学术活动，我馆适当配备中青年中医为助手，定期访问联系，帮助工作。

按照规划中的要求，从 1981 年至 1994 年，上海市中医文献馆先后分 3 次，共聘馆员 31 名，皆为兼职馆员。其中，首次聘任为 1981 年，约 17 名；其后于 1985 年、1988 年、1993 年又分 3 次增聘了 14 名馆员，一共 31 名。这是文献馆历史上继建馆初期第一批 62 位馆员聘任后的第二批馆员聘任。另外于 1986~1988 年聘请了学术顾问 4 名：张镜人、姜春华、邝安堃、裘沛然。

这些馆员或顾问均为上海市中医界或中西医结合界的翘楚，如董廷瑶，被誉为当代中医儿科泰斗；邝安堃，乃我国著名的内科学、内分泌学专家、中西医结合研究的先驱者；陈苏生为中国中医研究院 32 位元老之一；施维智，延续家传五世伤科，为上海市伤科八大名家之一；石蕴华，为赫赫有名的石氏伤科的继承者、发展者；谢霖富、沈惠民均为当时著名的中药学专家。

其中有不少的都是名医后人，或名医的学术传人，如：恽慧庄，系近代中西医汇通之先驱、著名中医学家恽铁樵之女；曹寿民，为清代御医曹沧洲的后裔，自幼随父曹惕寅学医，1952 年随著名针灸专家承淡安等学习针灸，兼具针药之长；李国衡，跟随名医魏指薪（魏氏 21 代行医人），渐由师徒关系而成为翁婿关系；张友琴，张氏世医家传，先后在上海中医专门学校、上海中国医学院师从秦伯未、严苍山等；陈寿松，师承陈道隆，后参加邝安堃的内分泌中西医结合科研门诊；俞志鸿博采众名医之长，先后跟随丁仲英、祝味菊、朱鹤皋、章次公等学习；施梓桥，为浙江名医夏墨农之徒；陈百平，曾师从吴涵秋、陈存仁 [1][2]。

因其不凡的成就，他们在国内外屡获殊荣，如：邝安堃 1985 年获法国政府授予骑士勋章等 [3]；张寿杰、杨伯衡、王天德也于 1985 年获上海市卫生局"从事中医工作五十年，

[1] 郑雪君，顾问：郭天玲.上海市中医文献馆馆员志 [J].中医文献杂志，2008（2）：40~43
[2] 郑雪君，顾问：郭天玲.上海市中医文献馆馆员志（续完）[J].中医文献杂志，2008（3）：34~38
[3] 张品兴，殷登祥等主编.中华当代文化名人大辞典.北京：中国广播电视出版社.1992（1）：1064

为祖国医学做出贡献"奖；1990年施维智、董廷瑶、王正公、姜春华、张镜人、钱伯文、余子贞、李国衡8位被选为全国首届名老中医药专家学术经验继承班导师；姜春华1991年被国务院认定为有杰出贡献的科学家[1]。

第二批馆员名单详见附录二《文献馆馆员名录》。

顾问简介——张镜人

张镜人（1923~2009），男，出生于上海中医世家，为张氏内科第十二代传人。历任上海市第一人民医院中医科暨中医气血理论研究室主任、上海医科大学教授、上海市卫生局副局长、顾问。全国中医药学会副会长，上海市科学技术协会委员、上海市中医药学会理事长、顾问。上海中医药

张镜人出席第一届中医研究班开学典礼

大学、上海市中医药研究院专家委员会顾问；上海市中医文献馆、上海市中医药情报研究所顾问等职。曾任全国政协第七、第八届委员会委员，政协上海市第六届委员会常务委员，中国民主同盟中央委员会委员，民盟上海市委员会副主任委员。

1990年，成为全国首批名中医药专家学术经验继承工作指导老师；1995年，被评为首届"上海市名中医"；2009年，荣获全国首届"国医大师"称号。主编及参编著作有《中华名中医治病囊秘张镜人》等20部著作。

曾获多项国家级重大科研成果奖。曾创调气活血法治疗慢性萎缩性胃炎，获全国中医药重大科技成果甲级奖及国家级科技进步三等奖。采取清湿热以泄邪浊，益气阴而养营血的方法治疗慢性肾功能衰竭，获上海市中医中西医结合科研成果二等奖。

---

[1] 张云鹏.姜春华学术经验精粹.北京：中国中医药出版社.1994（10）：2

顾问简介——姜春华

姜春华（1908~1992），男，江苏南通县人，自幼从父青云公习医。历任上海第一医学院（1985年改名为上海医科大学，2000年成为复旦大学上海医学院）中医教研室主任、脏象研究室主任，兼任内科医院（现称华山医院）、中山医院中医科主任。曾任上海医科大学教授、博士研究生导师，国家科委中医专业组成员，卫生部医学委员会委员，中国科学院上海分院特约研究员，《中国医学百科全书》编委，《辞海·中医分册》主编。先后被聘为全国中西医结合研究会、上海市中医学院、

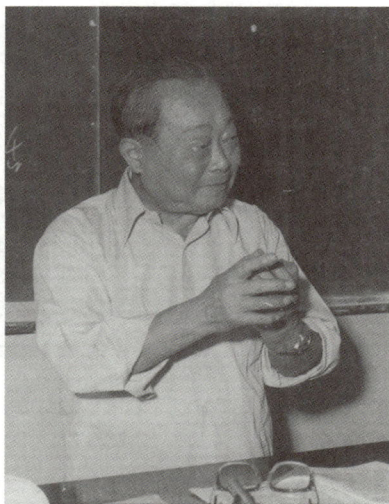

姜春华为第一届中医研究班授课

上海中医药研究院、上海市中医文献馆顾问。曾被推选为中华全国中医学会常务理事，上海分会名誉理事长。曾当选为全国第五届人大代表，上海市第七届人大常委等。1990年成为全国首批名中医药专家学术经验继承工作指导老师，1991年被国务院认定为有杰出贡献的科学家，批准享受特殊津贴。

在认识疾病上主张"辨病与辨证结合"。在长期的临床医疗实践中，提出"截断扭转学说"。因对治疗晚期血吸虫病有重大贡献，1985年受到上海市人民政府大功奖励。"活血化瘀的研究"获1978年全国科学大会重大科技成果奖。"肾与命门的研究""阴阳原始"获上海市卫生局1981年中医药科技一等奖。

顾问简介——邝安堃

邝安堃（1902~1992），男，广东番禺人。1919年赴法国留学，1939年获医学博士学位，并于同年回国。历任广慈医院小儿科主任、皮肤科主任、内科主任，上海第二医学院（现上海交通大学医学院）教授、副院长、顾问，瑞金医院内科主任，上海市高血压研究所、上海市内分泌研究所所长、名誉所长，

邝安堃为全国第四期中医科研管理干部讲习班授课

中华医学会内分泌学会副主任委员，中国中西医结合研究会副理事长、上海分会理事长，上海中医药大学、中医药研究院专家委员会名誉顾问，卫生部医学科学委员会委员等职。曾任全国第四、五、六届政协委员，上海市第七届人大常委。1979年被评为全国劳模，1985年获法国政府授予骑士勋章等。1985年被聘为上海市中医文献馆顾问。

他是我国著名的内科学、内分泌学专家、中西医结合研究的先驱者。他从法国巴黎大学学成回国后，任职于震旦大学医学院附属广慈医院（后改名为瑞金医院），所培养的5个得意门生：陈家伦、许曼音、王振义、龚兰生、唐振铎，后来分别成为瑞金医院内分泌科、血液病科、心血管内科、消化内科的带头人或创始人，这几个学科至今仍是瑞金医院领先全国的优势学科。邝安堃对瑞金医院的影响深远，由此可见。

邝安堃主编有《内科手册诊疗学》《内科手册》《内分泌学（上册）》、"中国中西医现代丛书"中《高血压病在中国》《糖尿病在中国》《烧伤医学在中国》等。在中西医结合方面，他曾拜名医陈道隆为师，后与陈道隆合作开展中西医结合的科研，从内分泌学角度对中医的阴阳学说进行相关研究；通过研究性激素与肾虚证之间的联系，在理论和实践上丰富了中医"肾"本质的内容。

顾问简介——裘沛然

裘沛然（1913~2010），男，浙江慈溪人。曾随叔父裘汝根学针灸。1958年进入上海中医学院后，历任针灸学教研室副主任，经络学、内经、基础理论、各家学说等教研室主任，上海中医学院（现上海中医药大学）基础部主任、教授、博士研究生导师，上海中医药大学终身教授，上海市文史馆馆员，上

裘沛然在第一届中医研究班上授课

海市中医文献馆顾问。1980年，任国家科委中医组成员。1981年，任卫生部医学科学委员会委员。曾任上海市政协委员，1983年任市政协常务委员。1990年，成为全国第一届500名老中医药专家学术经验继承工作的导师。1991年，被国务院批准享受突出贡献科技人员的特殊津贴。1995年被评为首届"上海市名中医"。2009年，荣获全国首届"国医大师"称号。

他是著名的中医教育家、理论家及临床家。曾编写《针灸学概要》《经络学说》《针灸学讲义》《刺灸法》《腧穴学》《针灸治疗学》等六部针灸学著作。受命卫生部参加和主持全国高等中医院

校统编教材编审工作，出色完成了十门教材的审改任务。他在中医基础理论、各家学说、经络、伤寒温病、养生诸领域颇多见解。

医儒并修，博学多才，曾任《辞海》副主编兼中医学科主编，主持编写《中国医学百科全书》中医卷、《大百科全书》传统医学卷、《中医历代各家学说》《新编中国针灸学》等。早年主持研制的"经络玻璃人"模型及脉象模型，曾分别荣获国家工业二、三等奖。其总结内科疑难病治疗经验的《疑难证中医治法研究》一文，曾获得中华全国中医学会颁发的优秀论文一等奖。

二、中医文献研究与应用

延续建馆之初扎实的研究作风和文献研究特色，复馆伊始，文献馆就承担了大量古籍文献整理、医史文献研究、临床文献研究的工作，成就斐然。

古籍整理

《医林绳墨》等五种医籍校勘

复馆初期，由陈苏生、董廷瑶等名老中医组成学术继承小组，承担卫生部古籍整理办公室下达的《医林绳墨》《神灸经论》等5种中医古籍的校勘工作，开启了复馆后以古籍校勘为一大特色的文献研究工作。

另外还有《喻嘉言医学全书》《章太炎全集（八）医论集》《病机汇论》等，皆是对明代、清代、近代著名医家的医著、医论进行点校的著作，反映了我馆这一个时期的校勘重点。

专著名称	出版单位	出版时间	主编或点校
喻嘉言医学全书	中国中医药出版社	1999	陈熠
病机汇论	人民卫生出版社	1996	陈熠
章太炎全集（八）医论集	上海人民出版社	1989	潘文奎、陈熠、张仁等

《喻嘉言医学全书》

该书属明清名医全书大成丛书之一，陈熠主编，1999年由中国中医药出版社出版。该书汇集了喻嘉言的著作、医案及治疗痘疹等疾病的证治经验，融合了古籍整理与现代研究，对研究喻嘉言的学术思想及临床特色颇有参考价值。

《病机汇论》

该书属中医古籍整理丛书之一，清·沈朗仲撰，陈熠点校，1996年由人民卫生出版社出版。

《章太炎全集（八）医论集》

潘文奎、陈熠、张仁等点校，1989年由上海人民出版社出版。该书收集了章太炎先生一生中有关医学见解之大全。

明清中医珍善孤本精选

1989~1993年，上海市中医文献馆与中华医学会上海分会图书馆相商，由陈熠编选，王翘楚审定，选取该馆珍藏的明清时期中医孤本，重新影印出版，使这些孤本得以流传更广。《明清中医珍善孤本精选十种》，分别是：《名方类证医书大全》《辨证玉函》《医学原始》《本草分经》《婴儿论》《脉理会参》《脉症治方》《撰集伤寒世验精法》《吴氏医话二则》《神验医宗舌镜》。与原书相比，内容未做更改删节，但每种医书前面增加书目提要，作为导读。姜春华、张镜人为之作序。

《明清中医珍善孤本精选十种》

医史研究

《中国针刺麻醉发展史》

张仁著，王翘楚审定，1989年由上海科学技术文献出版社出版。本书是一部医学史专著，较为客观地、准确地、科学地展现针刺麻醉这段短暂却十分复杂的历史。笔者为此查阅了大量资料，走访国内很多地方，进行调查研究。该书获"全国医史文献图书及医学工具书"（1991，北京）全国奖。

其他医史著作一览

专著名称	出版单位	出版时间	主编
医林春秋——上海中医中西医结合发展史	文汇出版社	1998	王翘楚
上海中国医学院院史	上海科技文献出版社	1993	杨杏林，唐晓红
名医摇篮——上海中医学院（上海中医专门学校）校史	上海中医药大学出版社	1998	《名医摇篮》编审委员会
杏苑鹤鸣——上海新中国医学院院史	上海中医药大学出版社	2000	《杏苑鹤鸣》编审委员会

《医林春秋——上海中医中西医结合发展史》，全书16万字，准确地反映了上海中医、中西医结合发展的历史。该书自著者1991年编写《上海卫生志》时即开始搜集资料，历时五年，所得资料上自唐代、下至1990年，其中著名专家、科研成果、专科专病医疗协作中心等方面资料补充至1996年，以冀全面反映历代著名医家、医疗机构、医学教育、科学研究、学术流派发展的状况和特色以及学术团体对外交流合作发展的轨迹。该书由时任中医处处长的王翘楚主编，上海市中医文献馆党政领导给予了大力支持，张云鹏、顾妙珍主任医师、董其圣、唐国顺、杨杏林副主任医师等都积极参与了编写工作。

另外，当时上海市中医文献馆和上海中医药大学的老师，合力将上海解放前最有影响力的三所中医院校——上海中医专门学校（上海中医学院）、上海中国医学院、上海新中国医学院的发展史分别撰写成书，这在当时具有抢救中医文献，还其本来面目的重要意义。为了收集零散的资料，作者们经过了艰辛的搜集、调查、翻阅、整理工作，并走访了数十位当年中国医学院的教师和学生等，最终汇集成的这几本书为研究近代上海的中医教育提供了珍贵的史料。

临床专辑

《幼科刍言》

董廷瑶著，是董氏对其家学和 60 余年儿科学术经验的整理总结，1983 年由上海科学技术出版社出版。获上海市卫生局优秀中医药著作奖，中医药研究院科研成果三等奖。

针灸系列专著

为张仁主任医师编著的一系列针灸的临床应用文献，包括：《针灸防治中风》《针灸意外预防及处理》《急症针灸》等 22 种。

《针灸防治中风》由方幼安、张仁编著，1987 年由上海翻译出版公司出版。两位作者均为针灸临床名家，该书系统总结了千百年来中医在治疗中风（包括预防、抢救及康复）方面的临床经验，包括现代的研究成果，深入揭示了中风的防治规律，特别是结合了两位作者自身运用针灸防治中风的临床实践心得，对临床工作者大有裨益。

《针灸意外预防及处理》由张仁、梁行编著，1988 年由上海科学技术文献出版社出版。著者结合自身临证教训，并收集几十年来国内外有文献可稽的针灸意外事故，资料丰富翔实，分门别类，纲举目张，供医林借鉴。

《急症针灸》由张仁编著，1988 年由人民卫生出版社出版。著者的针灸临床生涯起步于基层，得以积累针灸救治急性病症的大量实践，又研习了大量针灸文献，本书综合数十部古代医籍与上千篇现代文献，参合个人研究心得，融会贯通，以具体治疗方案的形式呈现出来，非常切合针灸及临床急症工作者之用。

这些书籍主要集中于针灸在不同疾病（如急症、儿科、难病等）中的应用，以及取穴方法，贵在实用，书名开头常冠以"实用"二字，体现了张仁撰写的针灸文献对临床的侧重。

肿瘤系列专著

为陈熠主任医师主编的一系列有关肿瘤的临床文献，包括：

陈熠肿瘤临床专著一览（4种）

专著名称	出版单位	出版时间	主编
肿瘤防治康复全书	上海人民出版社	1996	陈熠
世界传统医学——肿瘤学	科学出版社	1999	陈熠
肿瘤单验方大全	中国中医药出版社	1998	陈熠
肿瘤中医证治精要	上海科学技术出版社	2007	陈熠

《世界传统医学—肿瘤学》，为《世界传统医学大系》丛书之一，该套丛书的编写获得了世界传统医学会的鼎力支持，世界传统医学会于1995年在美国宣告成立，并发布宣言，将支持《世界传统医学大系》编著工程列入文中，"世界传统医学会的任务将从医术交流、科学研究、培训教育、出版刊物而展开，但当前任务是协调组织各国学者为撰写《世界传统医学大系》系列巨著而努力。"

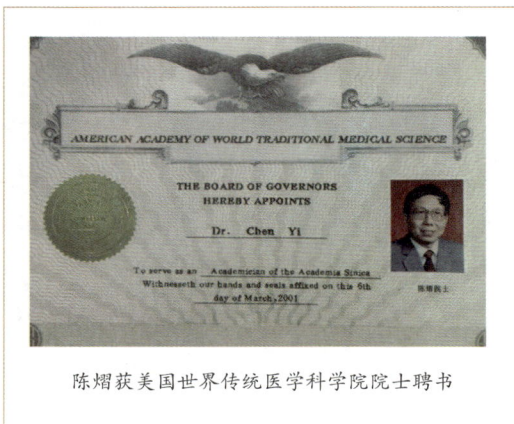

陈熠获美国世界传统医学科学院院士聘书

因此各个分册，包括《世界传统医学——肿瘤学》这本书，也是汇集了国内外传统医学，包括民族医学专家一起编写的一本著作，将国外最新情报也搜集在内，因此获得了很高的评价，主编陈熠也因此成为美国世界传统医学科学院院士。

这些肿瘤学专著，涵盖了肿瘤中西医的诊断、治疗、预防、康复，既有古代文献对肿瘤的论述，也有现代最新的研究发现，不但有治疗各类肿瘤的医案，也从各种渠道收集了大量特色单验方，可谓肿瘤学的中医大全。这些专著，也为陈熠主任医师在中医肿瘤学方面的独树一帜积累了丰厚的文献资源。

名医经验继承

由于文献馆一方面参与全市及全国的名老中医学术经验继承班工作，另一方面又有诸多馆员或职工为名老中医的后人、学术继承人，因此继承名医经验，总结学术思想类的著作尤为多见。

《中医临床经验的整理与研究》由潘文奎著，1993 年由中国中医药出版社出版。潘文奎曾从事中医科研管理工作，又参与组织上海名老中医经验继承小组工作，结合两方面工作体会编著该书。书中叙述了中医临床经验整理的意义、条件、特点、选题、形式、内容和方法，继承老中医药专家经验的条件、内容、心态和方法，整理老中医经验的基础、程序、要求、方法和要领，中医临床研究的意义、特点、方法及科研选题与成果开发，不仅适合全国名医继承者阅读，也是中医临床工作者的良师益友。

《恽铁樵遗著选》由董其圣、潘文奎编注，1989 年由上海科学技术文献出版社出版。本书源于恽氏《见智录续编》及《读金匮翼》两册未发表的手稿，由恽氏女儿恽慧庄捐献于上海市中医文献馆，经上海市中医文献馆董、潘二位整理加注后出版。该书反映了恽氏合化中西的学术思想和丰富的临床经验，内容翔实，富于创见，能启人思路。该书获 1993 年上海市卫生局中药科技进步三等奖。

《董廷瑶〈幼科撷要〉》由宋知行、王霞芳主编，上海市中医文献馆与上海市中医门诊部合作，1990 年由百家出版社出版。该书由董廷瑶两位高徒对董氏的学术经验汇编，按照小儿发热、厌食、咳喘等病证分类，罗列、归纳、分析、阐述董廷瑶辨证要点以及选方用药规律，尤为突出董廷瑶娴熟运用经方的经验，记载了大量董氏有效验方及独特手法，对中医儿科临床有显著的现实指导意义。

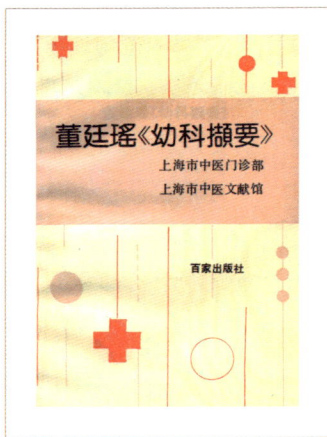

《姜春华学术经验精粹》由张云鹏主编，1994 年由中国中医药出版社出版。本书系 1990 年国家中医药管理局的"姜春华教授临床思路与方法的研究"课题的研究成果。主要探讨姜氏的学术思想由来及形成，突出姜氏的学术观点，阐明姜氏截断扭转学说等。是以姜氏学术思想为中心、临床经验为重点的专著。

《儿科名家徐小圃学术经验集》由徐小圃再传弟子陆鸿元、邓嘉成编著，1993 年由上海中医学院出版社出版。该书分三部分。第一部分为徐小圃经验谈，辑录徐氏临证医话 40 余则；第二部分录徐氏临证医案 218 则，包括感冒、麻疹、赤游丹等 35 种病症的临证治验；第三部分收录徐仲才、王玉润、江育仁等八位后裔门人所撰的回忆文章。

《陈苏生医集纂要》由陈苏生的学生陈熠、女儿陈明华等编著，1994 年由上海科学技术文献出版社出版。该书全面收集陈苏生的医案、医论、医话，系统整理了其调气解郁的学术思想及临床经验，包括治疗心血管病、哮喘等常见病的常用验方、药对、药物。

个人临床心得

各馆员或专业技术人员依照自己临床专长，也分别总结自己临床心得，结集成册。

《中医生育知识》由贝润浦著，1990 年由知识出版社出版。贝润浦是当时上海著名的妇科疑难病和不育症专家，曾在中国福利会国际和平妇幼保健院、上海中医学院附属曙光医院、上海市中医文献馆老中医门诊部开设不育症专家门诊，曾任上海市中医药科技研究所副所长、上海市中医文献馆副馆长和上海妇科不育症研究中心主任。本书由贝氏结合自己多年临床心得，介绍了祖国医学对受孕结胎、围产期调养、孕期疾病、临产分娩、产后哺育、不孕不育以及避孕节育等的保健治疗方法和有关知识，是对中医生育知识的系统介绍。

《哮喘与慢支的防治和康复》由王正公著，1990 年由学林出版社出版。王正公，乃名医王慰伯长子，14 岁从父习医，善治外感热病和内伤杂症，尤擅"老慢支"和哮喘之治疗。本书为王氏历年发表于报刊杂志与专题讲座之部分篇章，并增添部分内容编集成册。以有关论述 15 篇构成本书第一部分；采用问答方式，一题一议，整理成老年慢性支气管炎和支气管哮喘问题解答 45 题，构成本书第二部分，以便于病家了解疾病之发生、发展、预防、康复等知识。在整理编写过程中，上海市中医文献馆特地组织整理编写小组，由潘文奎副主任医师，门人马仁美医师以及董其圣主治医师、郁时威主治医师、沈兰芳医师等通力协作完成。

名医经验荟萃

总结不同名老中医对某一疾病的诊治经验、或某一方的运用心得。

《难病辨治》由陈熠、张仁、邓嘉成等编著，1987 年由上海科学技术文献出版社出版。本书选辑上海市现代著名老中医治疗疑难病症文章 34 篇，介绍名老中医各自的临证心得体会、辨证施治的独到经验，注重学术争鸣，即针对同一病症，囊括不同老中医的辨治特点，非常切合临床应用。该书于 1987 年获上海市卫生局的优秀中医药著作奖，上海市新闻出版局的上海市优秀图书（1985~1988）二等奖。

《仲景方在急难重病中的运用》由邓嘉成、董其圣、潘文奎、陈熠、张仁编，1989 年由上海中医学院出版社出版。本书以总结、交流现代上海地区老中医运用仲景方的经验和特色为目的，收录了 30 余位老中医对仲景经方的精妙化裁和运用经验，对临床应用仲景经方治疗某些急难重病具有指导意义和实用价值。

《衰老和瘀血》（*Aging & Blood Stasis*），由颜德馨教授原著，唐国顺翻译，1995 年由美国 Blue Poppy 出版社出版，内容包括气血与衰老的关系。颜老对瘀血的辨证论治，衡法的临床应用以及常见老年病的防治秘诀等。

《糖尿病的中医特色疗法》（*Typical TCM Therapy for Diabetes Mellitus*），中英对照版，由南京中医药大学王旭原著，唐国顺翻译，2004 年由上海中医药大学出版社出版。本书内容包括糖尿病诊断要点、中医对糖尿病的认识、中医对糖尿病的特色疗法、糖尿病常见并发症的治疗、糖尿病的摄生调护以及著名老中医治疗糖尿病的经验等。

其他文献研究

医学词典

《汉英医学写作用语词典》由唐国顺主编，1993 年由上海译文出版社出版，该书精选 1.2 万多条实用词组（西医部分 9 800 条，中医部分 2 200 条），每条词组均有中英对照的例句，书末附有汉英医学词缀，汉英临床及实验室检查以及常用词汇、常用中药名称等六个附录。1995 年通过市级成果鉴定。该书在 1996 年全国中医药翻译图书评选活动中获优秀奖（中国中医药学会颁发）。

《英汉汉英医学词典》唐国顺主编，2005 年由上海外语教育出版社出版。本词典精选 12 万条词条（英汉部分 5 万条，汉英部分 6 万余条），能基本满足医学英语阅读和写作以及翻译的需求。

唐国顺主任医师曾任英文版《世界针灸杂志》副主编，1983 年世界针灸针麻大会论文集英文编审，2008 年获中国翻译协会授予"资深翻译"荣

誉称号，在医学英语方面有深厚底蕴，因此结合自己实际工作体会，编著了这两本医学英语词典，成为医学工作者很好的工具书。

文献汇编

《国内外大黄研究论文题录》由王翘楚、陈熠、焦东海、王瑞春、臧朝平、招萼华编著，1990年由上海科学技术文献出版社出版。本书历时三年，共收录单味大黄研究论文 500 余篇，复方 1 700 余篇，另有历代医案卡片 500 余张，编辑成册，为国内学者就大黄的实验研究与临床应用提供帮助。

《中华本草》（1987~1999），我馆是 60 多家协编单位之一，陈熠作为编委会委员，参与了由国家中医药管理局主持的重大科研课题《中华本草》部分章节的编写，完成条目 169 项。1987 年启动，1989 年成立编委会，历时十年，于 1999 年完成了这部划时代的巨著。该书全面总结中华民族两千多年来传统药学成就，集中反映了 20 世纪中药学科的发展水平，填补了《本草纲目》问世之后的四百年来对中药文献缺乏系统整理研究的历史空白，具有全、新、精的特点，是一部代表国家水平的传世之作，也是本草学发展史上的一座丰碑。2001 年获第五届国家图书奖最高荣誉奖（医药卫生类图书唯一获得的最高奖项），2010 年获江苏省科技进步一等奖。

《中国药酒大全》由陈熠主编，1991 年由上海科学技术出版社出版。该书由陈熠、丛众等从浩如烟海的古今文献中，精选药酒方 1 106 首，其中历代方剂 760 首，近代方剂 346 首，另附解酒方 39 首。本书分概论、保健、治疗及附录四大篇，收 1 106 方。每药酒方按药物组成，功能主治，用法用量，制备方法，注意事项，资料来源等项阐述。该书集药酒之大成，不仅对药酒文献的保存具有重要意义，填补了这方面的空白，而且对中国药酒在新的历史条件下进一步扩大应用和开发也有深远的影响。该书荣获 1993 年上海市卫生局中医药科技进步三等奖。

这些书籍，集中体现了文献馆在复馆后到上世纪末之间的文献研究特色——即中医医史文献研究、整理中医古籍文献、继承总结老中医经验，与复馆宗旨一脉相承。这些著作尤其在继承总结名医临床经验方面，既反映了各人的家学渊源、师承脉络，如董廷瑶的儿科专著、张云鹏的《姜春华学术经验精粹》、邓嘉成的《儿科名家徐小圃学术经验集》、陈熠的《陈苏生医籍纂要》；也体现了各人的临床特色、学术专长，如贝润浦的《中医生育知识》、王正公的《哮喘与慢支的防治和康复》、唐国顺的英汉、汉英医学词典；更昭示了文献馆参与中医科研、师承管理所具有的独特视野，如潘文奎的《中医临床经验的整理与研究》。其中，学术带头人的作用显而易见，如两位前任馆领导出版的系列专著（张仁馆长出版的系列针灸专著、陈熠副馆长出版的系列肿瘤专著），皆为他们在某个领域成为海派名家奠定了深厚的文献基础，也是他们丰富临证经验的体现。

科研方法

《中医药科研方法》由王翘楚、张仁主编，1999 年由重庆出版社出版。本书是一部关于中医科研方法的专著。全书分总论和分论二部分。总论着重论述中医科研的意义、范畴、概貌、特点、原则及思路等。分论则系统介绍中医文献情报研究、临床研究及实验研究的具体科研方法和中医科研成果的总结、申报、鉴定和推广等内容。本书具有信息量大、实用性强的特点。

《中医科技管理学》由王翘楚主编，1992 年由上海科学技术出版社出版。该书属国家中医药管理局组织编写的卫生事业管理（中医）专业系列教材。该书初稿是在 1986 年以来卫生部、国家中医管理局委托上海市卫生局由上海市中医文献馆承办的全国三期中医科研管理干部讲习班讲课教材基础上，根据编审委员会审查通过的教学大纲，由编委们分工起草编写而成。上海市中医文献馆多位同志参与了资料搜集及编写工作：潘文奎主任参加了编委会。当时由编辑教研室副主任张仁，古籍文献研究室副主任陈熠，中医情报二室主任唐国顺提供中医实验研究、古籍文献研究的有关内容，并参加编委会审稿、定稿工作。

全书内容包括：中医科技管理学导论、方针政策、管理科学基本理论和方法，以及中医科技计划、课题、成果、组织机构、人才、经费、仪器设备、图书情报、科技档案、老中医经验继承整理、中医科研方法和中医科技管理的技术等方面，共 15 章 59 节。全书从中医科技的特点和当前中医科研存在的问题出发，力求把现代科学管理和总结我国中医科技管理经验紧密结合，形成符合我国国情，具有中医药特色的中医科技管理体系——中医科技管理学。

期刊论文

复馆后，我馆潘文奎、宋知行、陈熠、张仁等诸多学者笔耕不辍，在国内各大杂志上发表了大量医史、文献、临床研究文章。所刊杂志包括本埠的《上海中医药杂志》《上海针灸杂志》和《中医文献杂志》，周边地区的《浙江中医杂志》和《江苏中医杂志》，但更多发表在外埠的《中医杂志》《辽宁中医杂志》《医学与哲学》《陕西中医》上；所刊内容既有对中医理论的阐发，如陈熠的《"真气从之"探赜》，也有临床观察，如张仁的《耳穴压丸对胆系排石及舒缩功能的影响——附57例临床分析》以及对名医临床经验的总结，如宋知行的《董廷瑶老师治小儿泄泻用止涩药经验》。文献校勘，如潘文奎的《略谈章太炎〈仲氏世医记〉之文字校勘》。对科研方法的总结，如潘文奎的《继承整理老中医经验的思路与方法》。这些论文几乎涵盖了我馆当时全部的业务范畴，反映了一片欣欣向荣的业务发展势态。

详见附录七《文献馆发表论文一览表》。

三、从《引玉》到《中医文献杂志》的变迁

《杏苑》

"引玉"之继续

上海市中医文献馆早期创办的内刊《引玉》，曾在当时中医界影响不小，后因文革而停刊。1982年12月，文献馆复馆不久，面临抢救继承名老中医学术经验和挖掘整理研究古籍的重要任务，馆长董廷瑶当即召集几位老馆员研究办刊事宜，大家决定先办一份以中医同道间交流为主的内部刊物，不定期出版，取名《杏苑》。《杏苑》第一期遂于1983年诞生，上面的刊名"杏苑"二字也是董馆长亲笔题写。

第一期的发刊词中写到"上海市中医文献馆，在卫生局领导下，筹备建立已逾三年。我们的任务主要是继往开来，致力于整理发扬祖国医药学的宝贵遗产。特别是抢救当前名老中医的临床经验，培植中青年医疗骨干力量。为此我们近水楼台先从本馆年迈的老中医入手整理保存他们的临床经验，并搜集他们所接近的名师良友的遗稿手迹（包括医案和论著），勿令散佚和失传。同时上海市中医文献馆受市卫生局委托又主办了中医研究班，积累了各位老师精湛的讲学材料和学员的优秀论文。凭借这些有利条件，做出打算，编写这本内部刊物，定名为'杏苑'"由此明确了办刊目的与刊写内容。

此后，《杏苑》共刊行4期（1983年12月~1986年11月），每年一期，每期印刷1 000册，免费赠送，在全市和全国的中医界产生了一定的影响，特别是1986年出版的《整理总结老中医经验专辑》，印刷4 000册也一购而空。《杏苑》成为馆内外中医古籍文献整理和老中医学术经验交流的一块学术园地。

"杏苑之苑，乃荟萃之意。如文学界有文苑之篇，艺术界有《艺苑》之作，此外类苑、词苑等名字，皆具有专业性之汇编名称。杏苑之为刊物，乃医林荟萃之作，实为《引玉》之继续。"

——《颂》（陈苏生，摘自《杏苑》）

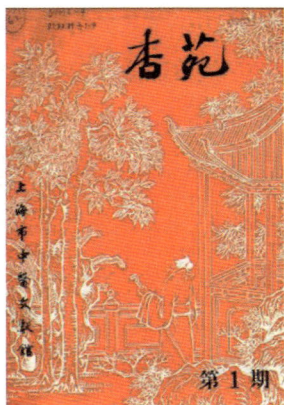

杏苑

上海市中医文献馆

第 1 期

《杏苑》四期

1983 年的《杏苑》第一期[1]，结构简单尚未区分栏目。其内容除发刊词外，董廷瑶馆长撰写的《医必明理》是为开篇之作，陈苏生等馆员发表了《〈杏苑〉颂》。重点刊登了文献馆首次承办的"上海市第一届中医研究班"的成果，学员总结的跟师心得，如梁联俊所撰《张伯臾老中医谈〈临证指南医案〉及其他》等；此外，尚有医史研究类文章如张友琴所撰《中国医学院院史简介》，经典应用类如张寿杰所撰《太阳、少阴两感证治愈例三则》。

《杏苑》颂

党的光辉如日照，杏林深苑春来早，
探索典籍搜珍宝，旦复旦兮在今朝，
古为今用有明训，集腋成裘勉同曹，
岁月易逝志未老，原将余热放光豪。

——沈小芳

---

[1] 参见《杏苑》杂志 1983 年第一期。

1984 年的《杏苑》第二期，开始设置杂志的"学术资料编审委员会"，分别设定编委、编辑、秘书，而且开始分设栏目，主要有《论著》《医传》《近人医案》《老中医经验》《医话》《学员论文》《气功研究》等，涵盖了医论、医话、医案、师承心得等，基本奠定了杂志的雏形。

1985 年的《杏苑》第三期，特别辟有《纪念丁甘仁先生 120 周年诞辰》专栏，刊登文献馆收藏的丁甘仁手书真迹，丁甘仁遗著——发表于 1921 年《卫生报》的《论心与脑之关系》、《喉痧概论》，以及曹仲衡的《缅怀孟河丁甘仁先生》，另有丁甘仁的医论、医案。

1986 年的《杏苑》第四期，是整理总结老中医经验专辑。当时，为了组织、继承、整理老中医经验和民间单方、验方、一技之长，上海市中医文献馆召开了"继承整理老中医经验学术研讨会"，本专辑就是精选这次研讨会的 15 篇论文全文和 11 篇论文摘要刊出的。

> 老中医学识渊博，临床经验丰衍。不失时机继承、整理老中医的学术观点、经验和体会，开展中医理论和学说的研究探讨解决中医队伍后继之人，后继之术的重要措施。通过会议论文的交流，对于调动广大老中青中医整理、发扬祖国医药学宝贵遗产的积极性，把中医的教学、医疗等方面的工作做得更好，将起到一定的推进作用。
>
> ——摘录《杏苑》第四期前言

该专辑设有《专著》《老中医经验》《继承整理》三个栏目。《专著》栏刊有，老中医的医论、医话，以及继承整理老中医学术经验的思路和方法；《老中医经验》栏有老中医撰写的临床经验；《继承整理》栏为中医研究班学员总结的老中医学术经验。

《杏苑》虽然一共只有四期，但是每一年、每一期都在登上新台阶，从首期的中医研究班成果汇编，到第二期的出现了"学术资料编委会"和众多栏目，第三期为纪念海派中医代表人物——丁甘仁特设的专栏，末期的整理总结老中医经验专辑，显示着杂志从无组织到有编委，从单一体裁的经验汇编到医论医著等多种栏目，从馆内交流逐渐变为影响到全市的发展趋势。《杏苑》时期登载的文章，仍以临床文献为主，与上海市中医文献馆复馆时汇聚上海市名老中医的特色相符；这期间成立的"编委会"、设置的杂志栏目，为之后的《杏苑中医文献杂志》现在的《中医文献杂志》勾勒了雏形。

《杏苑中医文献杂志》

更名创季刊

自 1983 年创刊至 1986 年，经过 4 年的努力，《杏苑》受到各地读者的热情支持，刊物内容不断丰富，杂志也需要不断规范。1987 年，《杏苑》被上海市新闻出版局批准为正式内部刊物，按季度定期发行，每年四期。为了突出文献研究的特色，杂志从 1987 年第一期开始，更名为《杏苑中医文献杂志》，明确以"继承发扬老中医学术经验，整理研究古今中医药文献"为办刊宗旨，并将该宗旨醒目印在封面上。意图立足上海，面向全国，重点反映我国中医药文献研究的学术水平和动态。除了按期出版正刊外，还出版了多期的增刊和专辑。

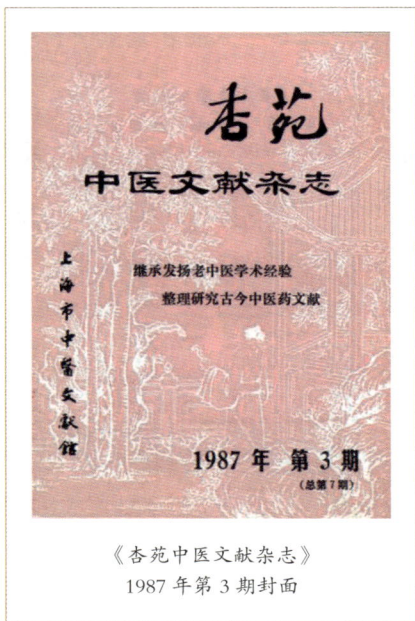

《杏苑中医文献杂志》
1987 年第 3 期封面

更名之后的杂志，栏目更多：除了《文献研究》《学术探讨》《老中医经验》《医林人物》《文献综述》《医药学史》等为重点的固定栏目，还有《名医遗著》《书籍评述》《医史研究》等特色栏目，呈现出文献研究与名医经验传承并举的特色。

《杏苑中医文献杂志》正式出版后，随着栏目的丰富、影响力的提升和办刊宗旨的明确，稿源不断增多，论文作者也突破地域，除上海本地踊跃投稿外，全国各地从事中医文献研究和临床继承工作的同仁纷纷来稿支持刊物，其中不少是闻名国内外的中医名家，比如中国中医科学院的马继兴、上海名老中医的茹十眉、上海中医学院的李鼎等。正式出版后，很多在外地的中医学者，是通过《杏苑中医文献杂志》知晓上海市中医文献馆的，可以说，这时的《杏苑中医文献杂志》已经是我馆对外的一扇窗口。

文献成果总汇

《杏苑中医文献杂志》自 1987 年至 1994 年，一共出版 36 期，发行 32 期，其中 2 期为增刊，每期 44 页，部分增至 48 页，每期收录文章 20 篇左右。这些杂志汇聚了数量可观的中医文献研究和名老中医学术经验继承研究等各类成果，其中：1. 学术探讨类，如"子午流注质疑""内经论汗""太阳脏象系统""五运六气"等，每期少则 2 篇、多则 5 篇，意在引起学术争鸣；2. 人物传略类，包括陈道隆、张骧云、丁济民、顾雨时、王仲奇、夏仲方、恽铁樵、祝味菊、章巨膺、吴晗秋、刘民叔、陈筱宝、陈耀堂、盛心如、余无言、张山雷、何廉臣、姜春华等数十位近代及当代中医名家；3. 临证经验类，则涵盖了徐小圃、张伯臾、柳琴韵、史济柱、乔仰先、张龙孙、赵锡武、曹余德、韩哲先、屠揆先、蔡小荪、唐锡元、张镜人、董廷瑶、钟一棠、施梓桥、颜德馨、王正公等近百位中医临床家的学术经验；4. 经典研究类，汇聚了 200 余篇关于中医四大经典著作及《温病条辨》《五十二病方》《医心方》《千金方》《用药法象》《血证论》以及本草等中医经典文献的研究成果。

诗二首

上海市卫生局施杞副局长在上海市第五届中医研究班结业典礼讲话中，指出本届研究班做到了继承与发扬结合、学习与研究结合、学习与总结老中医经验结合、学习业务和老中医医德医风结合的四结合。并颂王安石《梅花》诗以贺之。

墙角数枝梅，凌寒独自开，
遥知不是雪，为有暗香来。

学员汤叔良在上海市第五届中医研究班结业时写诗一首以留别师友。
柳垂莺飞三月春，一朝话别动离情，
继承端赖老携少，广大还需陈出新。
杏苑繁春园丁汗，浦江芳草古人心，
为将硕果酬师友，归向桑田带月耕。

——摘自《杏苑中医文献杂志》1989 年第 4 期第 1 页

经过十年的探索与积累，《杏苑中医文献杂志》无论是稿源的质量和数量都较之前的《杏苑》有了显著提高，作为一本内部刊物，又是唯一一份中医文献类期刊，在中医界的影响力日益提升，为之后的更名与公开发行打下了深厚基础。

《中医文献杂志》

《杏苑中医文献杂志》创办十年后，随着杂志特色的不断增强和质量的逐步提高，作者读者群不断扩大，在海内外的影响力也在不断提升。不仅收到包括台湾在内的国内作者和读者的大量来信来稿，新加坡等国家的中医机构也纷纷要求与本刊建立了交换关系，作为内部发行的刊物已很难适应海内外中医界的要求。各地的中医文献工作者亦纷纷来函，盼望本刊能公开出版发行，上海市的名中医联名在市人大会议上以提案的形式进行呼吁，得到上海市科委和上海市新闻出版局的积极支持。

1994年，国家科委和国家新闻出版总局正式批准《杏苑中医文献杂志》在国内外公开发行。同年7月，杂志在总第37期正式在全国公开发行，并更名为《中医文献杂志》，这是杂志发展历程中具有里程碑意义的一步。回首往昔，源于《引玉》之"引玉之砖"，又逢《杏苑》四期的"春暖花开"，经过《杏苑中医文献杂志》的十年积累，厚积薄发，《中医文献杂志》终于破茧而出，一举成为国内唯一公开发行的中医文献专业类期刊，从此进入了快速发展的新阶段。

致作者读者书

经国家科委核准，本刊改名为《中医文献杂志》，正式公开出版发行（统一刊号为：CN31-1682/R）。

本刊创刊于1983年，十年多来，我们一直得到上海市卫生局中医处的全力支持，在上海市中医文献馆直接领导下，特别是全国各地作者读者的热情关心和积极扶持下，使我们得以顺利地走过这段风雨历程。

今后的道路更长更艰巨，我们将继续贯彻执行集古今中医药文献之成果，汇海内外老中医之经验这一办刊宗旨，提高办刊质量，革新版面，保持和发扬本刊特色，使本刊成为一本实用性强、信息量大、面向各层次读者的中医文献刊物。

——摘自《杏苑中医文献杂志》1994年第2期第3页

前辈寄语

2014 年，编辑部采访文献馆前辈、老领导张仁教授，并请其在当年的第四期撰写了刊首语。

张仁教授深情地回顾了杂志的历史，并提出了殷切的期望，寄托了老一辈文献馆人对杂志的深深情意。他在刊首语中写到："1984 年初，研究生刚刚毕业的我被分配到上海市中医文献馆，闹市中心一幢安静的花园小楼。首先引起我注意的是一本封面古朴叫作《杏苑》的杂志。1987 年，时任馆长的王翘楚先生，委托我接手这本杂志。当时的我颇有点雄心，先是编了一期《老中医经验专集》，印 4000 册，竟颇受欢迎。之后，又申请到内部刊物准印证。从 1987 年起，暂更名为《杏苑中医文献杂志》，设定专栏，以季刊内部发行的形式，面向全国。1994 年，通过我们的努力和市人大中医代表的呼吁，在市新闻出版局、市科委领导以及当时馆长励正康先生的支持下，经国家新闻出版总局批准，本刊改名为《中医文献杂志》，获得向国内外公开发行的资质。为办好杂志，我们根据'文'和'献'二字的本义，决定以'整理研究古今中医药文献，继承发扬老中医学术经验'为办刊宗旨。2005 年，我从馆长和主编的位置退了下来。后面几任馆长和主编更是与时俱进，不仅与中华中医学会联合办刊，使之成为其系列杂志之一，而且从季刊进而成为双月刊，在提高学术质量的同时，不断扩大了读者面。"

《中医文献杂志》公开发行后，随着发行量的急剧上升和各种来稿的不断增多，进一步扩大了刊物的影响，提高了刊物的质量。但随着市场经济大潮的涌动和相关经费补贴的消减，杂志的生存发展面临严峻考验。在困难面前，编辑部在文献馆的支持下，始终坚持办刊方向不动摇，在扩充稿源数量、提升栏目质量方面做出了不懈努力。

提质增量

《中医文献杂志》公开发行以来，延续之前富有特色的固定栏目，并在新世纪陆续开辟反映时代热点的新栏目。

对于固有栏目，进一步精益求精，凸显其优势，如：1.《文献研究》栏目，每期 8~14 篇，专注于古今中医药文献的解读、释疑、阐论、发挥，是杂志主打的精品栏目，也是中医文献研究人员的主要成果展示窗口，研究内容既包括中医经典文献的流传、版本、训诂、释疑及临床应用，也包括经脉、方剂、本草、医案、中药类文献、各科临床文献、出土中医药文献、方法学研究等，研究年代跨越整个中医发展的各个历史时期，从秦汉、唐宋、明清到民国时期、近现代文献及出土文献；2.《学术探讨》栏目，每期 2~3 篇，积极鼓励作者发表新观点、新思路、新方法，是不同学术观点争鸣的重要园地，随着关注度的上升，较之前探讨的主题更加宏观，涉及的研究领域更加广泛，作者群更加权威；3.《名医经验》栏目，每期 2~4 篇，作为中医学活的文献，始终是杂志的重点栏目，汇聚了全国各地近现代名老中医的鲜活经验，与之前相比，对名医经验的整理研究范围更加广泛，涉及学术思想、个人生平、成才之路、医德医风、治则治法、专病经验、诊疗思维、医案医话、用方用药等多个方面，关注的名医群体也更广，遍布全国各地；4.医林人物，每期 2~3 篇，陆续介绍了全国历代名医、各地近现代中医名家，以及上海市中医文献馆馆员等近 300 人之多；5.另外还设置了《医药学史》《杏苑纵横》《书刊述评》《验方拔萃》《文献综述》《验案拔萃》等栏目。可见，杂志延续了更名之前的栏目设置，但是在内容宽度、深度上都有了明显的拓展。

新辟栏目，则是为了反映实时的文献研究动态，并树立文献为临床实践服务的"活文献"的理念，如：经典与临床（2004 年开始）、学术流派（2010 年开始）等，皆为响应当时中医界对重拾经典的呼吁、以及中医学术流派研究的兴起。

从《杏苑中医文献杂志》变为《中医文献杂志》，从内部刊物到公开发行刊物，带给杂志的是整体的提升：发行量逐年递增，从定期的季刊，到 2008 年开始的双月刊；从国内发行，到面向海内外发行；从当初的 44 页，增至后来的 52 页，再到现在的 64 页，栏目与时俱进，内容与日俱增。

四、提供中医药情报信息服务

成立"上海市中医药科技情报研究所"

上海市中医文献馆能够在全国中医界较早地开展中医药情报信息的服务与研究工作，得益于人才的引进。1986年，具有中西医结合经验并时任《云南医药杂志》的编辑和英文版《世界针灸杂志》副主编的唐国顺主治医师，从云南省医学科技情报研究所调至上海市中医文献馆，成为上海市中医文献馆中医药情报研究的首批业务骨干。

1986年，上海市中医文献馆成立中医情报研究室。1987年，文献馆对原科室架构进行了重新整合，经过明晰的条块分工，新成立的"中医情报研究室"成为四大业务科室之一。唐国顺同志任科室主任，首批成员是毕业于上海中医学院、经过临床历炼的唐晓红住院医师。当时的"情报研究室"虽然仅有两名成员，但却开展了大量的工作，例如医学情报检索、中医药资料英译、中医药资料搜集等，当时情报室的检索与英译服务并未刻意宣传，用户以熟悉我馆的中医人员为主。同时，从1989年就着手中医文献题录库的建设，边建设边服务，先后为上海市及昆明、江西、浙江等地的用户开展中医文献检索和定题服务。这些工作为以后的中医药情报信息的服务与研究打下了坚实的基础。

进入90年代，中医药学科发展迅速，中医药情报研究也日益获得各级领导的重视。1990年2月成立了"上海市中医药科技情报研究所"，馆长王翘楚兼任所长。"中医药科技情报研究所"建制在文献馆，即"上海市中医药科技情报研究所"与"上海市中医文献馆"两块牌子，一支队伍。该所的主要功能定位在"情报研究室"。同时，馆内增设"技术咨询室"（后改名"国际医学部"），具有医学和英语双重教育背景的魏平同志，从上海市医学科学技术情报研究所调至我馆，担任"国际医学部"主任。之后，随着专业人员的增加和功能的扩大，"国际医学部"和原"情报研究室"分别改名为"中医情报研究一室"和"中医情报研究二室"。"中医情报研究一室"主要负责国外文献检索，"中医情报研究二室"主要负责国内文献检索，文献馆成为了国内最早提供中医药外文检索服务的机构之一。至此，上海市中医文献馆的中医药情报服务与研究工作进入了快速发展时期。

1995 年成立了"上海市中医药信息协作中心"。该中心由文献馆牵头，成员单位有龙华中医医院、曙光中医医院、岳阳中医医院和上海市中医医院。中心主任由上海市卫生局副局长张明岛担任，启动经费 30 万元，主要任务是协助成员单位建设 13 个专题病种数据库，如肿瘤、中药、针灸、脉管病、肝胆、骨伤科、推拿数据库等。

1997 年 3 月，在全国中医药图书情报工作会议上，上海市中医文献馆被国家中医药管理局评为"1996 年全国中医情报工作先进单位"，受到大会表彰。

我馆自建的中医药文献题录数据库是动态数据库。1989 年 5 月，我馆中医药情报研究室开创电脑信息化的初创工作。利用当时仅有的 IBM286 电脑开始收录中医文献题录。边建库、边对外服务。随着中医药情报需求的发展，90 年代初，在上级领导的支持下，对情报研究有较多的投入，一方面扩大自建的规模，加快速度，另一方面引进了部分数据，使中医文献题录数据库的质和量大大提高，在同行中占有领先地位。在此基础上，与上海科文光盘公司在 1993 年合作出版了第一张中医检索光盘：TCMCD 中医药文献数据光盘。该光盘是唐国顺主任领衔的情报二室的产品。

此外，由魏平主任领衔的情报一室，制作和开发"中药数据库"，收录 1992~1993 年中医药期刊数据文摘与题录七千余条。1995 年，上海市中医文献馆通过与长征医院、中国图书进出口总公司合作，由台湾汉珍资讯系统公司出版发行了国内首张《中国中药文献光盘数据库》。

中医药研究的快速发展推出了大量科研论文，中医药行业期刊杂志的种类也越来越丰富。客观评价论文需要一项公认的量化指标，引文数据库建设悄然兴起。1998 年，由魏平主任领衔的情报一室成功申报国家中医药管理局科研项目《中医引文数据库》。该库不仅将中医药期刊收录齐全，而且纠正了以往期刊中参考文献出错率高从而影响检索结果的弊端，最大限度地保证了引文的查全率和查准率。同时致力于深入挖掘引文的统计分析功能，对论文质量、作者的学术地位、科研单位的学术水平、期刊质量做出客观、量化的评估，并可客观反映图书的版本质量差异。《中医引文数据库》于 2008 年成功转化，开发为网络版。

1999 年，我馆与上海科技网合作开辟上海卫生信息网中医药版块，这是我馆初次尝试参与网络化数据制作，除提供文字与图像资料外，还参与部分网页及模块设计。

成立中国中医药文献检索中心上海分中心

20世纪八九十年代，计算机网络技术尚未流行，中医药信息获取途径只有纸媒和计算机检索两种。纸质中医药文献检索工具，是一套中国中医研究院出版的《中国科技期刊中医药文献索引》，尚无医学专业机检数据库。1989年成立的中国科技情报研究所重庆分所数据库研究中心制作了《中文科技期刊篇名数据库》软盘版单机产品，由于DOS操作系统下的检索界面过于专业，所以当时是由经过培训的检索员操作。

1989年5月，我馆正式启动计算机信息化建设。馆长王翘楚从并不充裕的经费中划拨出一部分，购置了当时价格昂贵的电子计算机。就是这台用现在的眼光看来十分简陋的IBM286，启动了我馆中医药文献题录数据库建设工程。

检索，是临床医生和科研人员获取资料的重要手段；查新，是中医药科研价值和创新性的评价工具。我馆"中医药信息研究室"的查新工作从手工检索起步，依托我馆丰富的文献资源，为本市各级医疗院所提供服务。自行建设的中医药题录数据库启用后，机检代替了手工检索。当时国内中医药文献数据库建设刚起步，我馆自建题录库则利用时间跨度和时差更新上的优势，吸引了本市和华东地区各医学院校、医疗机构前来检索和查新。

从80年代末至1994年，情报研究室一直以自建的数据库为检索工具。当时全国各省市和地区的中医药研究机构所出具的查新报告从格式到内容各异，参照标准亦各有不同。国家中医药管理局为改变这一局面，规范中医药查新，制定统一的查新标准，于1994年成立了中国中医药文献检索中心，并计划在全国设立若干分中心。全国各大中医院校和研究机构均积极组织申报，并派员参加查新员资格培训。经过5年努力，1999年7月，经国家中医管理局审核批准，根据"关于对国家中医药管理局中医药文献检索中心第一批分中心调查评估情况的通报和确定第二批分中心单位的通知"（国中医药科基〔1999〕65号）文件精神，我馆成为"中国中医药文献检索中心上海分中心"，是当时13家国家级中医药检索查新单位之一，也是国家中医药管理局课题招标的指定查新单位。

《上海中医药情报》刊行

《上海中医药情报》是一份由全国中医药图书情报工作委员会华东分会和上海市中医

药科技情报研究所联合创办的中医药情报刊物，基于上海、立足华东、面向全国，以介绍国内外最新中医药信息、反映华东及上海地区中医药科技工作动态为主。其办刊宗旨为：1. 反映华东和上海地区中医药工作的发展状况和存在问题；2. 提供有关中医药工作的政策性、战略性情报，反映急需解决的问题；3. 反映华东地区及上海中医、中西医结合的医、教、研等方面的工作动态；4. 介绍国内外最新医药信息。

《上海中医药情报》的办刊特色是"短、平、新、快、活、准"。"短、平、新"是立足于文稿内容：文章"短"小精悍，文笔"平"浅易懂，内容"新"颖醒目；"快、活、准"是立足于情报需求：发行周期"快"，信息动态"活"，情报信息"准"。

《上海中医药情报》是于1986年在由原上海市卫生局委托上海市医学科学技术情报研究所中医情报研究室主编的《上海中医情报》试刊八期的基础上创办的，时为旬刊。1990年6月，原上海市医学科学技术情报研究所之中医情报研究室划入上海市中医文献馆，同时《上海中医药情报》也一并转由文献馆的上海市中医药科技情报研究所具体承办，并成立了第二届编委会。同年为进一步提高《上海中医药情报》的质量，由旬刊改为半月刊。

《国内外中医药科技进展》刊行

1987年12月受国家中医管理局技术司委托，由上海市医学科学技术情报研究所主编的《国内外中医药科技进展》（年刊），于1989年创刊并面向国内外公开发行。之后，由于科技情报研究所相关科室、人员调整，并入上海市中医文献馆，遂于1991年起，该刊物由上海市中医药科技情报研究所情报研究室主编。每年一期，从1989年首期至1996年共8册，1999年作为《中医文献杂志》增刊，发行九、十册合刊。

该刊是反映国内外中医药基础研究、临床研究、中药研究、中医诊法等最新成果、研究水平、发展趋势的年刊，从中医药科研角度对相关文献进行全面系统的综合分析和评述，文体以综述为主，作者多为对某一领域有深入、长期研究的学者，不乏陈可冀、吴咸中、张镜人、邓铁涛、周超凡、吴伯平、黄星垣、施祀、沈自尹、秦万章等全国著名的中医、中西医结合界学者，文章高屋建瓴，故《进展》能以其权威性立足于中医药专业刊物中，是当时科研选题、成果评定中的重要参考刊物。

90年代的《上海中医药情报》和《国内外中医药科技进展》

从1987年成立的"情报研究室"到1990年成立的"上海市中医药科技情报研究所"，我馆的中医药信息服务从无到有；从1989年开始自建的"中医药文献题录数据库"，是当时国内首个中医药题录数据库，由此开启中医药文献计算机检索之先河，并将国内医学数据库与纸质版杂志的更新时差保持在3个月，大大少于当时医学数据库普遍的落后6个月的水平；1998年由魏平领衔申报的中管局项目《中医引文数据库》也一改以往期刊中出错率高的弊端，最大限度地保证了引文的查全率和查准率；当时的《国内外中医药科技进展》曾经是反映中医药行业最新动态、最高水平的权威期刊，是中医药科研的风向标；《上海中医药情报》也一直是立足上海、辐射华东六省的重要中医药期刊……这些"首创""第一"，印证着我们曾经在中医药行业信息化方面的领先地位。

如今，随着兄弟单位的迅速发展以及信息技术的日新月异，我们在题录、引文数据库方面的优势不再明显，而《国内外中医药科技进展》的停办，也使我们丧失在中医药科研方面的制高点。这些历史的教训提示着我们，中医药信息技术的发展，也如逆水行舟、不进则退。

五、成立"上海市名老中医学术之家"

　　文献馆复馆后先后增聘了不少文献馆馆员，同时又组织了5批的老中医研究班，承办了第一批全国老中医药专家学术经验继承班……这些都为文献馆凝聚了一大批当时社会上声望卓著的名老中医药专家。为了更好地团结这些名医名家并让他们发挥作用，1992年2月，由上海市卫生局、上海市药材公司、上海市中医文献馆联合组成了上海市名老中医学术之家（以下简称"学术之家"）筹建领导小组。

1993年，卫生局领导为上海市名老中医学术之家成立揭牌

　　学术之家最终于1993年成立，由上海市卫生局领导，上海市中医文献馆承办。场地由文献馆提供，面积100平方米，环境雅致，内设老中医学术经验交流会议室、休息室和展示室；制定章程，以明确宗旨，规范管理；专设管理委员会，既负责日常管理，也研究讨论决策重大问题，如工作计划、总结，接纳新成员等；经费从多渠道筹集，除上级卫生行政机关拨款外，也有社会各界单位或个人赞助，并创造条件逐步向基金会形式过渡。

学术之家成立之初，管理委员会成员名单

顾问：张镜人　施杞　裘沛然　董廷瑶　顾德馨

名誉主任：张明岛

名誉副主任：施志经　许锦柏

主任：励正康

副主任：周家珩　陈熠

办公室主任：张云鹏

办公室副主任：杨悦娅　顾妙珍　王椿嵩

　　学术之家以联络感情、增强友谊、交流学术、培养人才为宗旨，服务对象包括：上海市中医文献馆顾问、馆员；上海市中医文献馆历届馆长、副馆长及名誉馆长；上海市卫生局、上海市药材公司主管中医药的行政领导；上海市中医药学会、上海市中西医结合研究会理事；具有高级职称、从事中医药工作30年以上的全市中医药专家；临近省市及海外的著名中医药专家；赞助单位的有关领导（1993年后改为上海中医药大学的有关领导）。

　　为了更好地团结凝聚这些老专家，提高他们在国内外的声望，1994年5月27日，文献馆为这些专家们举行了隆重的颁证仪式。何承志、李国衡、何时希、丁济仁、柯雪帆、乔仰先、董廷瑶、陈苏生、蔡小苏、沈小芳、金明渊、王文济、张寿杰、王天德、袁云瑞、王辉萍等首批84名老中医药专家喜获证书。

　　颁证仪式上，许多名老中医对学术之家的工作予以肯定，同时指出：学术之家还要进一步创造条件，让老中医通过"传帮带"教好下一代，使老中医学术经验继承落到实处，造就新一代名中医。

老中医赠书献画

　　在老中医学术之家颁证仪式上，何时希、顾耕、王治权、陆品兰等老中医纷纷向学术之家赠书舆画，负责上海市医学科学技术情报研究所国外医学药学分册的戴兰馥研究员也向学术之家赠书以表祝贺。之后历年的新春团拜会等活动上，皆有学术之家的名老中医赠送墨宝、恭贺新禧，如1995年上海市中医文献馆的迎春团拜会上，施梓桥、丁济仁、颜德馨、施志经等老中医和领导向文献馆赠送了珍贵的书画作品（右图为施梓桥馆员题字）。

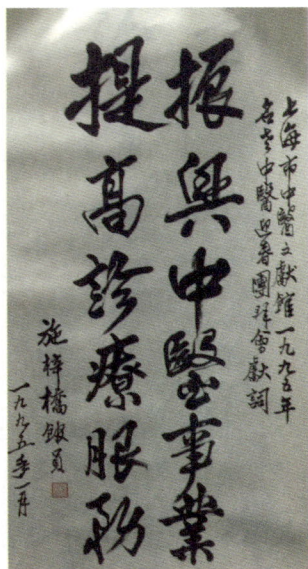

六、管理各类中医传承学习班

上海市五届中医研究班（1980~1989）

　　上海市中医文献馆作为上海市卫生局直属单位，在履行复馆后的办馆宗旨与功能的基础上，还有一项重要职能，就是承担政府职能延伸的管理和服务。1980年中共中央（78）56号批示中指出"要培养一支精通中医理论和丰富临床实践经验的高水平的中医队伍"，根据该要求，上海市卫生局委托上海市中医文献馆举办上海市中医研究班。

　　1980年12月，上海市首届中医研究班在即将恢复的上海市中医文献馆正式开班，名医馆长董廷瑶亲自担任班主任。该班招收具有15年以上临床经验的中青年中医学员，培养目标确定为"精通中医理论，又具丰富临床经验的高水平中医人才"。对学员及师资的要求都甚高。上海市中医研究班共举办五届（1980年12月~1989年4月），第1~4届的学习期限是一年，第五届的学习期限为两年。共结业学员147名。

上海市第一届中医研究班结业典礼合影

名中医授课

"上海市中医研究班"实行集中上课，分组讨论，临床带教，撰写心得论文等灵活的教学方式，集中了全市最强的师资力量，如金寿山、夏少农、姜春华、张伯臾、张镜人、裘沛然、董廷瑶、陈苏生、蔡小荪等。这批学验俱丰、卓有声望的名医、名师，当时都亲自为中医研究班授课。

如，主讲《伤寒论》的上海中医学院的沈济苍教授、柯雪帆教授，两位老师在讲课中不仅融会诸说，取舍恰当，而且每能提出独到见解和个人心得，充分阐发了《伤寒论》的辨证体系和学术思想；《金匮要略》由上海中医学院教授殷品之、卫生局张镜人副局长、蔡小荪主任、叶朗清副主任、顾瑞生、刘蔼韵和何永樟等老师联袂主讲；医古文由上海教育学院张撝之讲授；医学史由上海中医学院傅维康主讲。各位教师虽在分篇讲课的风格上有所不同，但都对原文逐条做了词解和分析，还联系后世的阐发和现代研究进行了讨论，突出了原著在理法方药上的系统性和严密性。上海中医学院凌耀星副教授、吴文鼎主任，主讲《黄帝内经》。上海中医学院副院长金寿山教授主讲《温病学》。

临床经验等专题讲座主要邀请全市名老中医主讲，如：上海第一医学院附属中山医院的姜春华，上海中医学院凌耀星、裘沛然、张伯臾、钱伯文，瑞金医院丁济南，上海市红光医院沈小芳，上海市第四人民医院顾丕荣等。

名师之中，不乏我馆馆员与顾问，如董廷瑶、陈苏生、蔡小荪、钱伯文、沈小芳等皆为我馆兼职馆员；姜春华、裘沛然、张镜人则为我馆顾问。名师与馆员的交叉，也从一个侧面说明了我馆馆员确实是全市名医、名师之精粹。

除了中医理论、中医经典与临床经验，研究班还开设了包括各家学说、医古文、中医文献学、医学统计学、中医科研方法等相关课程。

学习结束，经考试及格发给结业证书，仍回原单位工作。1989年4月第五届中医研究班结业时，谢丽娟副市长以及左英、施杞等领导到会祝贺。

学员情况反馈

1993年我馆对109名学员进行了回访调研，已晋升高级职称并担任院长和科室主任职务的有59人，约占40%，其它人员也基本达到中级职称水平，成为各医疗单位的业务骨干。同年 6 月，上海市卫生局中医处与上海市中医文献馆筹备和组织了上海市历届中医研究班首次学术交流大会。并向学员征稿，共收到学术论文 89 篇，其中 80 篇被收录入论文汇编。

谢丽娟副市长（前排左六）、施杞副局长（前排右四）与第五届中医研究班学员合影

　　中医研究班初步尝试了以师承形式对在职中医师进行毕业后的再教育，这在当时尚属全国首创，研究班学员的顺利结业，之后在工作中的出色表现，都体现了研究班对学员业务水平的有力提升，其授课方式、课程安排、考核形式等皆为之后的全国师承教育提供了极好的借鉴。

老中医药专家学术经验继承班

全国第一批老中医药专家学术经验继承班

　　由国家人事部、卫生部、国家中医药管理局联合颁布的（1990）3 号文件，是关于做好老中医药专家学术经验继承工作的通知。从发文至 2014 年底，共开办了 5 批国家级、一批上海市级的"老中医药专家学术经验继承班"。

　　1990 年国家中医药管理局（以下简称"中管局"）举办第一批"老中医药专家学术经

验继承班"，上海市卫生局委托上海市中医文献馆负责该继承班的管理工作。上海有指导老师 26 人、学术继承人 46 名入选其中，学制三年。班主任由上海市卫生局分管局长张明岛兼任，副班主任由文献馆馆员张云鹏主任担任。

在首期继承班的实践中，文献馆采取 16 字的管理方法：即"统一管理，集中上课，分散带教，定期考核"。继承人每周有一天在本馆集中上理论课，平常则跟随名医临床学习，文献馆按照中管局的要求每半年对继承人进行阶段考核，最终 3 年结束时进行出师考核，包括临床实践考核、出师论文答辩、实绩考核，均做到细致严谨，公平公正，受到带教老师及继承人的一致信任。

该继承班尝试建立了激励机制，认可该班的"医古文"成绩可以替代全市职称"医古文"的统考；职称评审的高评委也专门设立名老中医学科组，以受理通过继承班出师考核的继承人的申报材料，有效地促进了继承工作的顺利开展。

1993 年首期继承班三年期满后，有 34 名学术继承人顺利出师，其中 33 名晋升高一级专业技术职务。

上海市第一批老中医药专家学术经验继承班

1993 年上海市卫生局开展本市老中医药专家学术经验继承工作。确定指导老师 39 名，学术继承人 68 名，于 1993 年 12 月 20 日举行拜师大会，学习期限 3 年。继承班的副班主任仍由文献馆张云鹏主任医师担任，在课程设置上，与首批全国老中医药专家学术经验继承班相比，增设了中医古籍选读、古文、计算机基础应用与常用英语会话等课程。

通过三年学习，有 59 人通过结业考核，顺利出师。

全国第二、第三批老中医药专家学术经验继承班

1997 年，根据国家人事部、卫生部、国家中医药管理局有关规定，以第一批继承班的经验为基础，开展了全国第二批老中医药专家学术经验继承班的工作。上海市遴选了 18 位指导老师及 32 名学术继承人（含中药 4 人），开展第二批继承工作，副班主任仍由文献馆馆员张云鹏担任。继承班的课程设置，吸取了 1993 年上海市第一批继承班的成功经验，较之全国第一批继承班，增设了专题讲座、中医古籍选读、古文、计算机基础应用与常用英语会话等课程，籍以提高继承人的综合学科素养，提升继承人将中医药理论在实际工作

中广泛应用的能力。

继承人跟师学习、整理病案，是在临床上一边实践、一边研究，避免了"学而不思""思而不学"的弊端，因此取得了较好的效果。该期继承班学员在学习期间，先后发表学术论文 176 篇，出版专著 27 部，申报科研项目 25 项，开设专科专病门诊 31 个。

2002 年，国家中医药管理局开展第三批全国老中医药专家学术经验继承工作，上海市卫生局严格遴选指导老师 24 名，培养学术继承人 45 名。我馆继续组织继承人跟师学习与临床实践、专题讲座：临床方面，按国家中医药管理局规定，继承人每周跟师学习时间不得少于三个半天，独立从事临床或实际操作时间不得少于 2 天；专题讲座，则每周安排半天时间，举办"医古文讲座""四大经典著作导读讲座""名老中医药专家学术经验讲座""临床学科最新进展讲座"等系列。

在经过认真学习、严格考核后，2006 年，45 名继承人顺利通过结业考核。

全国第一、二、三批老中医药专家学术经验继承班，是传统意义上的师承班，培养形式以一对一的临床跟师为主，主要目的是继承名老中医的临床经验，提高继承人临床诊疗水平。通过本馆的精心组织，从继承人的结业论文和考核绩效看，完全达到了中医药管理局设立该班的初衷。继承人的结业论文，反映出继承人通过 3 年学习对中医药学理论有了高一层次的认识，对老师的临床经验和学术思想有了深一层次的感悟，在基本理论、基本知识和基本技能水平方面都有了明显提升[1]。

全国性中医医院院长及管理干部学习班

我馆先后受国家中医药管理局、上海市卫生局委托，于 1988 年至 1992 年承办全国中医科研管理干部学习班三期，全国医政管理干部学习班两期，全国民族医院院长管理学习班，全国县级中医医院院长管理学习班，DME 与中医科研方法学习班，中医医疗事故防范与处理班各一期，共有来自全国各省市科研、医政管理人员约 350 人参加了学习。其中的两期全国医政管理干部学习班，乃根据国家中医药管理局指示、为提高中医医政管理干部的科学管理水平而开办，成效显著，影响深远，这两期培训班至今仍被学员们喻为"黄浦一期、二期"。

---

[1] 上海市卫生局中医中医药管理处编.名医薪传.上海市"全国第三批师承班"学术继承人论文精选.上海:上海中医药大学出版社，2006（10）：4

1988 年～ 1992 年承办的其他学习班（部分）

1988 年 6 月　"全国首届 DME 与中医科研方法研讨班"

1989 年 4 月　"全国针灸针麻学术研讨会"

1989 年 9 月　"全国第二期县级中医医院院长管理学习班"上国家中
医药管理局医政司詹文涛司长、陈洛珈处长等出席开班
仪式

1990 年 6 月　"全国民族医医院院长管理学习班"

1990 年 10 月　"上海市继承老中医专家学术经验研究班"的班主任由
张明岛副局长担任。

1990 年 10 月　"全国第一期中医医政管理干部学习班"

1991 年 4 月　"全国中医中西医结合治疗妇科疾病进展研修班"

1992 年 6 月　"全国中医医疗事故纠纷防范与处理研讨班"

1992 年 6 月　"全国中医药政策法规研讨班"上国家中医药管理局田景
福局长、许志仁处长、上海市卫生局施杞副局长等出席
开学和结业典礼

在组织办班的过程中，文献馆的行政职能逐渐凸显，形成半学术、半行政的功能特色，亦成为上海市卫生局中医处得力的左臂右膀。与此同时，文献馆人的眼界得以开阔，全局意识得以形成，服务意识得以强化。尤其是这些高规格的学习班、研讨班、继承班汇聚起来的名师、高徒，也成为文献馆一笔无形的财富，促使文献馆人深入思考，不断研究：研究这些海派名医的成才之路、研究这些继承人的日后发展，并促成了一系列相关课题的诞生，如"高层次中医师承教育研究""当今著名中医药专家成才规律研究"，以及获得2010 年首届上海中医药科技奖一等奖的上海市科委项目"名老中医学术思想及临证经验传承研究"等。（详见附录五《文献馆科研成果表》）

七、中医门诊部的发展壮大（1985~1999）

　　复馆后，为了"改变在继承整理老中医经验、文献情报研究工作中，理论与实践脱节的状况"[1] 我馆主持日常工作的王敬同副馆长，在客观条件十分困难与简陋的情况下，克服重重困难，于 1984 年 12 月向卫生局请示，申请开设门诊，以"通过临床、培养中年助手不断提升理论水平，有效整理、总结、继承老中医的医疗经验，并方便群众就医"。至今，在我馆老档案中，在上海市档案馆[2] 中，还能找到这份已经发黄的"关于开设'上海市中医文献馆老中医咨询门诊'的请示报告"

90 年代门诊病人排队挂号

　　在获得上级口头同意后，1985 年 3 月文献馆复建门诊部，取名"老中医门诊部"，以本馆馆员及正、副主任医师为主，适当聘请本市著名专家、教授共 20 余名来馆应诊，并选

---

　　[1] 关于中医文献馆设立中医门诊部的请示报告，中文发〔90〕8 号，1990 年 6 月 4 日．上海市档案馆，

　　[2] 关于开设"上海市中医文献馆老中医咨询门诊"的请示报告，中文发字（84）第 18 号，上海市档案馆，B242-4-1019-42.

派本馆中青年医师作助手，继承经验，提高医疗水平。从 1985 年到 1990 年，5 年中共诊治了十余万疑难病患者，门诊量稳步上升，儿科、内科、外科、妇科等已形成一定知名度。

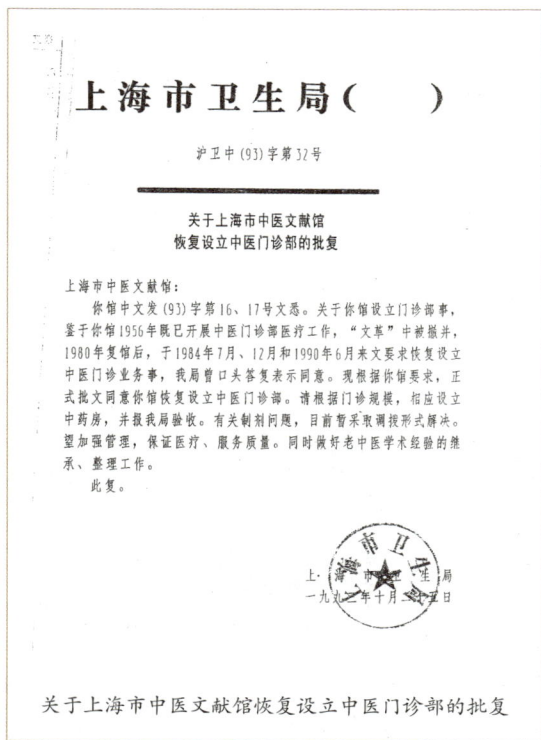

关于上海市中医文献馆恢复设立中医门诊部的批复

1988 年 12 月上海"甲肝"流行，我馆设立甲肝文献研究小组和肝病专科门诊。此后又增设了专病门诊，如癫痫、胆结石、前列腺疾病、肝病、肿瘤、小儿厌食、斜颈等。这些专病门诊的开设，受到病人的欢迎。

1995 年 8 月，为进一步提高中医文献馆在社会上的知名度，文献馆与上海市对外文化交流协会合作，在衡山路 3 号开设了门诊分部，当时社会反响热烈，文汇报专门报道。此后，文献馆研究人员定期前往分部坐诊。衡山路门诊分部的开设，为提升我馆门诊部知名度、乃至我馆社会影响力都做出了很大贡献。该分部一直持续到 1997 年 9 月，合作终止。

1997 年，老中医门诊部改名"中医门诊部"，成为医保定点医疗机构，并被定为三级专科门诊部，根据市医保核定总额进行核算。

陈苏生（右）在门诊。陈熠（左）随诊

2000 年 10 月，卫生局批复了我馆于门诊部内开设特诊部的申请，从此，特诊部内更是名医云集，成为沪上各大流派医家一展技艺之所，也成为上海特色高端中医门诊的代表。

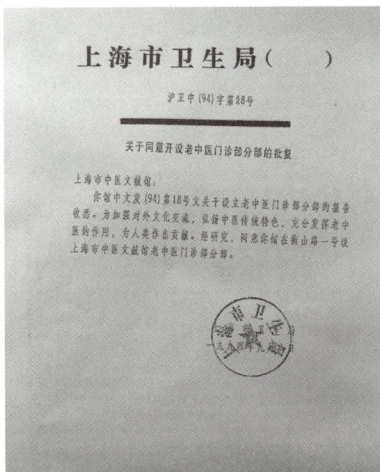

上海市卫生局关于同意我馆
开设老中医门诊部分部的批复

《文汇报》报道我馆开设
衡山路门诊分部的新闻

门诊部发展特色

作为老中医学术经验继承工作的实践基地，我馆将团结全市名老中医、传承名老中医经验、整理名老中医学术思想作为门诊部的开办宗旨，未将门诊量和收入作为其衡量指标，力图将门诊部打造成为汇集全市名老中医、传承名老中医学术经验的示范基地。

基于这样的目标，门诊部坚持三大特色：第一，走"纯中医道路"，即保持中医传统诊疗方法，除中药饮片和针灸推拿等中医疗法外，没有任何西药；第二，走"有特色的纯中医道路"，如：充分应用冬病夏治、头皮针、伏针伏灸、脐疗、敷贴、割治、刺络拔罐等特色疗法，目前已形成20余个特色专科，体现了海派中医诊疗的鲜明特色；第三，以"名中医传承为目标"，门诊部恢复之后即着力聘请了严世芸、张云鹏、朱南孙、施维智、施梓桥、徐蔚霖、顾丕荣、朱瑞群、陆德铭、方幼安等在临床上有特长的上海市乃至全国名老中医坐诊，通过馆内科研人员跟师、整理医案、发表论文、媒体报道等形式总结提炼和推广名家学术思想、特色技术，培养中医传承人才。

裘沛然在门诊

中药房建立

上海市中医文献馆中药房成立于 1992 年 10 月，至今已有 20 多年的历史。当时为解决建设之初老中医门诊部没有中药房，给患者带来诸多不便的窘况，文献馆和卢湾区药材公司签定联合协议，由他们出资 22 万建造三层楼的中药房，即现在的 2 号楼。1994 年中药房用房建设完成，正式对外营业。

药房成立之初，经营采取托管方式，除中药房年总营业额 6.2% 归文献馆所有外，药房经营和财务管理均由卢湾区药材公司主持，我馆设专人负责协调和联系，合同期限为十年。

随着门诊业务的迅速发展，中药房的管理与时俱进，由传统到现代，由托管到自我管理、信息管理、实时库存管理，共经历了四个时期，为中医门诊部的发展提供了强大的支撑。

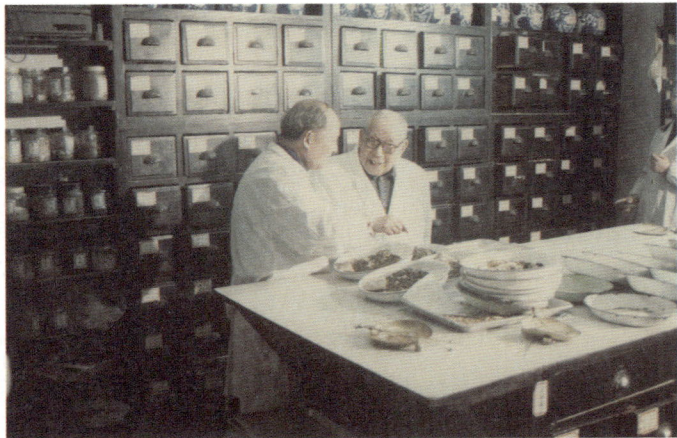

董廷瑶在我馆门诊部药房

结　语

复馆后，我馆坚持"整理中医古籍文献和继承总结老中医经验、发掘民间单方验方"的宗旨，无论是聘请名老中医为馆员、成立"上海市名老中医学术之家"、开办各类中医传承学习班，还是开展文献研究、发展《中医文献杂志》的变迁、复建中医门诊部，无不围绕着复馆宗旨展开。

到 20 世纪末，经过复馆后近二十年的努力，我馆在文献研究、信息服务、中医师承等多个方面开创出独有特色：通过古籍校勘、临床专辑、名医传承类书籍的出版，确立了我馆文献研究以"整理古籍文献"和"继承老中医经验"并重的战略；通过学习班和学术之家的形式实现了中医传承模式的创新；通过提供中医药外文查新服务、兴建各类中医药数据库和出版《国内外中医药科技进展》等实现了中医情报信息研究的领先；通过《中医文献杂志》的公开发行，成为国内唯一公开发行的中医文献类期刊，也成为我馆对外宣传的窗口；门诊部坚持的纯中医特色，社会影响也逐渐扩大，传承老中医经验的示范作用日益凸显。

重启的"馆员制"，从多方面发挥馆员引领、示范作用：如馆员在中医研究班的授课、在门诊部的带教、在名老中医学术之家参加研讨活动、挥毫书画等，为保存馆员风采，传承馆员学术经验，培养优秀的中医接班人，提高我馆学术水平及影响力等起到了很好的作用，真正将馆员变成了我馆的"镇馆之宝"。

然而当时如火如荼的业务开展中，也潜伏着一些隐患，如学术研究除上级任务外，大多为自选内容，以个人结合自己专长出版的书籍较多，缺乏结合我馆长期规划及科室整体发展的计划性；没有形成老中青学术梯队，以至于一些学术带头人退休或工作调动后，原有的优势随之迅速消失；文献研究方面有文献整理和名医传承的特色，但相对其他研究单位而言，尚未形成明显的优势和竞争力，缺乏持久领先的学科，使得文献馆在 2000 年以后，在国家大环境对中医发展有压力的一段时间里，又面临欲被撤销、合并的命运。

兴馆篇

进入新世纪兴馆
——上海市中医文献馆
（2000～2015）

上海市中医文献馆馆员聘任仪式

进入新世纪以后，上海市中医文献馆力图全方位打造名医、名家汇聚的"名馆"，在师承教育、中医药信息研究、《中医文献杂志》等各方面进一步地拓展，尤其在文献研究方面，除了延续既有的古籍文献整理和名医经验总结，还开辟了特色的海派中医系列研究，配合一年一度的海派中医文化论坛，一时领风气之先，扩大了我馆在上海市中医界的学术影响。门诊部和中药房合并，党团支部、综合办公室、财务科、后勤科、工会等保障系统工作也逐渐规范、细致；随着馆员制重启，馆训确立，"杏林书苑"规划。在经历了新世纪初期险被撤并的短暂波折后，文献馆逐渐发展出自己独有的特色，尤其是2014年以来，文献馆人总结回顾、开拓创新，使文献馆呈现出一派学术繁荣景象。

一、中医师承教育的管理与探索

上海市中医文献馆在20世纪晚期曾配合卫生局举办过各类中医学习班，积累了许多管理经验，在新世纪中，文献馆在卫生局领导下开始尝试对中医学习班做了一些改进，比如开展"与学位相结合"的培养模式，为优秀的师承学员开辟获取学位的途径，提高他们的积极性；为不同年资的医生开设不同层次的学习班，使中、青年的优秀中医都有跟名医、名师学习的机会。

师承与学位相结合

上海市老中医药专家学术经验高级研修班

2006年上海市卫生局主办、上海市中医师承教育办公室（挂靠文献馆，以下简称"师承办"）会同上海中医药大学研究生院负责的"上海市老中医药专家学术经验继承高级研修班"，以新的传承模式在上海市中医文献馆开班。该班以"造就深厚中医文化底蕴，有扎实中医基础理论、有解决常见病、疑难病的功力，具有科研研究能力的新一代大家"为培养目标，采取师承与学位相结合的模式，在继承老中医药专家学术经验的基础上，对符合在职临床医师以同等学力申请临床医学专业博士学位的继承人，授予相应学位。该班采取理论与实践相结合、导师带教与自学相结合、继承整理与临床科研相结合的教学原则。

师承办负责具体管理工作，上海中医药大学研究生院负责学位教学工作。该班 20 位继承人结业论文均按在职申请博士学位的论文撰写要求进行撰写，按照上海中医药大学关于申请《临床医学专业》博士学位要求进行答辩，有 18 位继承人通过博士学位论文答辩，14 人获得博士学位。

"上海市老中医药专家学术经验继承高级研修班"首次成功地进行了师承与学位相结合的传承模式的探索，为这一新模式在全国的推广积累了经验。

师承与学位相结合

上海市卫生局中医处一直在探索中医药高层次人才的培养方法和途径，思考如何使传统的中医师带徒模式与现代高校培养人才模式有机结合。2006 年，上海市卫生局中医处在上海市教委、上海市人力资源和社会保障局的大力支持下，举办了"上海市老中医药专家学术经验继承高级研修班"项目。在全市公开选拔 20 名指导老师和 20 名学员，以一对一的方式，把师承教育和攻读博士学位相结合，并把这一教学模式作为试点，通过三年的临床跟师和博士学位课程学习，达到博士毕业要求，通过考核，取得博士学位。

上海在全国率先探索新时期下中医继承、教育的新思路、新方法，实现了中医人才培养模式的改革创新，该培养模式得到了国家中医药管理局的充分肯定，并于 2008 年在全国推广，全国第四批、第五批老中医药专家学术经验继承班均采用这种培养模式进行。

全国第四批老中医药专家学术经验继承班

2008 年国家中医药管理局开展了第四批老中医药专家学术经验继承工作。上海市 21 名导师、42 名继承人入选。

为进一步做好全国老中医药专家学术经验继承工作，推动继承工作与专业学位教育的衔接，第四批继承人中申请学位者全部需要通过全国统一入学考试，经国家中医药管理局

审核，方能确定被上海中医药大学接受攻读临床医学专业学位，共 25 名继承人申请学位，其中攻读硕士学位者 18 位，攻读博士学位者 7 位。

因该项工作与学位授予相结合，因此将上海中医药大学研究生院纳入联合办公室，联合办公室在领导小组的指导下开展各项工作，建立规章制度、明确各自职责，其中上海市卫生局的中医药传承与发展处[1]按国家中医药管理局的要求部署工作；师承办具体负责临床跟师的日常管理、阶段考核、年度考核、中期检查、结业考核等相关工作；上海中医药大学研究生院负责教学工作，包括学位课程上课、开题、毕业论文答辩等相关工作。

2011 年 9 月起，上海市中医药发展办公室（以下简称"中发办"）会同上海市中医师承教育办公室、上海中医药大学组织实施了上海市第四批全国老中医药专家学术经验继承班的结业考核、论文答辩等工作。9 月 27 日，中发办、师承办和上海中医药大学研究生院共同组织，在上海市中医文献馆召开了"第四批全国老中医药专家学术经验继承班指导老师、管理部门交流会"。中发办和师承办组织具有丰富考核经验的知名专家，对 42 名继承人 3 年跟师学习的相关学习材料以及临床技能进行考核；学位论文答辩工作则由上海中医药大学研究生院和上海市中医文献馆师承办组织，最终 25 位继承人全部以较高成绩通过学位论文答辩，最终获得学位证书。

全国第五批老中医药专家学术经验继承班

2012 年国家中医药管理局开展了全国第五批老中医专家学术经验继承工作。上海共有 31 位指导老师，62 位继承人入选。

在联合办公室的领导下，师承办具体负责临床跟师的日常管理、阶段考核、年度考核、中期检查、结业考核等相关工作。第五批继承工作，延续第四批与学位相结合的培养模式，并在实效方面下大力气。初期即组织专家对课程的设置展开研讨，即对原有课程进行优化，加大传统文化力度，开设《古文观止选讲》《周易讲读》《四书导读》等课程；对教学模式加以创新，一改以往分散授课模式为集中脱产授课；增加学习兴趣，开展交流与座谈；在管理方面充分发挥一线管理单位作用，组织单位项目负责人参加年度考核，相互学习好

---

[1] 上海市卫生局的上海市中医药发展办公室下设两个处：中医药服务监管处、中医药传承与发展处，负责师承工作的为中医药传承与发展处。

的管理经验及模式。为促进学术继承人的科研能力，专门设立"师承专项课题"予以支持。目前该项目已顺利完成全部管理、考核工作。

各类人才因材施教

"优秀青年中医临床人才"培养计划

为了加强上海市中医学人才梯队建设，培养一批优秀青年中医学专家，提升二级以下包括基层医疗机构的中医临床技术水平，2011 年，上海市卫生局启动了"优秀青年中医临床人才"培养计划（沪卫中医［2011］51 号）。该计划招收二级及以下医院的青年中医临床人才，要求入选者有主治医师以上职称，且年龄不超过 40 周岁；采用人才培养与项目研究相结合的模式，其中人才培养包括集中理论培训和临床进修，理论学习包括中医经典医籍和中医药基础理论知识的临床运用，临床进修包括 3 个月以上的跟师进修和 3 个月以上的国家中医药重点学科（或专科）进修；项目研究采用医学课题研究的形式。

2011 年 11 月上海市卫生计生委中发办 [1] 正式启动学员遴选工作，组织专家对对初审合格的 65 名申请人进行面试，最终确定 50 名学员入选。正式学习从 2012 年 1 月开始，至 2015 年 12 月底结束，有 3 名学员因故中途退出。该项目顺利的实施，离不开师承办的严格管理：理论学习方面，2012 年 4 月至 5 月期间，组织学员完成了四大经典与医学统计学的集中授课；科研方面，2012 年 3 月，组织专家对学员的科研项目逐一进行了论证，又于 2014 年 4 月，对 47 名学员开展了研究课题的中期考核；2013 年 12 月底，依据培养计划，对学员的课题完成情况和日常学习情况做了书面的中期考核，包括经典读书笔记、临床实践体会、跟师心得、临证医案、学术论文等；2015 年 4 月，对 47 名学员进行了结业考核。

该项目通过三年时间，给予学员们理论、临床、科研全方位的系统培训，为二级及以下医疗机构培养了一批优秀的青年中医骨干，促进了基层的中医临床科研能力。

---

[1] 原上海市卫生局，现已改为上海市卫生和计划生育委员会（简称上海市卫生计生委），2009 年初上海市卫生计生委增挂上海市中医药发展办公室牌子（简称中发办）。

三批全国优秀中医临床人才研修项目

为了培养一批高级优秀中医临床人才，培养和造就新一代名医，国家中医药管理局于2002年开始实施第一批全国优秀中医临床人才研修项目，于2005年结束。项目研修的基本方式是钻研古籍、临床实践与名师指导三结合。其中"读经典，做临床"为该项目一大特色，学习要求熟读四大经典，同时泛读六部以上与本学科相关的古代医籍及其他医籍。与其他人才培养项目相比，该项目高起点、高要求、并体现个性化。

其高起点体现在：培养的对象是连续从事中医临床工作15年以上、具有主任医师职称、年龄在50岁以下的学科带头人和学术骨干，要求已有扎实的中医理论基础和较高的中医临床诊疗水平，善于运用中医辨证思维解决临床问题，优先考虑已获得全国老中医药专家学术经验继承工作出师证书的继承人以及省级以上中医药重点学科、专科（专病）带头人。最终上海市有十人被确定为培养对象。

其高要求体现在：结业考核采用积分制，以全面考察学员在经典及临床、科研各方面的能力，总积分250分，平时考核占100分；现代临床科研设计方案占20分；结业论文占30分；《内经》《伤寒论》《温病学》《金匮要略》四门经典理论的研修和临床实际应用考试占100分；及格线为200分，达不到及格线的培养对象不能结业。

其个性化体现在：可以跟一位名师重点学习，也可以接受多名专家指导；可以较长时间跟师临证，也可以就某一方面请导师口传面授；还可以跨地区跟师学习，提倡省际间学术交流。

为了保证学员顺利通过考核，师承办严格按照培养目标、培训大纲进行管理，做好文件传达、资料发放、统一组织、部署研修、定期考核，坚持每1~2月召开一次班会，开展专题讨论进行交流、探讨，请著名专家进行系列专题讲座等；同时利用各种现代化手段与学员和其所在的单位以及国家中医药管理局及时沟通。

2005年项目结束，结业考核时，9名学员（另一名因工作调到外省未参加我市考核）顺利通过，且表现优异：经统计，平时考核成绩，上海市学员得分均在85分以上，6人分数为90分以上，最高分为周永明，99.75分，平均为92.58分；结业论文考核成绩，全部学员分数均在26分以上（满分30分），平均分为27.86，专家认为学员的论文具有较高创新性；其余中医临床科研设计方案、策论考评、医案考评等由国家中医药管理局聘请专家进行考核。

2009 年第二批优秀中医临床人才研修项目启动，于 2012 年结束，上海市 6 名学员顺利通过考核，被授予"优秀中医临床人才"称号。2012 年第三批优秀中医临床人才研修项目启动，上海市有 22 人入选该项目，截止 2014 年底，该项目已经顺利完成第一、二年的年度考核。第二、第三批的培养模式与第一批相同，鉴于我馆师承办在第一批项目实施中已打

第二批优秀中医临床人才研修项目
于 2011 年 7 月举行年度考核

下良好的工作基础，第二、第三批仍由我师承办负责日常管理、组织定期考核。

其他师承人才培养项目

另外，我馆师承教育办公室还承担了上海市高层次针灸推拿临床人才班、上海市高层次中医临床人才班、上海市中医紧缺专科临床人才班、高层次中西医结合临床科研人才班、上海市西学中研修人才班等师承班级的日常管理工作，包括参与继承人遴选工作、临床跟师检查、组织专家开展年度考核、结业考核等。

上海市高层次针灸推拿临床人才培养计划 该继承班旨在培养有创新能力的高级针灸推拿临床人才，临床跟师要求真正把导师的经验绝招学到手，掌握老师辨证规律、选穴组方特点、独特针灸和推拿技术，并能应用于临床，能开展新技术、新项目、新课题的研究。该项目 2005 年启动，培养时间为 2 年（2006~2008），要求每位学员有 2 名导师，一名为本市导师，一名为外地导师，2008 年，27 名学员考核合格，46 位指导老师获导师荣誉证书。"上海市高层次针推伤临床人才班"被上海市卫生局授予先进集体称号。

上海市高层次中医临床人才培养工作 该类型班级旨在培养高层次的中医临床人才，其继承人较其他班级资历更深，临床水平更高，结业考核更加严格。项目于 1999 年启动，从 43 位符合条件的报名者中择优录取 10 名作为培养对象，其中 1 位是主任医师，其余 9 位均为副主任医师。培养时间为 3 年（2000 年 3 月 ~2003 年 2 月），10 名学员全部完成

培养计划，顺利结业，其中有 7 名学员晋升为主任医师（教授）。

上海市中医紧缺专科临床人才培养计划　该类型继承班以培养目前临床紧缺的中医耳鼻喉科、眼科、皮肤科等专科人才为目标。项目于 2001 年启动，正式培养周期为两年。两年内跟师学习时间不少于 10 个月，2004 年 6 月结业考核。22 名学员入选，为每人选聘外省市和本市导师各 1 名，最终 18 名学员通过考核。

上海市高层次中西医结合临床科研人才选拔培养工作　该类型继承班是以培养创新为主、有较强科研能力的高层次中医、中西医结合的人才为目标，以临床跟师结合科研课题为主要培养形式，以中医、中西医双导师制为特色。该项目于 2000 年启动，有 30 名培养对象入选，均为 40 周岁以下，具有西医学本科以上学历，高年资中级以上专业技术职称，其中硕士生、博士生共 13 名，副主任医师职称以上 12 名。培养周期 3 年，至 2003 年 9 月，26 名学员结业，结业率为 87%。

上海市高级西学中研修人才培养计划　该类继承班以培养中西医结合人才为目标，继承人均为西医出身。2004 年启动，32 名学员入选。这届学员是上海市历届西学中人员中学历和专业技术职称最高的一届，具有高级职称及硕士学位者分别达到 60% 左右。在夯实中医基础理论的同时更注重进行中医临床实践，学习计划可根据学员不同情况体现个性化，并对研修对象完成系统性的中医药理论及临床知识培训。培养周期 3 年，2008 年，有 24 名学员通过严格考核、准予结业，30 位指导老师获荣誉证书。

这些师承班，与上世纪相比，兼顾不同层次、不同学科，更有针对性，比如有以提升二级以下医疗机构中医临床水平，以 40 岁以下的主治医师为主要对象开展的上海市"优秀青年中医临床人才"培养计划；以培养高层次、高级别中医临床人才为目的，以主任医师大学带头人和学术骨干为主要对象开展的"全国优秀中医临床人才研修项目"；类似高标准、高门槛的"上海市高层次中医临床人才培养工作"；以培养高层次针灸、推拿学科人才为主的"上海市高层次针灸推拿临床人才培养计划"；以培养中医耳鼻喉科、眼科、皮肤科等紧缺专科临床人才为主的"上海市中医紧缺专科临床人才培养计划"；以培养创新性强的临床科研型人才为主的"上海市高层次中西医结合临床科研人才选拔培养工作"；以及培养西学中人才的"上海市高级西学中研修人才培养计划"。不同层次、不同级别、不同侧重点的人才项目，不断完善上海中医界的人才梯队建设，不断提升不同等级医疗机构的中医服务水平，促进了上海中医科研能力的提高，也促使一批新的上海中医各学科的带头人脱颖而出。

文献馆师承办在承担这些师承班的管理工作中，管理经验得以积累，名医经验得以汇集，学员后续发展得以跟踪，从而能有效地评估不同师承班的培养效果。文献馆师承办的工作人员认真细致的沟通管理工作，在学员和老师心中树立了良好的形象，提高了上海市中医文献馆在全市中医界的知名度，文献馆师承办的声誉逐渐扩大。

同时，借此机会，文献馆在卫生局中医药管理处的领导下，开展了一系列对师承教育研究的探索，申报了多项科研课题：如 2004 年立项，由王春艳主持的"上海市中医药师承教育管理信息系统"的课题研究；2005 年立项，由季伟苹、黄素英主持的"当今著名中医药专家成才规律研究"；2009 年立项，由毕丽娟主持的"上海市中医师承教育历史、现状、需求分析以及对策研究"；尤其是 2007 年立项，由黄素英主持的上海市科委项目"名老中医学术思想及临证经验传承研究"，以上海市 11 位名老中医学术经验的传承为切入点，通过个性化的数据挖掘分析，揭示中医药传承发展的有效途径，探讨中医传承创新的思路、方法，获得了 2010 年首届上海中医药科技奖一等奖。

> **中医药传承研究室成员** [1]
>
> **主任**：毕丽娟
>
> **成员**：杨枝青、张利、徐立思

---

[1] 上海市中医文献馆业务科室之一，2009 年成立，此为 2015 年在岗成员。

二、名医工作室建设

名老中医药专家是中医药学特有的重要智力资源，名老中医学术思想和临床经验是鲜活的文献，成立名老中医工作室是保存这些活文献、传承这些名医经验的重要模式。

名中医工作室

为更好地传承、总结和抢救一批上海著名中医临床专家的学术经验和技术专长，上海市卫生局于2004年启动了"上海市名老中医学术经验研究工作室"建设项目。首批工作室确定了张镜人、颜德馨、朱南孙等23位专家为传承对象。根据"建设方案"和"建设标准"，在形式上，要求"1+X"团队模式（即1名专家带教多名传承人），加快人才培养；在内容上，注重内涵质量，整理形成名老中医学术思想；在诊疗上，体现其诊疗特色，并形成创新的优势特色。

工作室人员组成：包括工作室导师1名，继承人2～5名；工作室继承人：要求从事中医、中西医结合临床工作，本科及以上学历、中级以上专业技术职称、年龄45周岁以下，同时必须有1名以上非本单位编制的继承人，以扩大名老中医学术思想影响力，推动各级医院中医工作交流与发展；工作室负责人：指定1名继承人担任，管理工作室日常工作。

受"上海市名老中医学术经验研究工作室"的启发，我馆先后为张云鹏、蔡小荪、陈熠、张仁等4位名中医成立了相应的"名中医工作室"，以发挥我馆中医学科优势，增强我馆医教研特色，提升我馆学术内涵。工作室成员以我馆业务骨干为主，同时也吸收其他医疗单位中医专业人员，以达到培养中医人才、扩大学术影响的目的。（以下工作室成果，均截至2015年7月。）

张云鹏工作室

为更好地继承张云鹏老中医学术思想及肝病方面的诊疗特色，我馆于2005年成立"张云鹏名老中医工作室"。该工作室 2006 年入选"上海市名老中医工作室"，2010 年入围国家级工作室建设项目，2014 年 9 月顺利通过国家级工作室验收。

> **名医简介——张云鹏**
>
> 张云鹏，1930 年出生。上海市中医文献馆主任医师，首届上海市名中医，上海中医药大学、上海中医药研究院专家委员会名誉委员，全国老中医药专家学术经验继承班指导老师，全国优秀中医临床人才研修项目上海指导组专家。中华中医药学会脑病分会学术顾问。上海中医药学会肝病分会顾问。从事中医理论研究及中医临床实践逾半个世纪。1992 年起享受国务院政府特殊津贴待遇。1995 年被评为"上海市名中医"称号。1996 年获"上海市老有所为精英奖"。1997 年荣获"全国老有所为奉献奖"。2006 年荣获"首届中医药传承特别贡献奖"。2008 年荣获国家中医药管理局"全国老中医药专家学术经验继承工作优秀指导老师"光荣称号。

该工作室以研究张云鹏学术思想为中心，以临床经验为重点，借助现代科学信息技术，对张云鹏主任医师治疗热病、慢性肝炎、肝硬化、脂肪肝、冠心病、中风等疾病的新见解及独特的诊疗经验，开展多角度、多方式的深入研究，使张老的学术精要、临床特色后继有人，发扬光大。

张云鹏对伤寒、温病学说颇有研究，擅用经方。主张伤寒与温病统一融合论。曾应邀赴日本、马来西亚、台湾等国家和地区作《伤寒论》专题学术报告，反响热烈。自 20 世纪 60 年代初起，发表"伤寒论要义""急性发热的辨证施治探讨"等论文百余篇，主编、协编《中国中医独特诊断大全》《张云鹏内科经验集》《心脏病基本知识》《中医脑病学》等著作 30 余部，参与部局级以上科研课题多项，先后获得各级科技成果奖 10 余项。张老积淀多年临床经验，临床擅治肝病、心脑血管疾病、热病及疑难杂病，识病治病以"整体出发、多项辨证；明析标本、分清缓急；坚定果断、机动灵活"为原则，在上海中医界享有一定的声誉。

工作室组成：工作室负责人杨悦娅，工作室成员 11 人。其中本馆 6 人（周晴、徐燎宇、余恒先、郑宜南、邵明坤），外单位 5 人。

张云鹏工作室成员

姓　名	单　位
杨悦娅	
余恒先	
周　晴	上海市中医文献馆
徐燎宇	
郑宜南	
邵明绅	
陈晓蓉	复旦大学上海市公共卫生中心
张　雯	曙光医院
陈　雷	徐汇区中心医院
陈理书	上海市中西医结合医院
徐　瑛	上海市中医医院

张云鹏国家级工作室启动仪式

建设成果：成立十年来，张云鹏工作室先后建立工作室网站和资源网络共享平台、工作室数据管理系统。形成张云鹏临证思辨特点研究、张云鹏学术思想研究报告、传承工作室张云鹏师承教育的管理与实践研究、张云鹏教授"解毒软坚法"治疗乙肝后肝硬化等相关学术研究报告10个，出版《肝胆病》《中国百年百名中医临床家丛书·张云鹏》《张云鹏内科经验集》《张云鹏肝病学术经验集》等反映张老临证特色的著作10余部，其中工作室成员主编《张云鹏论膏方与临床实践》《养肝病自除》等4部；发表论文50余篇。参与局部级以上科研课题多项，先后获得各级科技成果奖10余项。

通过10多年研究，将张云鹏的学术思想总结归纳为5点：1.伤寒温病，统一融合论；2.重视系统观念，主张多元辨证；3.阐发毒邪之源，倡立解毒为先；4.先治其实后治其虚；5.研析疫病共性，提出证治通则（18个基本证候及基本治法）。以张云鹏学术思想为指导，结合其在代谢性疾病、病毒性肝炎、高血压、冠心病、中风等疾病中的应用以及张云鹏对虫类药、经方的运用经验，整理汇编张云鹏学术思想临床经验论文汇编2册，形成脂肪肝、高血压、急性热病、慢性乙肝、冠心病优势病种临床诊疗方案5个；完成"张云鹏临床经验、学术思想研究"等相关课题5个；开办国家级继续教育培训班5次；开展横向交流4次和学术推广3次。

蔡小荪工作室

2005年"蔡小荪名老中医工作室"于上海市中医文献馆成立，2010年入选国家级工作室，2014年9月国家级工作室顺利通过验收。

该工作室成立十多年来，一直持续开展收集资料、整理病案、撰写研究报告、总结成才规律等工作。初步尝试运用现代信息技术对蔡小荪临证经验进行研究。在这一过程中培养了一批蔡氏妇科的传人，形成了一个以系统研究蔡氏妇科的研究型团队。

名医简介——蔡小荪

1923年出生，教授、博士生导师，中医妇科专家。上海市首届名中医，上海市第一人民医院主任医师。连续四届都是全国继承老中医药专家学术经验继承班的导师。享受国务院颁发特殊贡献津贴。曾任全国中医学会妇科委员会副主任委员；上海中医药学会妇科委员会副主任委员；上海中医药结合研究会委员。上海中医药大学专家委员会名誉委员。上海市中医药研究院专家委员会名誉委员。现任世界中医药联合会中医妇科专业委员会顾问，上海中医药学会妇科委员会顾问。上海市中西医结合月经病医疗协作中心顾问。上海市妇科医疗协作中心顾问。

蔡小荪教授行医近七十年，长期从事中医妇科临床工作，积累了丰富的诊疗经验。擅长治疗月经失调、痛经、闭经、子宫功能性出血、慢性盆腔炎、子宫内膜异位症、子宫肌瘤、带下症、不孕症、习惯性流产、产后恶露不下、产后恶露不绝、产后子宫下垂、更年期综合症等妇产科疑难杂症。并创立了一整套妇科病审时论治的学说和中医周期疗法。蔡小荪教授连续四届担任"全国老中医药学术经验继承指导老师"，悉心培养后学，传授经验，已培养学术继承人9名。曾获优秀指导老师称号。发表论文20余篇，主编《经病手册》《中国中医秘方大全》《中华名中医治病囊秘蔡小荪卷》《蔡小荪谈妇科病》，参与主编《中医妇科验方选》，编审《蔡氏妇科经验选集》《中国百年百名中医临床家丛书》《蔡氏妇科临证精粹》《中华中医昆仑蔡小荪传》《蔡小荪论治不孕症》。

工作室组成：工作室负责人黄素英，工作室成员12人。其中本馆5人，外单位7人。

蔡小荪工作室成员

姓 名	单 位
黄素英	上海市中医文献馆
王海丽	
王春艳	
毕丽娟	
苏丽娜	
张 利	
莫惠玉	黄浦区中心医院
付金荣	龙华医院
王隆卉	上海市中医医院
翁雪松	上海市第一人民医院
张婷婷	岳阳中西医结合医院
陈旦平	闸北区中医医院
刘邓浩	上海第一妇婴保健院

蔡小荪国家级工作室启动仪式

建设成果：承担并完成了国家十五攻关课题"蔡小荪学术思想及临床经验研究"，形成"蔡小荪教授治疗输卵管炎性不孕""蔡小荪教授治疗无排卵性不孕病""蔡氏健肾三步法对试管婴儿患者助孕""蔡小荪教授治疗多囊卵巢综合症""蔡小荪教授治疗子宫内膜异位症"等5个诊疗方案；撰写学术论文15篇，80%在核心期刊发表；出版《蔡氏妇科临证精粹》《中华中医昆仑——蔡小荪传》《蔡小荪论治不孕症》《跟名医做临床—蔡小荪》等专著。重新整理《中医食疗学》函授班讲义，1982年在上海市第一届中医研究班讲授《金匮要略》的讲稿；拍摄633位患者诊疗全过程，留下完整丰富的医案视频资料；建立蔡小荪教授临床文献资料数据库等原始资料800余份。2012年立项上海市中医药3年行动计划"海派中医蔡氏妇科流派传承研究基地项目"；2013年国家中医药管理局全国海派中医蔡氏妇科流派传承工作室建设项目；举办国家级中医药继续教育项目3项；召开学术专题研讨会2次，2011年6月召开全国蔡小荪传承工作室启动会暨蔡氏妇科传承论坛；2013年9月召开蔡小荪行医70周年学术研讨会。

工作室建设以来，在人才培养方面，团队成员跟随蔡小荪教授临诊，逐渐形成了临床诊疗思路，撰写发表了相关论文，并有 6 人取得高级职称任职资格。在学术推广方面，蔡小荪学术继承人黄素英、付金荣、张婷婷、陈旦平等分别在不同层面的学术交流会上推广蔡小荪教授的学术经验，使更多的患者受益。

工作室建设期间，临床研究的开展尚嫌不足，今后将在学术经验总结的基础上，更深入开展临床机理研究，为开发新药打好基础。

陈熠工作室

为了全面总结继承陈熠老中医在内科、妇科病、尤其肿瘤疾病中的独特诊治经验，深入研究其学术思想，2012 年 5 月，我馆成立了陈熠中医传承工作室，2013 年 1 月，该工作室被列入上海市卫生局名医工作室建设范围。

名医简介——陈熠

陈熠，1944 年出生，上海市中医文献馆主任医师，曾任上海市中医文献馆业务副馆长，兼任上海市中医药科技情报研究所副所长，第五批全国老中医药专家学术经验继承指导老师，中国中医药学会文献分会委员，中国药学会上海分会常务理事，药史分会主任委员，美国世界传统医学科学院院士。

陈熠出生中医世家，自幼随其父陈寿松（陈道隆门人）习医，1985 年起师从陈苏生（祝味菊关门弟子），承陈氏、祝氏两家之长。临床对肿瘤、心血管疾病、消化道疾病、呼吸道疾病，妇科子宫肌瘤、卵巢囊肿及不孕、月经不调等各种疑难病症均有很好疗效。尤其是其首创的治疗肿瘤的新思路和新方法——"调神解郁"，指导临床取得显著效果，有很好的社会声誉，患者络绎不绝。在文献整理方面，亦卓有建树。以主编或第一作者身份著有中医专著 12 种，其中《肿瘤中医证治精要》等肿瘤学专著 4 种；《中国百年百名中医临床家——陈苏生》等继承老师和名老中医学术思想临床经验专著 3 种；《喻嘉言医学全书》等中医古籍文献整理专著及丛书 3 种；方药及其它著作 2 种。主审、编委、参著、审定《中华本草》等重要著作 5 种。发表论文共 63 篇（其中个人独立发表或第一作者 54 篇）。获部级成果三等奖 2 项，国际奖 1 项，省局级奖 3 项，华东地区奖 1 项。

工作室组成：工作室负责人肖芸，工作室成员 9 人。其中本馆 3 人，外单位 6 人。

陈熠工作室成员

姓　名	单　位
肖　芸	
杨枝青	上海市中医文献馆
倪　华	
石书芳	
晁　盼	上海泰坤堂中医医院
施宇一	
王轶颖	北站医院
王　韵	上海市中医医院
梁末末	黄浦区中西医结合医院

陈熠工作室启动仪式

　　建设成果：成立三年来，已建设了陈熠中医网站，以传播学术思想；建立了肿瘤患者数据库，已收录 1 000 余案例并持续更新。

　　获局级课题 1 项——陈熠"调神"学术思想的系统研究，承担局级项目 1 项——"祝氏内科流派学术思想传承研究"；在上海市中医文献馆、上海市泰坤堂中医医院两处开设示范门诊；组织临床带教，学习在"调神解郁"思想指导下对恶性肿瘤及其他内妇科疾病的"察神"要点、"调神"之法；开展定期讲座，提高继承人的医案分析能力及临床水平；培养第五批全国名老中医学术经验继承人 2 名，总结医案、临床心得多篇；发表以调神解郁临床运用为主的学术论文 14 篇；开展国家级中医药继续教育重点项目 1 次——开展国家级中医药继续教育重点项目 1 次——"祝味菊学术思想及临床经验培训班"，邀请中国中医科学院王致谱等祝味菊研究专家及本地祝氏传人、徐氏儿科后人徐蓉娟等参会，与本项目组研究人员一道授课，以推广祝氏内科学术思想、陈熠临床经验，反响热烈。

　　本工作室虽然成立只有三年，但实际上各位成员跟随陈熠抄方学习已有多年，团队稳定、梯队形成、传承有序。虽然工作室成员分散在各个单位，但在收集患者资料、定期学术交流、开展课题研究、开班办会等方面齐心协力，围绕"祝氏内科学术思想传承研究"

项目及陈熠"调神解郁"学术思想的临床应用，开展研讨 36 次，总结祝味菊、陈苏生、陈熠等"自然疗能""调气解郁""调神解郁"思想，临床常用方、药，以及在肿瘤内科、妇科、皮肤科等多种疾病中的运用规律及方法，汇集成典型医案，撰写的跟师心得、学术论文陆续发表，有效地扩大了本工作室、乃至本馆的影响力。

今后工作室将积极争取更高规格的科研项目，以课题促成长，促进整个工作室团队成员的发展。

张仁工作室

张仁教授现任中国针灸学会副会长，享受国务院特殊津贴的专家。他临床诊疗经验丰富，患者众多；他文献研究系统深入，著作等身。为了更好地继承张仁教授针灸方面的学术思想、临床经验以及文献研究方面的思路方法，上海市中医文献馆成立了张仁工作室，并于 2014 年 4 月 3 日举行了揭牌仪式。

> **名医简介——张仁**
>
> 张仁，1945 年出生。现任中国针灸学会副会长、上海市非物质文化遗产评审委员会专家。曾任上海市中医文献馆馆长、上海市中医药情报研究所所长、上海市中医药科技服务中心主任、上海市针灸学会理事长，1994 年晋升为主任医师；1998 年享受国务院特殊津贴。独立撰写和主编针灸中医专著 60 余部，以中英文发表论文近百篇。主持上海市卫生局科研课题和参与上海市科委及国家 973 项目课题多项。

张仁教授从事针灸临床、科研和文献研究 40 多年，曾师从眼科针灸名医李聘清、西北针灸名医郭诚杰、海派针灸医家方幼安，博采各家之长，形成了自己的特色，在诊治范围上以难治性眼病（视网膜色素变性、年龄相关性黄斑变性、视神经萎缩、单纯性开角性青光眼、眼肌麻痹及痉挛、干眼病等）为主，涉及多种适于针灸治疗的现代难病。

工作室组成：工作室负责人王海丽，工作室成员 9 人，其中本单位 4 人，外单位 5 人。

张仁工作室成员

姓　名	单　　位
王海丽	上海市中医文献馆
吴九伟	上海市中医文献馆
张　进	上海市中医文献馆
应嘉炜	上海市中医文献馆
刘　坚	市第一人民医院分院
徐　红	上海龙华医院
张殷建	上海龙华医院
宗　蕾	岳阳医院
皋凌子	凉城街道社区卫生服务中心

张仁工作室启动仪式

建设成果：成立一年来，该工作室获局级课题 1 项，上海科学技术文献出版社出版了《眼病针灸》，完成了张仁工作室网站一期建设，发表论文 1 篇，成功申报"方氏针灸疗法"为上海市非物质文化遗产项目。

2015 年 7 月，经市政府批准，上海市影视广播文化管理局（沪文广影视公告[2015] 9 号文）公布第五批上海市非物质文化遗产代表性项目名录和扩展项目名录（新入选项目 41 项，扩展项目 16 项），7 月 16 日上午 9 时在金山吕港镇举行颁牌仪式，我馆申报的"方氏针灸疗法"项目也成功入选。

张仁在长期的针灸临床和科研中，形成了自己的特色，吸引了众多本馆及其他单位针灸专业人士加入本工作室。虽然工作室成员分散在各个医院，管理上有一定难度，但通过工作室一年多的建设，成员在收集、整理、挖掘、研究、推广和应用张仁教授的学术思想、验方及诊疗技术上取得了一定成果，今后工作室将系统研究张仁教授的学术思想产生的背景和渊源，学习他文献研究的

方法和思辨特点，总结其的成才轨迹，使他的学术思想、诊疗技术和治学经验得以传承、发扬和创新。

上海市中医文献馆的四个名医工作室的成立，使得四位名医的经验得以传承，流派特色得以延续，学术梯队得以形成，无论是申报科研课题，还是开设示范门诊，以名医工作室为平台所形成的团队合力，都产生了"1+X"＞"1"或"X"的效应，既扩大了名医的影响力，又提升了传承人的临床水平，也增加了工作室所在单位的知名度。随着传承人将老师的经验运用到临床中，越来越多的患者也受益匪浅，缓解患者就医压力，减轻名医门诊压力，保证患者就医质量。名医工作室最终实现了名医、传承人、工作室所在单位和广大病员的共赢，创造了良好的社会效益与经济效益。

三、古今文献的应用性研究

进入20世纪之后，我馆将古今文献的应用性研究作为业务支柱，业务人员参加国家级、上海市等不同级别的文献校勘类课题多个；同时，继续上海近代、现代名医的医案汇编及学术思想研究；利用我馆师承办公室、名医工作室的优势，申报国家科技部、上海市科委级别的名医学术传承类课题2项；为建馆六十周年庆，收集历届馆员资料，汇集成《上海市中医文献馆馆员名录》；配合上海市卫生局对社区中医药服务的重视、顺应民众对中医养生的热情，开展中医适宜技术及养生的研究。

传承课题

"名老中医学术思想及临床经验传承研究" 课题

"名老中医学术思想及临床经验传承研究"课题属上海市科委2007"创新行动计划"项目子项目，由上海市中医文献馆负责承担，负责人黄素英、方松春。研究时间从2007年9月至2010年9月，2010年9月通过市科委组织的课题验收。该课题在2012年10月获第一届上海中医药科技奖。

课题以11位名老中医（邵长荣、黄吉赓、王翘楚、沈自尹、夏翔、曹玲仙、陆德铭、张云鹏、奚九一、施杞、时毓民）作为研究对象，通过回顾性与前瞻性两种模式进行研究。

课题分为总课题组和11个分课题组。总课题组主要组织建立统一的名老中医信息资源录入平台；通过分课题提交的资料；对分课题进行统一管理及协调。分课题组分别负责对11位名老中医学术思想、临证思辨特点、典型医案、成才之路等进行研究。

主要研究成果：

1.建立包括11位名老中医的信息资源平台；2.出版《上海名老中医医案精选》；3.学术思想研究方面，出版《名医之树常青——上海名老中医学术经验精粹》；4.名老中医临证思辨特点和规律研究方面，形成了11份分课题研究报告和1份总课题研究报告；5.成才之路研究方面，形成了 11 份分课题研究报告和 1 份总课题研究报告；6. 影像资料毕集：拍摄并保存了 330 份典型医案诊疗的全过程的影像资料、《名医之树常青——上海名医风采录》录像光盘（上海科技音像出版社出版）；7. 获得的专利：3 项；8. 出版 13 部专著；9. 发表 87 篇论文。

"张云鹏学术思想及临床经验研究"课题

"张云鹏临床经验、学术思想研究"为"十一五"国家科技支撑计划课题"名老中医临床经验、学术思想传承研究"项目的纵向子课题，负责人：杨悦娅、周晴。参加人员：景华、徐燎宇、余恒先、郑宜南、徐瑛、陈理书、陈晓蓉、蒋琴芳、邵明坤、张慧。研究时间：2007~2010 年。已通过结题验收。

主要研究成果：

1. 五篇研究报告："张云鹏学术思想及思辨特点研究报告"，"张云鹏名老中医经验方整理研究报告"，"张云鹏名老中医脂肪肝诊治经验推广应用方案"，"张云鹏养生经验研究报告"，"张云鹏成才之路研究报告"；2. 两个疾病证治通则：慢性乙型病毒性肝炎证治通则，脂肪肝证治通则；3. 两部专著：《张云鹏内科经验集》（人民卫生出版社 2006.11）、《张云鹏肝病学术经验集》（上海交通大学出版社 2008.10）；4. 有关张云鹏成才之路、学术思想、临床经验的论文 20 余篇、张云鹏病案 200 余份以及临证、教学、养生等方面的影像资料。

张云鹏学术思想

1. 伤寒温病，统一融合论。

2. 重视系统观念，主张多元辨证。

3. 阐发毒邪之源，倡立解毒为先。

4. 先治其实，后治其虚。

5. 研析疫病共性，提出证治通则。

古籍整理

"中医药古籍保护与利用能力建设项目"之七种古籍校注

2010~2013 年，中医药管理局开展"中医药古籍文献保护与利用能力建设项目"，项目包括的四百种古籍，上海市中医药发展办公室为此设立了中医药古籍项目整理与研究专

项，我单位承担其中的《内经博议》《医学阶梯》《素灵微蕴》《妇科抄本三种》《医案三种抄本》《医学寻源》《素问灵枢类纂约注》校注7种和《玄机活法》校对，参加该项目的主要是我馆青年古籍研究者。本项工作结合每部古籍的版本调研选择、具体内容的校勘注释，开展了多次具有针对性的主题培训会，使我馆青年古籍研究者的能力在实践过程中得以提升。

"中医古籍珍本集成"之三种儿科古籍校勘

2009~2014年，我馆青年古籍研究者参与由南京中医药大学文献研究所牵头的"中医古籍珍本集成"校勘注释工作。负责《保婴易知录》《活幼心法》《活幼口议》3种医籍。

"上海地区清以前医籍手抄本研究"之68种抄本提要

2011~2015年，我馆杨杏林、招萼华、吴九伟、卓鹏伟、杨枝青、张晶滢、苏丽娜等七位学者参与上海中医药大学"上海地区清以前馆藏未刻医籍手抄本研究"，完成了68种上海图书馆藏未刻抄本的提要撰写。

中医古籍珍稀抄本精选

2004年，参与由上海中医药大学段逸山教授领衔的上海市科委课题《明清中医古籍珍稀抄本精选》的研究，我馆学者完成了《考证病源》《慎五堂治验录》《原幼心法》《费绳甫先生医案》《薛氏济阴万金书》《临诊医案》《一见能医》等七种珍稀抄本的点校。

> **古籍整理**
>
> 古籍整理专指对中国古代（清以前）书籍进行审定、校勘、注释等加工整理工作，使新出版本便于现代人阅读。它要求对古籍进行训诂、标点、分段、校勘、注释、今译等专门工作。影印和索引工作，也属于古籍整理的范围。

医案精粹

《祝味菊医案经验选编》《曹颖甫医案》

《祝味菊医案经验集》由招萼华主编，2007年由上海科学技术出版社出版。本书包括对祝味菊生平、学术思想特点、医案、医话和门人挚友回忆等5部分内容，介绍其应用附子治疗重症、危症的用药经验和配伍技巧，列举一百余则医案。

《曹颖甫医案》招萼华主编，杨杏林协编，2010 年由上海市科学技术出版社出版。本书包括曹颖甫传、学术思想的形成、学术思想特点、医案、医话、短论、大事表等 7 大部分。该书力图使读者更全面地看到曹颖甫医案资料的全貌，在医案搜集时，摘录了《曹氏伤寒金匮发微合刊》中的医案、医话以及曹氏在杂志上发表的部分论文和医案，再与《曹颖甫先生医案》和《经方实验录》等内容汇合。整理汇总，加以点评，并按病种排列，方便检索；另外，还介绍了曹颖甫的生平、学术思想的形成、特点及局限性，很好地呈现了曹颖甫先生学术思想和医案资料的全貌。

《近代海上名医医案丛书》

《近代海上名医医案丛书》由陈沛沛、杨杏林主编，2010 年由上海市科学技术出版社出版。该套丛书是 2009 年国家中医药管理局《海派中医医案研究》课题的成果之一，原计划编撰出版近代上海海派名医医案 50 种，后因人员变动停止。首批出版的医案包括《陆渊雷医案》《夏仲方医案》《丁济万医案》《恽铁樵医案》四种，编写特点是以病统案、精选"案评"、撰者作"按"。在重新校勘原案的基础上，与医家的"医话""医论"有机结合，并附上编者的"按语"，以展现医家对该病的完整辨证思维，加深读者对名医医案的全面理解。丛书各分册由"生平简介""学术思想撷萃""医案赏析""医论医话选辑""大事年表"五部分组成。书前"略谈海派名医医案（代前言）"一文，以丰富的资料，综合概述了近代海派名医医案的朔源、流派、特点及研究现状。2012 年该丛书 4 个分册的部分内容，被《上海中医药报》整版连载。

《近代海上名医医案丛书》在陈沛沛研究员的主持、指导下，由文献馆一批年轻的中医硕士、博士和湖北中医药大学的 2 位教授、副教授共同合作完成。其中《陆渊雷医案》由杨枝青，毕丽娟编著；《夏仲方医案》由张晶滢，郑宜南编著；《丁济万医案》由苏丽娜，周晴编著；《恽铁樵医案》由湖北中医药大学的孙玲，刘松林编著。文献馆的肖芸博士、王春艳副馆长参与了前期的课题调研及组织协调工作。上海市名医张云鹏担任顾问为本书作序，聘请有着丰富医案撰著经验的陈熠、招萼华主任医师任丛书的编审。当年文献馆的这批年轻的中医学者在编撰医案丛书的过程中，边学习边实践，其临床、理论、研究及写作能力都得到了很大提高。

《近代海上名医医案丛书》分册简介

1.《陆渊雷医案》的医论医话部分从《中医新生命》杂志中辑校，多为陆氏的论文及其与门人弟子的书信往来中提及的中医学术思想。在医案的评析中，引用陆氏在《伤寒论今释》《金匮要略今释》等著作中的原文，从而更好地探讨陆氏本人对于该病案理法方药的考量。

2.《夏仲方医案》的医案主要来源有二，110个医案源于夏仲方先生的女弟子魏子亮于1942年整理的《夏氏1941~1942年妇孺科危证病案录》手抄本。魏子亮在自序中提及"归集两册"，现有一册不知其踪，甚为遗憾。还有27个医案，选自《中医经方学家—夏仲方专辑》，本书重新按评，并皆注明原案出处。尚有夏氏手稿中记录的医案，及其患者相赠的夏氏处方签，零星若干，一并归集。

3.《丁济万医案》收录医案309例，医话34篇。医案主体部分源自上海中医药大学图书馆馆藏手抄本《丁济万医案》。该手抄本由9册32开文本组成，分别出自丁氏多名学生之手，均为学生临诊时所抄集。医话部分源于丁济万先生主编的《卫生周报》以及民国期刊上所登载的相关内容。医案结合医话使读者能有更多的领悟。

4.《恽铁樵医案》收集医案源于恽氏所著的《药盦医案全集》，通过加注按语对恽氏的临床辨证思路、立法处方经验和规律进行评述。对原著中的生僻字词、恽氏常用的或提及的中成药，如抱龙丹、回天丸、益元散等，以及一些不常见的中药别名，如海南子、湖广子等，在按语中加以注释。其中生僻字词注释其音和义；常用中成药注释其来源、组成、功效、特殊用法；药物注释为何药之别名、性味和主要功效。

《上海名老中医医案精选》《海上名医医案心悟》

《上海名老中医医案精选》由黄素英、方松春主编，2010 年由上海科技出版社出版。本书收录了王翘楚、时毓民、沈自尹、张云鹏、陆德铭、邵长荣、施杞、夏翔、奚九一、黄吉赓、曹玲仙 11 位上海市名老中医的临床典型医案 300 余则，涵盖内、外、妇、儿、骨伤各科，涉及病证 80 余种，主要由这些名医的门人如万华、许钧、余小萍、余恒先、张仁、张惠勇、张新民、沈小珩、陈红风、俞建、徐建、莫文、曹烨民等担任副主编、撰写医案，有本馆及外单位 19 名同志参加编委会工作。

本书所选医案以名老中医自身擅长诊治的病证为主，是他们长期临床经验的真实再现。所录医案，不但理法方药俱备，诊次完整，而且每诊后之得失分析及案后之按语均十分中的，更加有助于中医后学者理解和掌握各医家临床辨治思维方法和遣方用药心得。本书是上海市科委"创新行动计划"项目"名老中医学术思想及临床经验传承研究"课题成果之一。

《海上名医医案心悟》由方松春、黄素英主编，2011 年由上海交通大学出版社出版，本书精选 18 位上海当代名医医案 323 则，医案撰写由上海市老中医药专家学术经验继承高级研修班的学员，即名老中医的学术继承人完成。因此选案或突出疗效，或展示特色，或异于一般，案评精当，切中肯綮。

> **医案**
>
> 医案，又称诊籍、脉案、方案、病案，是中医诊疗活动的记录，即由医生将病人的症状、病因、脉象、舌象、病机、诊断、转归、治则、注意事项等做概括简要的记述与分析，同时录下药物名称、剂量、炮制方法、服用法等治疗措施，从而形成的文字资料。中医医案以临床诊疗过程为载体，以中医基本理论辨证论治为指导，阐发临证思维、用药心法为核心。

名医经验

《上海名中医学术经验集（第二集）》

《上海市名中医学术经验集（第二集）》由夏翔、王庆其主编，方松春、王春艳等担任副主编，由上海市中医文献馆组织编写，2012 年由人民卫生出版社出版。本书以 31 位上海市第三批名中医为对象，对其学术思想、诊疗经验等加以介绍。学术思想部分着重记述名中医独到的学术观点、理论建树及有创新意义的学说；临床经验部分选择名中医临床最擅长的疾病，撰述其对某种或某类疾病的辨证体会及方药运用经验，并附有典型病案。本书对中医、中西医结合临床工作者有一定的参考价值。

《林氏头皮针疗法》

《林氏头皮针疗法》由吴九伟，王海丽编著，由林学俭担任主审。2011 年由上海交通大学出版社出版。本书分上下两篇：上篇基础篇，重点突出林氏头皮针对大脑功能的独特分区和认识；下篇治疗篇，主要就林氏头皮针的取穴特点、原则，具体针刺方法、治疗经验等作了介绍。全书重点突出了林氏头皮针对一些常见病和疑难病的独特疗效及治疗经验。

名医简介——林学俭

林学俭，女，1921 年出生。1942 年毕业于中央大学，从事头皮针临床与研究数十年，是我国头皮针五大流派＊之一。林学俭是林氏头皮针的创始人，曾任新华医院医师，后为上海市中医文献馆中医门诊部针灸特诊科专家。她根据祖国医学经络理论、并结合现代脑科学理论，应用头皮针治疗由脑、脊髓和神经受损引起的一些疑难病症，取得了较好的疗效。她在头皮针方面的主要贡献：一是发现了大脑皮层的静区在头皮针中的重要作用，并对大脑皮层功能定位区与静区在颅表投影位置准确定位；二是发现了小脑新区，填补了头皮针选区和治疗上的空白；三是在治疗中运用点穴探压法精确定位，提高了头皮针的疗效。

头皮针五大流派：指焦顺发、方云鹏、汤颂延、朱明清和林学俭所创的焦氏、方氏、汤氏、朱氏、林氏头皮针。

《海上名医用药经验集》《跟名医做临床》系列丛书

《海上名医用药经验集》由方松春，黄素英主编，2014 年由上海交通大学出版社出版。本书以紧密结合临床、面向临床实用为宗旨，选取王庆其、王左、王翘楚、叶景华、石印玉、刘嘉湘、朱南孙、严世芸、吴银根、张云鹏、陈以平、陈湘君、柏连松、唐汉钧、夏翔、秦嘉甫、蕾吉麻、彭培初、蔡淦、蔡小荪20位上海市名中医，就其用药之经验特色进行归纳总结，以飨读者。

本书所介绍的中药共有180余种，内容以名医简介开篇，以名医用药经验为主，阐释该名医在实际临床中用药心得，药或单味，或药对，或复方，无一定之规，但以实用性为要，每药均有相应之医案加以佐证。该书同时提供了以不同的疾病为中心形成的经验用药群，以及多人多家对某药不同的使用经验、配伍技巧，有助于使读者全面把握中药的使用，开拓用药思路。

《跟名医做临床》系列丛书，由上海市中医文献馆编，以专科分册，以师承办主管的全国名老中医学术经验继承工作为基础，在各分科中选取具有不同经验特色和优势的名医，由其学术继承人撰写其学术特色、辨证特点、验方等，再以师生问答的形式原汁原味地再现继承人跟师抄方的全过程，再现名医临床辨证的全过程。该套丛书共四辑，每辑5册，一共20册，于2009~2014年陆续出版。

《跟名医做临床》四辑一览

第一辑（2009）：《内科难病一》《内科难病二》《妇科难病》《外科难病》《骨伤科难病》；

第二辑（2010）：《内科难病三》《内科难病四》《儿科难病》《针推伤科难病》《肿瘤科难病》；

第三辑（2011）：《外科难病二》《妇科难病二》《内科难病五》《内科难病六》《内科难病七》；

第四辑（2012）：《内科难病八》《内科难病九》《针灸科难病》《肿瘤难病二》《眼科难病》。

中医疑难杂症专病专辑

2012~2014 年，沿着前辈的足迹，以上海市中医文献研究馆丛刊之专病专辑为模板，进一步拓展专病专辑的范围，以青年研究人员为主，充分利用便捷的检索及查询工具，编纂新的中医疑难杂症专病专辑。此专辑于 2015 年由上海科学技术出版社出版，包括《淋证》《胸痹心痛》《瘿瘤》《不孕症》《产后腹痛》《噎膈》6 种，分别由苏丽娜、徐立思、张晶滢、毕丽娟、张利、杨枝青主编。

本专辑主要辑录历代文献中有关这 6 种病证的论述，分为经典论述、各家论萃、名家医案、本草辑录几部分，所选文献一般到清末为止，按照原著时代先后顺序排列。

名医传记

《顾伯华》

由楼绍来，楼映编著，上海市中医文献馆编，2010 年由南方出版社出版。本书为顾伯华的传记，记录了他的学医之路、成长经历，记述了顾氏外科的沿革和发展，也收录了顾伯华为继承、发扬、开拓顾氏外科事业所做的卓越贡献。该书所搜集的资料翔实可靠、表述生动、感情真挚、语言酣畅。

> **名医简介——顾伯华**
>
> 顾伯华（1916~1993），中医外科学家。上海浦东人。出身于中医世家，为顾筱岩次子。上海顾氏中医外科以顾云岩为创始人，第二代顾筱岩为奠基人，第三代顾伯华是顾氏外科最杰出的继承者和发展者，又是现代中医外科学的奠基人。曾任上海中医学院（现上海中医药大学）中医外科教研室主任，首批终生教授，兼任附属龙华医院中医外科主任，主任医师（医技三级）。曾兼社会职务有：上海市中医学会外科分会副主任委员、中华医学会理事、全国中华中医学会理事、《上海中医药杂志》编委会常委、上海市教委高校教授职称评审组成员、上海第一医学院外科顾问等，享受国务院政府特殊津贴。

《中华中医昆仑》丛书

　　该套丛书是当代中医药发展研究中心为我国近现代百余年来 150 位最有建树和代表性的著名中医药学家撰写出版的大型传记丛书。丛书以传主姓名为卷名，生年为卷次，每卷 3 万字，采用评传体裁，记载传主生平事迹、医术专长、学术思想、传承教育、医风医德、养生之道和杰出贡献，典藏一个时代的医家精神，向世人展示中医大家独特不朽的魅力。《中华中医昆仑》典藏版由 15 函、150 卷组成，采用线装、宣纸、繁体、竖排版的装帧方式。

　　《中华中医昆仑·谢观》　　由陈沛沛，肖芸，毛梦飞撰稿，2011 年由中国中医药出版社出版。全书分为四章：江南才秀、医界耆宿；教育先驱、文史双磬；率众维权、抵制废医；博施济众、誉满杏林，多角度地展示了谢观在文史、舆地、医学等诸多领域的建树。谢观作为近代中医教育家、中医文献学家、中医临床家为中医做出了巨大贡献，尤其是他在组织领导"三·一七"中医抗争运动中表现出的领袖气质、独具魅力。全书浓缩了他作为"医界通才""中医界领军人物"波澜壮阔的一生。

　　《中华中医昆仑·黄文东》　　由杨杏林，俞雪如，楼绍来撰稿，2011 年由中国中医药出版社出版。全书分为七章：丝绸世家、立志学医；寒窗苦读、仁术济世；清贫志坚、师爱情深；学验并重、躬身言传；脾胃为本、辨治精微；擅用活血、推陈致新；德高望重、行为世范，生动刻画了黄文东作为一代中医教育家、中医临床家的高尚师德、高超医术。

　　《中华中医昆仑·姜春华》　　由杨悦娅，楼绍来撰稿，2011 年由中国中医药出版社出版。全书分为八章：弃丹青步入杏林、汲西学矢志岐黄；遨游书海通古今、学风严谨务求实；壮心不已勤笔耕、弘扬中医自奋蹄；论道创新源实践、"截断扭转"为人先；授学传薪泽杏林、蜡炬燃己耀后人；为病寻药济苍生、为医寻道谱新章；学验俱丰重医德、乐守寒窗淡名利；满腹经纶谦君子、从善如流垂英名，为读者展示了姜春华勤奋博学的一生和他盛荫杏林的学术建树。书中通过对姜春华生活轶事的实录，让读者对姜春华坚定的中医信念、广涉诸家的学风、求精的医术、坚韧的性格、乐观处世的大师风范有更多的感性认识。

《**中华中医昆仑·蔡小荪**》 由黄素英撰稿，2011 年由中国中医药出版社出版。全书包括七章：妇科世家、亦儒亦医；秉承家学、博才多艺；送子观音、造福人民；观察入微、审证求因；衷中参西、周期疗法；用药轻灵、顾护中土；舍私济公、为善最乐。全书总结了蔡小荪成长为海派妇科名家的精彩一生，生动刻画了他出生世家、儒医兼通的功底，爱好广泛、乐善好施的性格以及勤学不倦、中西结合、顾护脾胃、根据月经周期与实验室检查结果进行精准辨治的临床特色。透过生活、临床中的诸多细节、事例，展现了一代名医的独特神采。

中医适宜技术及养生

《社区中医药适宜技术应用手册—养生保健百例》

上海市卫生局组织编写的《社区中医药适宜技术（验方）应用手册》，是推进社区中医药卫生服务的一项重要的基础工作，丛书由季伟苹主编，2008 年由上海科学普及出版社出版。《养生保健百例》分册为其中之一，由我馆陈沛沛任执行主编，张晶滢、周晴、杨枝青、王春艳任编委。

本书精选了百余例养生方法，以中医体质学说为主线，集中展示了四季养生、饮食养生、情态养生、起居养生、中药保健等五大方面，与人们的日常生活息息相关，具有较强的针对性和可操作性。

中医适宜技术

中医适宜技术，是指在中医基础理论指导下进行的以安全、有效、规范、经济为原则的，适宜农村、社区以及具备特定条件医疗机构使用的中医诊疗技术，包括针灸、推拿、拔罐、气功等。

《简易健康脐疗》

本书由陈沛沛主编，张晶滢、杨枝青、王顺参加编写，2008 年由上海科学技术出版社出版。脐疗是中医的传统自然疗法，具有"简、便、验、廉"的特色，本书精选脐疗方 100 多首，有对常见病证如感冒、咳嗽、腹痛等进行的辨证施治，也有对慢性疲劳综合征、冬病夏治调理、体质调理、肌肤养护等属中医"未病"范畴提出的脐疗保健方案。全书图文并茂，通俗易懂，简明实用。2009 年《简易健康脐疗》荣获中华中医药学会"中华人民共和国成立 60 周年首届中医药科普图书著作"三等奖。

《施明话失眠》

本书由施明，冯丽莎主编，2008 年由上海远东出版社出版。

失眠病就像"钝刀子割肉"，虽然不会立即危及生命，但患者非常痛苦，严重影响了生活质量和工作效率，长期失眠还会导致机体免疫力下降、多脏器功能紊乱。在帮助失眠患者消除不适症状和恢复正常的睡眠功能等方面，中医药具有独特的优势。施明主任医师身为我馆中医门诊部老主任，出生于中医世家，从事中医药临床医疗 30 余年，在中医药诊治失眠方面独具特色。

本书就是一本向读者介绍有关中医药防治失眠科学知识的科普读物，施明主任娓娓道来对失眠的认识、对失眠的病症分析、对失眠的治疗、失眠的预防以及中医特色的食疗等内容。本书的原始素材，大部分源于他在失眠专科的临床实践，真实可信又生动有趣。该书无论是对失眠患者，或临床医师，都值得一读。

《海派名老中医养生之道》

本书由上海市中医文献馆编写，由方松春主编，陈沛沛、王春艳、楼绍来任副主编，2007 年由东方出版中心出版。本书汇集了张镜人、裘沛然、颜德馨等当代沪上 20 位 80 岁以上高寿名医的养生精华，以每位名医的亲身体验为线索，结合情态养生、饮食养生、起居环境养生、药物养生等四大养生常用知识，以科普的形式，翔实地介绍了百姓日常生活中所需的健康保健知识，充分体现了中医"治未病"的优势和特色。

《五脏养生》

"五脏养生除百病"丛书包括五个分册——《养肝病自除》《养心病自除》《养脾病自除》《养肾病自除》《养肺病自除》。分别由杨悦娅、卓鹏伟、肖芸、毕丽娟、周晴主编，2014 年由上海科学技术出版社出版。每分册分别以中医体系中的心、肝、脾（胃）、肺、肾这五脏所对应的脏腑系统为核心，描述各系统的养护要点与各脏系疾病的注意事项、简易疗法等核心问题，从中医五脏所辖范围、五脏特点、饮食养生、情志养生、起居养生、运动养生、中医文化养生、内养外调、疾病预防与调护等近十个方面进行简洁扼要地介绍，突出日常养生和疾病预防调护实践的可行性和可操作性，是一套将知识性、实用性和可读性融为一体的科普读物。

> **中医非药物疗法**
>
> 中医有药物疗法和非药物疗法两大治疗系统。其中，中医非药物疗法，是指在中医辨证论治原则指导下，运用药物之外的具有医疗保健作用的方法与技术的总称，是中国人民在长期的治疗疾病过程中不断总结、反复验证而形成丰富的经验总结，是中医学的重要组成部分。如，针灸、拔罐、推拿按摩、气功、刮痧、敷贴、点穴、挑针疗法、刺络法（亦称放血疗法）以及现代的电针疗法等。

《睡眠疾病中医论治》

本书由徐建、招萼华主编，王翘楚主审，2015 年由上海科学技术出版社出版。本书由睡眠疾病专家王翘楚的学术继承人徐建和我馆招萼华医师共同主编，主要介绍了睡眠疾病这个临床新学科的建设、继承和创新、发展的实践历程。全书共分五篇。第一篇从阴阳学说、天人相应、卫气营血、脑主神明 4 个方面介绍了睡眠疾病的中医基础理论，并简介了睡眠的昼夜节律与"生物钟"现象；第二篇对睡眠疾病的诊断、辨证治疗和评价进行探索，强调"五脏皆有不寐"；第三篇列举了精神心理性疾病以及失眠症伴其他相关疾病两大类疾病的医案，详细阐述了睡眠疾病的治疗方案；第四篇从情志疏导、治未病、膏方保健等方面介绍了睡眠疾病的康复预防；附篇探讨了落花生枝叶治疗失眠的相关药学研究。

《脑统五脏理论研究与临床应用》

本书由招萼华、徐建主编，王翘楚主审，2013 年由上海科学技术出版社出版。本书在分析古代文献资料，以及总结现代临床发展的基础之上，提出了"脑为五脏中枢""脑统五脏"的核心理论，指出在现今中医的研究中应用和发展"脑统五脏"理论的重要性和必要性。全书内容主要包括中医学对脑的认识与争论、中医学五行体象理论的局限性、"脑统五脏"理论实验研究及在脑病临床实践中的应用、"脑统五脏"理论新构架等，并对今后的理论发展和实践工作提出了展望。本书观点鲜明，论据充分，是一本有较好理论创新性的中医学著作。

上海市基层中医人员（非名中医）调研

　　《上海市基层中医人员（非名中医）调研》，是上海市卫生计生委财政专项，项目负责人：杨悦娅，项目组成员：卓鹏伟、郑宜南、张晶滢。该项目从 2014 年开始，用 3 年时间完成。目标是对全市二级以下基层医疗机构（包括二级医院、社区卫生服务中心、个体诊所、民营医疗机构）中有一技之长的中医执业人员进行全面调研，为决策部门提供较为全面的基层中医执业人员状况，为上海面向基层开展中医传承教育提供可资借鉴的资料；挑选一批具有一技之长、临床疗效较好、影响力较大的中医人员，深入挖掘他们的学术思想和临床经验，并进行系统整理研究，编撰《上海市基层中医一技之长经验汇编》。

　　项目成果：1. 撰写《上海市二级以下医疗机构中医人员（非"名中医"）一技之长调研报告》；2. 完成《上海市基层中医一技之长经验汇编》；3. 建立一个相关数据库。

四、修史修志

"上海历代地方志中医药文献辑录"课题参与

"中医药古籍与方志文献整理"项目

该项目由中国中医科学院牵头，邀集全国 10 个中医药科研机构（含中国中医科学院中医药信息研究所、中国中医科学院基础理论研究所、上海市中医文献馆等）共同向国家科技部提出《中医药古籍与方志的文献整理》的科研立项申请，经科技部组织多方论证，批准了这个项目，并将此项目定为科技部重大基础性工作项目。此项目的研究期限是 5 年，项目总经费为 850 万元。

该项目的研究内容包括 5 个方面：1. 完成 80 部中医孤本古籍内容的系统整理和深度加工，编撰《中国中医孤本古籍总目提要》，出版若干点校本和影印本；2. 完成流失欧美的中医古籍调查、回归、整理，编撰《欧美收藏中医古籍联合目录》；3. 阐明 48 名代表性古代医家的学术思想与学术成就，深入挖掘与提炼其具有创新性诊疗思想与方法，丰富中医各家学说；4. 完成仫佬、毛南、京 3 个少数民族医药学术思想、诊疗方法、有效方药的发掘和整理，丰富民族医药体系；5. 完成江苏、河南、上海、福建、安徽、陕西、贵州等 7 省市地方志中的中医药文献资料的辑录和整理，编撰《江苏、河南、上海、福建、安徽、陕西、贵州方志中载中医药文献资料辑录与研究》。

2009~2014 年，上海市中医文献馆为上海地区子项目承担单位，参与国家科技部基础性工作专项"中医药古籍与方志文献整理"项目的研究，负责上海地区历代地方志的中医药文献资料辑录与研究，项目负责人杨杏林，参加项目的研究人员共 7 人（毕丽娟、杨枝青、苏丽娜、张晶滢、张利、卓鹏伟、周晴）。该项目首次全面而系统地对上海地区地方志中的有关中医药方面的文献资料进行了全面收集和辑录，共查阅新旧地方志79种，辑录有关文献5 000余条，按照医史医事、医学人物、医学著作、地产药物等方面做了整理分类，涉及医家1 500余位，医学著作520余种，地产药物260余种，以及医事管理、疫病流行、医学古迹、社会团体、医院、刊物、学校等等。研究成果包括：首次整理出的《上海地区历代医家名录》和《上海地区中医药古籍名录》（初稿），另外还编写了《上海地区地方志中医药文献分县汇编》和《上海地区地方志中医药文献记录与整理研究报告》，为今后进一步开展上海地区中医药史的研究打下了坚实基础。

《上海市志·卫生体育分志·医疗卫生卷1978~2010》项目参与

2014年4月19日第五次全国地方志工作会议在京召开，李克强总理做出"修志问道，以启未来"的批示。与此同时，上海市第二轮修志工作也在紧锣密鼓地进行，我馆参与了《上海市志·卫生体育分志·医疗卫生卷1978~2010》项目的修志工作。4月14日成立"文献馆修志小组"，23日召开启动会议，之后历时3个月的调研收集资料，开展修志培训，拟定篇、章、节、目框架、信息扫描录入，制作电子卡片等工作程序，于7月底顺利完成了修志任务。将分散在年鉴、报刊、档案、汇编以及《上海中医药情报》中的重要信息，按照"述而不论"的修志原则，集结资料60余万字，最终提交有效卡片73张。市卫生局对我馆此次修志工作的效率之快、质量之好，深感满意。

修志工作由季伟苹馆长总负责，王春艳副馆长协调。陈沛沛研究员任修志小组组长，成员有张晶滢、徐立思、范俊、张进、包晨。

上海市中医文献馆馆史"五个一"专项

为纪念上海市中医文献馆成立六十周年，2014年我馆申报了"上海市中医文献馆馆志并馆史研究专项"，即馆史研究"五个一"项目并获得批准，属2015年度财政学术类专项。季伟苹馆长担任总负责人，陈沛沛研究员任项目总顾问。

　　　馆史"五个一"专项

　　一个数据库：《馆史资料数据库》

　　一部纪录片：《文献甲子—上海市中医文献馆》

　　一部专著：《风雨六十年—上海市中医文献馆馆史》

　　一本画册：《上海市中医文献馆图录》

　　一间陈列室：《上海市中医文献馆馆史陈列室》

　　该专项旨在 2016 年向建馆 60 周年庆献礼

　　一个数据库——《馆史资料数据库》。由张晶滢负责，成员有王勇、包晨、张进、范骏。通过该数据库的建设，力求将六十年的各类资料，包括档案、文件、科研成果、各类出版物、照片图片、影视资料、珍贵手迹等大量分散的、不易保存的原始文献，录入数据库，应用计算机技术转换为电子文献，实现珍贵资料的永久性保存及应用。该数据库在完成各类现有资料的保存工作的同时，也将转化成日常工作资料保存数据库，即对各类文件、档案、科研成果、各类出版物、影像资料等实现常态化录入。通过该数据库，能实时保存现有各类资料，并实现快速、准确、全面地检索到所需史料，为上海市中医文献馆的现代化发展提供扎实高效的文献服务。

　　一部专著——《风雨六十年—上海市中医文献馆馆史（1956~2015）》。主编季伟苹，副主编肖芸、卓鹏伟、陈沛沛、张晶滢，编委会成员有苏丽娜、张晶滢、余恒先、周晴、毕丽娟、王春艳等。这部馆史旨在通过回首我馆六十年间的创立、重建、拓展的曲折之路，总结历史，启迪未来，为我馆未来的文献、信息、师承、临床研究提供借鉴；同时通过走访、调研等多途径搜集、保存珍贵的历史资料；也有"窥豹一斑"之用，即以我馆之兴衰作为一个侧面、反映上海中医的发展史。

　　一部纪录片——《文献甲子—上海市中医文献馆》。由张晶滢负责。本纪录片以鲜活文献（人物）与学术文献相结合，将文献馆六十年间重要的人和事娓娓道来，一帧帧黑白照片，一段段精彩访谈，一幕幕尘封往事，随着镜头逐渐展开……片中名医们侃侃而谈，老职工殷殷寄语，与静静的书苑、文化墙等一起，诉说着文献馆六十年的风雨历程，传递出这座与众不同的医馆里，那份厚重的"中医传承"的历史使命。纪录片时长 30 分钟。

一本画册——《上海市中医文献馆图录》。由张晶滢负责，杨悦娅编审。参加成员有范骏、徐立思、包晨。本画册分为文献馆简介、历史沿革、风雨历程、馆员风采、学术发展、岁月留声、海派中医等主题栏目，采取以文字概述和图片展示的形式，全方位、多角度地再现上海市中医文献馆风雨 60 年的发展历程。画册的资料来源包括照片、档案、书籍等。

一间陈列室——《上海市中医文献馆馆史陈列室》。由张晶滢负责。馆史陈列室设有特色的三面文化墙，分别是展示文献馆 60 年历史的"时间墙"；展示三届馆员风貌的"馆员墙"；反应文献馆三大业务主题（文献，情报，临床传承）的"业务墙"。通过老照片、实物展示、文献角等，使观者身临其境，历史的一个个瞬间重又浮现在眼前……充分体现我馆馆员的风采、研究特色、研究成果，以期以史为鉴，对我馆乃至上海中医未来的规划、发展有所启发。

"五个一"的研究成果，收录于一张光盘里，光盘内含馆史纪录片及馆史专著和馆史画册两本书的电子版。

六十甲子

六十甲子，为我国古老的纪年、纪月、纪日、纪时方法。纪年为 60 年一个周期，纪月为 5 年一个周期，纪日为 60 天一个周期，纪时为 5 天一个周期。甲、乙、丙、丁、戊、己、庚、辛、壬、癸被称为"十天干"，子、丑、寅、卯、辰、巳、午、未、申、酉、戌、亥叫作"十二地支"。我国古代汉族人民将"十天干"和"十二地支"进行循环组合：甲子、乙丑、丙寅……一直到癸亥，共得到 60 个组合，称为六十甲子，如此周而复始。因此，年、月、日、时都是 60 一个循环，满六十为一周，称为"六十甲子"。

《上海市中医文献馆馆员名录》

本书由季伟苹、苏丽娜主编，编委包括：季伟苹、苏丽娜、毕丽娟、张利、杨枝青、张晶滢、徐立思，2015 年由上海科学技术出版社出版。

上海市中医文献馆自设立之初即聘任馆员，建馆至今的六十年间，馆员的聘任大致可分为三个阶段。第一阶段是建馆初期 1956 年至 1972 年，第二阶段是复馆 1981 年至 1994 年，第三阶段是时隔 20 年后的 2014 年，重启馆员聘任。随着时间流逝，第一阶段及第二阶段聘任的我馆馆员绝大部分已离世。上海市中医文献馆馆员是学验俱丰的中医药专家，是中医药事业、特别是上海中医药事业发展的宝贵财富。随着时间的推移，资料的散失，这批珍宝正面临被淹没的危险。上海市中医文献馆责无旁贷，以馆里老职工郑雪君的馆级课题及发表的论文 [1][2] 为基础，进一步搜集、整理相关资料，汇集成这本《上海市中医文献馆馆员名录》。该书以第一阶段及第二阶段的 97 位馆员为收录对象，撰写内容主要分生平简介、学术专长两部分，个别馆员依据资料情况，另附趣闻轶事部分。这本书不仅是对馆员的感怀与纪念，也是历史的尊重与梳理，更是为上海中医保存了一份珍贵的遗产，有待我们后学继承、发扬。

[1] 郑雪君.上海市中医文献馆馆员志 [J].中医文献杂志，2008，26（2）：40~43

[2] 郑雪君.上海市中医文献馆馆员志（续完）[J].中医文献杂志，2008，26（3）：34~38

五、海派中医系列研究

20 世纪末，有学者开始对上海"海派"一词撰文论著，从正面论述"海派"的意义及研究价值。进入 21 世纪以来，有关海派文化的研究不断升温，研究的内容从市井风情走向了立意高远、视野开阔的社会历史学领域。但在这样一批涉及上海近现代社会经济、文化、教育、艺术等各领域的研究成果中，未见到有对"海派中医"的研究。近代上海中医史的研究虽屡见于学术期刊，但从已发表的相关文章来看，大多是对近代上海中医人物、教育、著作等某一方面的总结，或对某些历史事件、片段的回忆，少有讨论上海近代社会政治、经济、文化背景对上海中医发展的影响，缺乏对历史过程中重要因素的挖掘。这些研究中，更是鲜有学者明确提出"海派中医"的概念。

2006 年，时任上海市卫生局中医处处长的季伟苹研究员首次提出，近代上海中医有其特定的时代背景和地域特色，要通过对其特质和内力的研究分析，为今后上海中医药的发展提供资源和思路借鉴，倡议进行"海派中医研究"。受此启发，同年 3 月，我馆中医博士陈沛沛研究员带领团队，成功申报了《"海派中医"特色及对中医药发展之影响的研究》课题[1]（以下简称"海派中医特色研究"），拉开了我馆"海派中医"研究的序幕。

此后，随着研究的不断深入，"海派中医"在上海的影响日益扩大，"海派中医"的概念逐渐深入人心，如今"海派中医"的概念与特点在上海中医界已达成共识，也成为上海中医独立于全国中医之林，有别于岭南中医、新安医学、京派中医等其他地域性医学的一面旗帜。

"海派中医"研究是我馆中医文献研究的特色之一，2006 年以来，以"海派中医"课题为载体，以一年一度的《海派中医论坛》为主要形式，开展了一系列相关研究：有用影像文献的方式，对现存高龄"海派中医"代表人物进行的视频抢救；有从医史文献的视角，对百年上海中医的回顾与展望；有利用本馆在师承方面的优势，由蔡氏妇科、丁氏内科、祝氏内科等流派传人参与的海派中医流派研究；还有融合多种技术平台开展宣传的海派文

---

[1] 2006~2007 年上海市卫生局中医药科研基金项目"海派中医药研究"（2006J005A）

化研究及传播基地，力图多层面挖掘"海派中医"的特色与内涵，多方位展示"海派中医"的风采与魅力。

"海派中医"课题研究

　　我馆启动"海派中医"研究，是从申报科研课题开始。"海派中医特色研究"课题，从三个方面对"海派中医"进行了论述。其一，第一次从正面诠释"海派中医"的名称内涵。明确提出："海派中医"是指具有"海派文化"特征的上海中医，即"保持传统精华，又具开放、多元、扬弃、创新"

> **海派中医**
>
> 　　海派中医是指具有"海派文化"特征的上海中医，即"保持传统精华，又具开放、多元、扬弃、创新"特征的上海名医群体。

特征的上海中医。其二，课题从上海近代的政治、经济、文化、医疗等多个方面分析"海派中医"形成的社会历史背景。提出"海派中医"萌芽于古代上海优越的自然地理环境，兴盛于近代上海特殊的社会经济环境，在近代中国医学史上，曾一度引领中医学术的发展，是当时全国中医界最繁荣、最活跃、最有创造力的部分。其三，课题初步揭示了"海派中医"所具有的"有容乃大""和而不同""革故鼎新""止于至善"的传统文化底蕴。提出"海派中医"高于一般的上海中医，具有深厚文化底蕴、开放自信的、具有扬弃能力并不断变化创新的上海名医群体。课题从正面给予"海派中医"应有的地位。

　　"'海派中医'特色及对中医药发展之影响的研究"课题组负责人陈沛沛；主要成员包括：张晶滢、杨枝青、肖芸、杨杏林、苏丽娜等；课题顾问：季伟苹、严世芸、张云鹏、张仁。

　　2009年，由于种种原因，"海派中医"课题组的研究未能正常持续下去，原计划逐步展开的系列研究被迫中止。这一时期，上海市卫生局中医药发展办公室组织各方力量，开展"海派中医流派"的研究：2011年11月，顾氏外科、石氏伤科两个流派基地作为试点单位开始了先行的基地建设工作。2012年6月，在总结这两个单位的工作经验后，中医药发展办公室在市卫生局网站上公布了"海派中医流派传承研究基地建设项目名单"和《海派中医流派传承研究基地建设项目管理办法》，共有丁氏内科、顾氏外科等15个海派中医流派入选，其中有我馆的黄素英主任医师领衔的"蔡氏妇科流派传承基地"项目，周晴副主任医师负责的丁氏内科流派基地分项目"章次公学术思想研究"[1]入选。同时，为了将一些有海派特色的学术思想、诊疗技术纳入传承范围，2012年8月，中医药发展办公室在充分调研的基础上，进一步发布了"海派中医流派及特色技术扶持建设项目名单"，共有"陈氏女科"等11个扶持项目入选，其中我馆的陈熠教授负责的"祝氏内科流派学术思想及传承研究"项目入选。

海派中医流派的研究，以上海中医药大学吴鸿洲教授主持的"上海中医流派特色研究"[2]课题为基础。该课题的研究，以家系传承为主线，以学术特色为内容，对近代以来在上海进行医疗活动的临床各科中医名家及其流派的情况进行了调查研究，我馆及上海中医药大学的多位医史研究人员参与了该项课题的研究。2008年，由我馆与上海中医药大学医史博物馆联合编撰出版了《海派中医学术流派精粹》[3]一书，作为该项目的研究成果之一。该书既从宏观的角度，对海派中医形成的历史原因、与海派文化的关系、学术流派的特色、传承与创新等作了较为深刻全面的阐述；也从内、外、妇、儿、伤骨、针灸、推拿、眼科、喉科和中西医汇通诸方面，对40余家著名的中医流派做了详细介绍，包括他们各自的流派传承情况、学术特色、代表人物、经验方及经验治法等。

鉴于我馆多年来在许多政府职能延伸工作中积累了丰富经验，中发办遂将海派中医流派基地办公室设在我馆，以负责流派基地和扶持项目的日常管理工作，包括报名、评选、建设方案的专家论证、定期督导等，从而保证项目完成的质量。

"海派中医"视频研究

2013年，我馆副馆长王海丽副主任医师，主持申报《海派中医》影像资料收集整理这一视频抢救项目，主要研究人员还包括：周晴、应嘉炜、徐立思。

---

[1] 丁氏内科建设，包括丁氏门人程门雪、秦伯未、章次公和裘沛然4位学术思想研究室，以及丁氏传人张伯臾、童少伯、严苍山、黄文东、徐嵩年、韩哲仙临床传承研究基地等10个建设基地。

[2] 上海市卫生局中医药科研基金重点项目"上海中医流派特色研究"（项目编号00-Z-01），负责人：吴鸿洲教授，第二负责人：杨杏林主任。

[3] 上海市中医文献馆，上海中医药大学医史博物馆编著.海派中医学术流派精粹.上海：上海交通大学出版社.2008（1）

　　当代海派名老中医影像资料所存不多，仅能从文字和图片资料中觅踪影，但文字和图片资料并不能让后学和老百姓零距离地感受到每位名老中医的不同魅力和风采。目前，海派中医文化遗产在逐渐流失，三成海派中医流派已经失传，且随着具有代表性的一批名医大家年龄逐年递增，留下视频资料成为一项抢救性的工作。

　　有鉴于此，我馆于2014年正式启动了《海派中医》影像资料收集整理项目。该项目旨在通过《海派中医》的采访拍摄，真实记录当代海派名老中医的人生轨迹和心路历程，多角度、全方位地展示他们精湛的医术、高尚的医德，孜孜不倦、执着追求的奉献精神。在拍摄过程中，注意全面收集、保存海派名医及流派传承的各种珍贵资料，以影像文献的方式为上海留住这段历史，供研究人员进一步研究挖掘海派中医的时代和地域特色。同时通过《海派中医》系列片的制作与播出，多渠道宣传和弘扬中医药文化和养生知识，提高城市居民的健康素养，促进海派中医文化的传播，最终扩大海派中医的影响。

　　自2014年纪实片开机以来，已经拍摄了包括奚九一、石仰山、秦亮甫、王翘楚等20余位现代高龄的海派名医。

《海派中医》片头语"名医荟萃、大家辈出、西学东渐、兼容并蓄、创新发展、流派纷呈"，描绘出了近代上海百年间形成的、独特的"海派中医"风景

"海派中医"史书编撰

2014 年至 2015 年系统梳理研究上海中医发展史的医史文献研究专项正式启动，《上海中医药史略》是我馆海派中医史系列研究的第一部，在文献馆新一届领导班子的率领下，由新恢复成立的中医文献研究室主导，经全馆专家学者的共同努力，已完成初期的撰修。

《上海中医药史略》得到了上海市卫计委领导、上海中医界的领军人物以及熟悉上海中医政策、对上海中医发展规律深有研究的领导和专家们的大力支持，中发办主任郑锦，上海市名中医施杞、严世芸、王翘楚，上海市卫生局老领导张明岛、施志经，文献馆老领导老专家张仁、郭天玲等，为本书的"提要"提出了详细的修改意见。撰写小组根据专家所提意见对本书"提要"进行了认真地修改补充。撰写小组成员：由季伟苹馆长领衔、陈沛沛教授总负责。卓鹏伟主任率胡颖翀、苏丽娜、张晶滢、范骏组成统稿小组，其他参与编写人员有张利、杨枝青、徐立思、杨杏林、吴九伟、周晴、王春艳、毕丽娟、肖芸、余恒先、郑宜南等。

本书分为"溯源篇""开埠篇""变革篇""曙光篇"和"振兴篇"五大篇，分别讲述了上海中医在开埠前后、民国时期、新中国成立后、改革开放后等不同历史时期的发展特点。

"溯源篇" 叙述开埠前上海中医受地域文化的影响，逐渐成长发展的过程。本篇既叙述了上海中医兴于明清的盛况，也分析、阐述了明清以前上海中医成长的地域渊源、文化渊源和医学渊源三个层面的内容。

"开埠篇" 叙述上海被迫开埠后至民国时期，随着西方文化的进入，中西文化在碰撞中交流，形成当时上海独特的文化市场，加之外来人口的大量涌入，外地医家、医药实体不断涌入上海，并与本土医药进行交流、融合，形成清末民初海派中医百川汇流的局面。

"变革篇" 讲述民国时期在西方文化的冲击下，中西文化论争交融，加之国民党的歧视中医政策，使中医处于生死存亡的关头以及上海中医界在抗争中的行为，同时积极谋求变革发展的诸多举措。

"曙光篇" 介绍新中国成立后至文革期间上海中医发展兴盛的状况。新中国成立后，随着党的一系列发展中医政策的落实，上海中医迎来了前所未有的曙光，各个方面均发展迅速。在这一良好机遇面前，海派中医更是表现出了吸纳与创新的文化特质，在许多方面屡有创新。但文革期间，上海中医的发展同样受到了影响。本篇对此进行了全面展示。

"振兴篇"　　叙述改革开放以来，随着党中央的拨乱反正，尤其是衡阳会议以后，上海中医表现出强盛的振兴趋势，呈现出多格局发展的局面，不断开拓创新，多方面取得成果。

本书两大特点：

特点之一：以文化为主线。

本书以文化、教育、医疗机构、学术发展等为主线，尤其以文化为主线贯穿全书。

中医的特殊之处在于，中医既是技术性的医疗行为，更是富含哲学、融合多家思想的一种文化体现，所以研究上海中医必须探究海派中医文化。海派中医文化是在中医文化的框架内，在上海特殊的地域、气候、社会、文化环境等背景下所形成的具有海派特征的中医文化，是在不断融合多种文化的过程中形成具有吸纳、包容和创新特质的独特文化。海派中医文化是主导上海中医不断发展、兴盛、创新的内在因素。本书在探索、追寻海派中医文化根源的基础上，也把这一主线贯穿于全书之中。

教育、医疗机构、学术发展是体现上海中医发展的实质性内容，每一发展阶段都有不同的表现，因此，也是贯穿全书的主线。

特点之二：学术探讨。

"以史为鉴，可以知兴替"。本书是学术性史学专著，书中在客观展现不同时期上海中医发展相关资料的同时，尽可能探讨并展示问题，揭示其内在的规律性，力求使读者在系统了解上海中医发展史的基础上，能为海派中医的发展提供借鉴。

全国已出版的地域中医史

1. 谢阳谷主编，《百年北京中医》，2007 年 10 月，北京：化学工业出版社

2. 刘小斌、郑洪主编，《岭南医学史》，2012 年 3 月，广州：广东科技出版社

3. 赵立勋主编，《四川中医药史话》，1993 年出版，成都：电子科技大学出版社

4. 张文勇、童瑶、俞宝英主编，《上海中医药文化史》，2014 年 8 月，上海：上海科学技术出版社

举办八届"海派中医论坛"

随着对"海派中医特色研究"课题的不断深入，"海派中医"的内涵、外延逐渐明晰，"海派中医"与"海派文化"的依存关系得到公认，上海中医界与上海文化界的互动交流日渐频繁，"海派中医"研究也逐步向多领域发展。上海中医界举办的高规格的学术论坛，以共享海派中医研究成果，共研海派中医发展之路。

2007 年 2 月，由我馆与上海市中医药学会、雷允上药业集团联合举办的"第一届海派中医论坛"成功举办，就"海派中医"进行专题研讨，这在上海还是第一次。之后，在文献馆方松春馆长的主持下，设立了"海派中医论坛"。"海派中医论坛"每年一届，至 2015 年，已举办八届，每一届都有不同主题，从不同侧面展示了"海派中医"研究的最新进展和成果。

其中，第二届至第六届"海派中医论坛"正式由上海市中医药发展办公室主办、上海市中医药学会和上海市中医文献馆承办。

第七届"海派中医论坛"由上海市中医药发展办公室主办、上海市中医文献馆承办、上海中医药大学中医文献研究所协办。

第八届"海派中医论坛"由上海市中医药发展办公室主办，上海市中医文献馆、上海中医大学中医文献研究所承办。

八届海派中医论坛一览

第一届

名称："海派、海派中医"名称之界定

时间：2007 年 2 月 4 日

主题与亮点：裘沛然、颜德馨、严世芸、夏翔四老演讲，界定"海派中医"定义与特色

第二届

名称：海派中医"和而不同"之特色

时间：2008 年 11 月 28 日

主题与亮点：熊月之、何小莲等文化界代表参会，"海派中医"融入"海派文化"

名称：上海市名老中医学术传承方法

时间：2008 年 12 月 12 日

主题与亮点：探讨名老中医学术经验传承方法

第三届

名称：中医学术流派的传承与发展

时间：2009 年 12 月 18 日

主题与亮点：交流"海派中医"学术流派传承经验与心得

第四届

名称：海派中医流派传承工程建设

时间：2010 年 12 月 19 日

主题与亮点：对"海派中医流派传承工程建设"项目的回顾与思考

第五届

名称：流派传承人才培养模式实践与思考

时间：2011 年 12 月 2 日

主题与亮点：上海与广东、安徽、常州等地的代表性中医流派参会，探讨流派传承人才的培养模式与经验

第六届

名称：海派中医流派传承工程实践与探索

时间：2012 年 12 月 2 日

主题与亮点："海派中医流派传承工程"工作小结，以推进 15 个流派传承基地和 11 个扶持项目的内涵建设

第七届

名称：近代中西医汇通历史及借鉴

时间：2014 年 3 月 28 日

主题与亮点：回顾中西医汇通史，探索中西医汇通对当代中医发展的影响，展现中西医汇通研究的最新成果

第八届

名称：海派中医文化的回顾与展望

时间：2015 年 10 月 23 日

主题与亮点：对海派中医文化的系统回顾，对下一步文化建设的展望

海派中医流派研究

"海派中医蔡氏妇科流派"

我馆于 2012 年正式成为"海派中医蔡氏妇科流派"传承基地[1]，项目负责人黄素英，项目建设周期 3 年（2012~2014），项目总经费 400 万，其中财政拨款总基地 240 万，分基地（龙华医院）160 万。该基地设总基地 1 个、分基地 1 个、分项目 6 项，6 个分项目分别由黄浦中心医院、市中医医院、岳阳医院、第一人民医院、闸北区中医医院、上海市第一妇婴保健院等 6 家医院承担，以配合龙华医院开展临床实验。旨在通过 3 年建设，提升蔡氏妇科特色优势，提高临床疗效，扩展诊疗阵地，培养蔡氏妇科传承人才，传承蔡氏妇科流派基础体系、学术思想、诊疗经验、临证思辨、特色方药。

主要成果包括：1. 梳理形成蔡氏妇科传承谱系，系统收集历代代表性传人著作。目前已完成《江湾蔡氏妇科述要》《临证秘传——砚香识要》《临证随录——蔡氏识》《通治验方》《种橘山房医论——蔡炳枕泉氏辑》等 5 部历代代表性传人著作的校勘录入；确定《蔡氏妇科历代医案集》《蔡氏妇科图录》体例、框架；2. 完成基地基础设施配套建设并正式投入使用。①已配备门诊示范室、资料阅览室、流派工作室；②营造具有流派文化的氛围，上海市中医文献馆、闸北区中医医院、龙华医院、岳阳医院、第一人民医院等已经完成了蔡氏妇科文化宣传墙；3. 通过跟师抄方、拍摄录像等方式全面收集蔡小荪教授诊疗资料；

---

[1] 上海市中医药事业发展 3 年行动计划（2012~2014，海派中医流派传承工程）之一。

4.建设蔡氏妇科网站，并正式对外运行；5.优势病种临床优化研究。完成"痛经""炎性不孕""中药辅助治疗，提高试管婴儿成功率"3个优势病种的临床优化研究方案、方案论证，同时开展临床优化研究；6.全国继续医学教育项目2次，分别为"蔡氏妇科治疗不孕症经验"及"蔡氏妇科治疗妇科杂病研修班"；7.总基地、分基地、分项目等均开设了蔡氏妇科专科门诊，完成4个流派示范门诊建设；8.基地成员到贵阳、山西、天津等地进行学术交流与经验推广；9.摄制蔡氏妇科宣传片，编写制作《蔡小荪教授行医70周年纪念册》；10.论文12篇，著作2部：《蔡小荪论治不孕症》《海派中医蔡氏妇科流派医案集》。

由于项目研究时间短，很多研究工作未能深入开展，尤其是3个优势病种的临床观察中遇到很多问题和困难。目前，该项目已经纳入上海市中医药3年行动计划项目（2014~2016）建设项目，在第一轮建设的基础上，第二轮建设更加侧重于优势病种的临床研究以及蔡氏妇科的宣传推广工作。

蔡氏妇科

我国著名中医妇科世家。始于清代乾隆年间，祖籍为上海宝山江湾镇，故又称"上海江湾蔡氏妇科"迄今已传八代，历时200余年。蔡氏妇科创始于蔡杏农，奠基于二世蔡半耕，至四世蔡砚香时名声大噪，五世蔡小香成为当时沪上四大名医之一，造就了蔡氏妇科的鼎盛时期。蔡小香创办中国医学会，并任会长，同时与上海名士共同创办全国第一份医学期刊—"医学报"，不仅为中医临床家，亦为社会活动家。六世蔡香荪，毕业于同济大学医科，学贯中西，医术高超，蜚声沪上。七世蔡小荪，毕业于中国医学院，提出妇人以气血为本，肝肾为纲；创立了一套妇科病审时论治的学说和方法，颇获良效。目前第八代传人弟子广布上海各大医疗机构，疗效卓著，广为人知。

通过蔡小荪及其第八代传人的共同努力，蔡氏妇科逐渐形成了以治疗妇科疑难杂病，如不孕症、崩漏、子宫内膜异位症、子宫肌瘤、月经病、妊娠病、产后病、盆腔炎等多种临床优势病种的中医妇科学术体系，在全国中医妇科界享有较大的声誉。2012年上海市中医文献馆被上海市卫生局确定为"海派中医蔡氏妇科流派传承研究基地"，同年被国家中医药管理局确定为"第一批全国中医学术流派传承工作室"。

"丁氏内科传人章次公学术思想研究室"

该项目[1]建设时间 2 年，2012 年 12 月~2014 年 12 月，经费 20 万，主要研究人员：周晴、余恒先、张进、徐燎宇、杨悦娅、郑宜南、邵明坤；特聘顾问：张云鹏、朱良春、章兰兰。

本项目旨在通过广泛收集与章次公先生相关的各类文献，包括论文、论著、报道、医史文物，总结梳理章次公先生学术思想历史渊源、传承脉络。并通过收集以章次公先生为主，记载丁氏内科流派学术思想、临床经验的医案医话医论，包括论文、论著等各种文献资料，对其中的学术内容进行分类整理。同时，以章次公先生代表性传承人朱良春、张云鹏教授为主要指导老师，开展定期及不定期的跟师临证，对章次公先生学术经验的当代继承发展情况进行现场研究。开发以丁甘仁、章次公、朱良春、张云鹏的回顾性医案、医话医论为主要内容的数据库，在资料保存的基础上进行比较研究。

> **名医简介——章次公**
>
> 章次公（1903~1959），江苏省镇江丹徒人。早年拜章太炎先生为师学习国学，后入丁甘仁先生创办的上海中医专门学校读书，毕业后留校任药物学讲师。其后在临床上又师事经方大师曹颖甫。1929 年夏，章次公与陆渊雷、徐衡之合力创办上海国医学院，是国内第一所正式采纳西医知识作为基础课程之一的中医学校，培养了一大批中医后继人才。解放后，中央落实党的中医政策，章次公先生赴北京任卫生部中医顾问，直至 1959 年因病逝世。
>
> "发皇古义，融会新知"是章次公先生创办上海国医学院时提出的办院方针，也成为他一生所奉行的治学理念与事业宗旨。

主要成果：1. 章次公相关著作、论文整理，包括章氏本人及门人的研究著作。2. 章次公百年诞辰时各方题词的史料收集。3. 多媒体影像资料，包括采访章次公代表性传承人、家人的录像，口述历史的录音，学术交流讲座，等等，以及章次公照片、手迹的数

---

[1] 上海市中医药事业发展三年行动计划（2012~2014，海派中医流派传承工程）丁氏内科流派分基地。

码资料。4.发表于核心期刊的有关章次公的研究论文。5.有关章次公的学术思想、生平及成才经历研究、康复观点、养生观点、医德医风的研究报告。6.章次公学术传承谱系图。7.章次公、朱良春、张云鹏典型医案数据库。8.建立"丁氏内科流派传人章次公学术思想研究室"网站，包括《章次公生平》《学术专著》《医论医话》《相关论文》《传承脉络》《风采剪影》等多个栏目。9.建立起章次公代表性传承人、主要传承人、后备传承人有机衔接的学术传承队伍，不断传承章次公学术思想，实际应用其临床经验。

祝氏内科流派学术思想传承研究

本项目建设周期3年（2012年9月~2014年12月），先后获经费投入55万，项目负责人：陈熠；主要研究人员：肖芸、杨枝青、倪华；其他参与研究人员：石书芳、梁未末、晁盼、王韵、王轶颖；顾问：祝厚初、陈明华、蔡丽乔、王瑞春。

名医简介——祝味菊

祝味菊（1884~1951），祖籍浙江山阴（今绍兴），生长于四川成都。曾随姑父严雁峰学习中医，又入四川军医学校学习，为日后中医事业的发展打下坚实基础。20年代初为避战乱至沪悬壶。其学术上崇仲景之学，提出"五段、八纲"的辨证方法，尤其强调人体"自然疗能"，认为此历"万古而不易"，是治病之根本。当时正值战乱不断，民不聊生，体能下降，因此祝氏重用温阳，速提抗病之能效，擅用附子以扶助阳气，因疗效显著，名噪沪上，获"祝附子"之美名。其学术见解、用药习惯与当时江南盛行的温病学派迥异，因此在近代海派中医史上独树一帜。入室弟子有陈苏生、徐伯远、徐仲才、王兆基、罗济安等，其流传著作中影响最大的当属陈苏生与之合著的《伤寒质难》。

陈熠，为陈苏生学术经验继承人，为祝味菊再传弟子，也是祝氏内科流派第三代的代表性传承人，现为第五批全国老中医药专家学术经验继承指导老师。

该项目[1]旨在通过收集祝味菊为主，兼及其弟子陈苏生、再传弟子陈熠的生平资料、

---

[1] 上海市中医药事业发展三年行动计划（2012~2014）海派中医流派及特色技术扶持建设项目。

文物、著作、医事、医论医话、医案等，包括校勘祝味菊不同年代、不同版本的出版物及珍贵手稿，系统梳理祝氏内科流派的学术传承脉络，总结各位代表性传承人的学术思想、临证经验，总结祝氏内科"自然疗能""本体疗法"及"调神解郁"三代传承人的学术思想在临床不同疾病中的应用与演化规律，挖掘诊断、治则、用药等特色技术。通过建设陈熠中医传承示范门诊，开展临床带教及定期学术讲座，使祝氏内科流派临证经验得以传承；通过举办继续教育项目及建设祝氏内科网站，使得祝氏内科流派学术思想得以推广。

目前成果包括：1. 祝味菊、陈苏生、陈熠等流派历代代表性人物相关著作、论文整理；2. 祝味菊历史照片、手稿收集；3. 有关祝味菊、陈苏生、陈熠的生平、学术思想、临床经验的研究报告；4. 祝氏内科流派传承图谱；5. 祝味菊典型医案收集、整理；6. 建立祝氏内科流派网站；7. 培养祝氏内科流派传承人；8. 论文：陆续发表祝味菊遗著——《金匮新义》连载6篇；发表祝氏内科流派学术思想、临床经验的相关论文3篇，总结概括了祝味菊崇尚真理的高尚人格、"自然疗能"的学术思想及用温阳法、温阳药的独到心得；9. 宣传祝氏内科：2014年9月举办了国家级中医药继续教育重点项目——祝味菊学术思想及临床经验培训班暨祝氏内科学术思想研讨会。

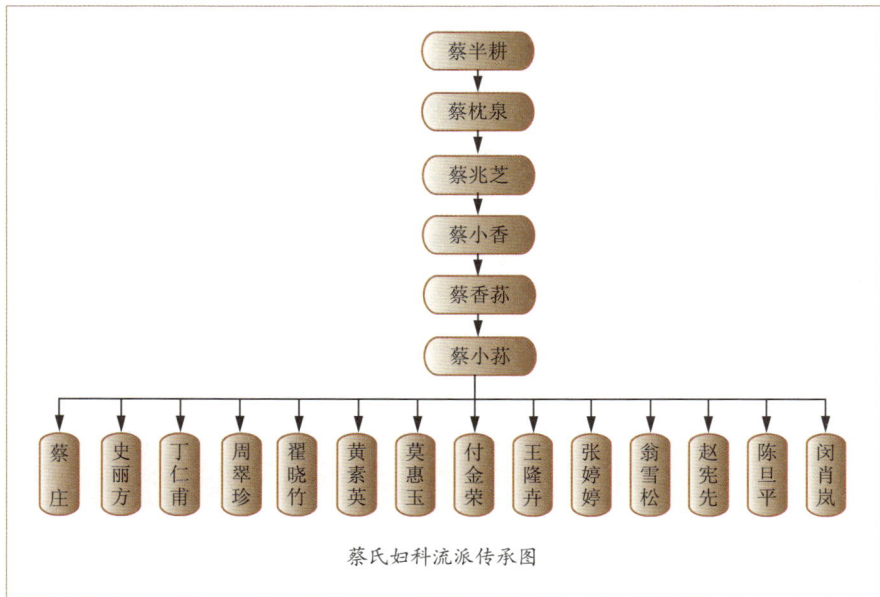

蔡氏妇科流派传承图

章次公学术思想传承谱系图

祝氏内科流派传承图[1]

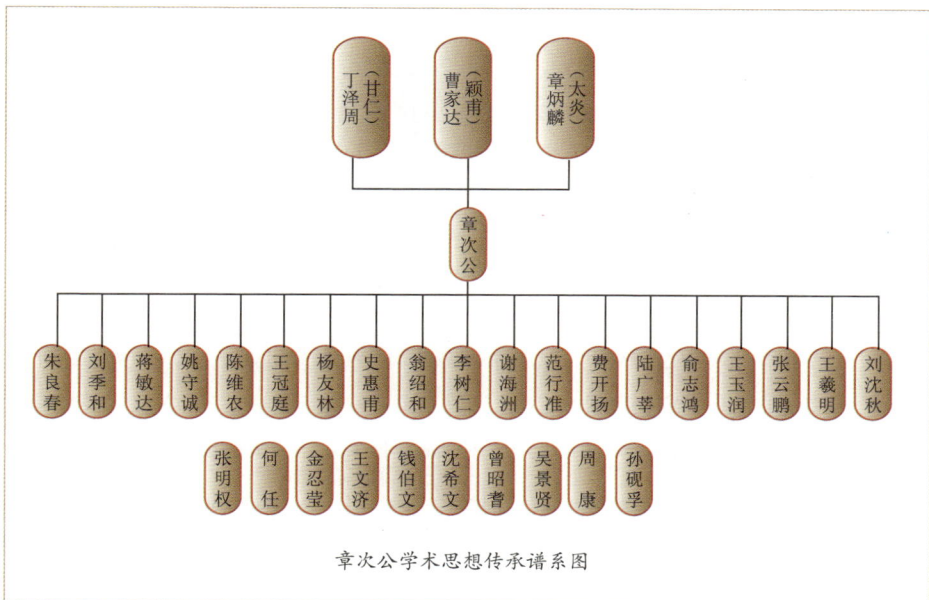

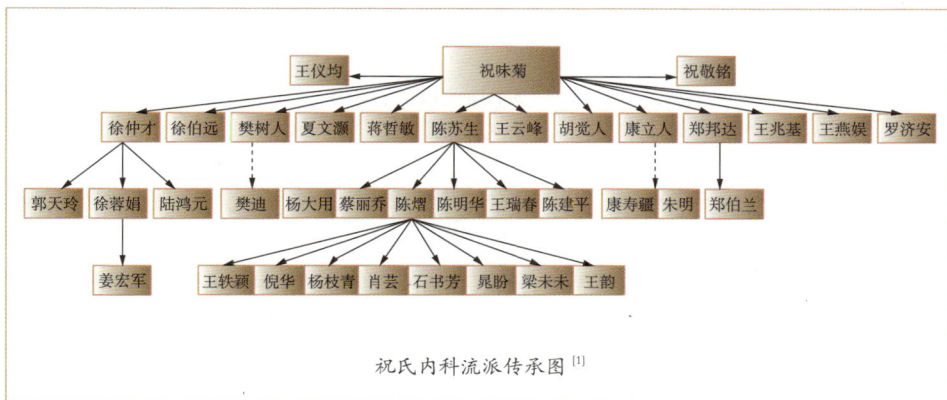

[1] 根据祝味菊女儿祝厚初老师提供的资料，其所描述的祝味菊学生及其家人传承图。

海派中医文化科普基地

该项目建设周期三年[1]，自2014年9月至2016年12月，财政资助经费26.32万，要求我馆匹配12万，共38.32万。项目负责人为季伟苹、苏丽娜。项目参与人员有：王春艳、张晶滢、卓鹏伟、王海丽、周晴、徐燎宇、庞素银、徐柏雯。

本项目拟通过3年的努力，以海派中医文化研究为基础，以专家讲座、科普文章撰写、科普简报编写、论文撰写等多种手段，借助于网络、报刊杂志、面对面宣讲、多媒体等多种渠道，进行海派中医文化的宣传普及。最终建成集海派中医文化资源汇集、历史文脉沉淀、专门人才培养、科普作品创作功能于一身，并具有多元传播渠道的海派中医文化科普基地。为使我馆今后成为独领全国并广誉海外的中国海派中医文化科普基地奠定基础。

海派中医历来有"长袖善舞"的特点，其在普及公共卫生、传播中医药知识、打开经营渠道等各方面均有独特成功的方式。在上海中医的发展过程中，海派中医始终和大众需求密切结合。今天，传统中医的传播，更需借助现代化的手段实现振兴。我馆的"海派中医文化基地"项目，作为宣传普及海派中医文化的科普基地，充分发挥我馆前期海派中医研究成果积累的优势，充分利用网络平台、报刊杂志、电视等现代传媒，以科普宣讲、专题海派中医文化展览等形式，将普通群众对中医药信息的朴实需求，与海派中医文化的输出相结合，促进社会大众对中医药的了解和认识，使海派中医研究的成果落到实处，发挥实效，惠民利民。

该项目不但着眼于对海派中医文化的诠释，更综合中医文献资料、中国传统文化、现代研究成果等海派中医文化资源，并就其中的某一项，如中药老字号等，开展深入系统的研究。同时，以我馆海派中医文化科普基地为中心，面向周边街道、社区、企事业单位进行海派中医文化科普工作，扩大影响，使海派中医文化在民众中达到一定的知晓率，在本区域范围内充分彰显海派中医文化特色，形成特色区，以期辐射全市，甚者扬名海外。

目前成果已完成六期宣传册页，两期简报的制作与发放，开展了三次针对社区居民的、以端午节养生为主题的科普公益讲座，分别为黄浦区明复图书馆牙防所、中国疾控中心寄虫病研究所、船舶工艺研究所、明珠小学、瑞金二路街道原社区居民、企事业单位开展了八次科普公益讲座，组织针对中医药文化爱好者的学术讲座——《中国禅学思想与智慧生命》，发表了科普文章多篇。

---

[1] 上海市中医药事业发展三年行动计划（2014~2016）。

海派中医文化科普宣传册页

海派文化基地已举办讲座一览

第一讲

主讲人：庞素银

时间：2015 年 6 月 2 日、15 日、17 日

主题：端午节系列讲座（端午漫话、端午香囊、端午药话）

第二讲

主讲人：季伟苹

时间：2015 年 9 月 26 日

主题：《健康大不同》栏目访谈

第三讲

主讲人：严慰冰

时间：2015 年 10 月 14 日

主题：二十四节气导引养生·霜降篇

第四讲

主讲人：邵旻

时间：2015 年 10 月 24、25 日

主题：中药染色之美

第五讲

主讲人：陈沛沛

时间：2015 年 11 月 19 日

主题：海派文化系列讲座之一——海派文化溯源

第六讲

主讲人：邱德华

时间：2015 年 11 月 24 日

主题：石氏伤科对颈椎病的防治方法

第七讲

主讲人：陈沛沛

时间：2015 年 12 月 17 日

主题：中医养生科普创作的体会

海派中医研究的特点、意义

"海派中医"是海派文化的重要组成部分。海派中医在上海近代的形成和发展中，充分吸取了中国传统文化的精华，并在多元文化的交流与碰撞中，中西汇通，多元共处。研究海派中医的发展历史，了解其演变规律，可以使之与时俱进，经久不衰。保持和发挥"海派中医"特色，对于现代上海中医药学的发展与创新、辐射和带动江浙地区乃至影响全国中医药的发展、引领国际民族医药的融合与交流，都将会起到重要的推动作用。

大师高屋建瓴

上海著名中医专家严世芸称"海派中医"的特征为"容"，即容量、容纳、包容、兼容，容纳全国中医贤才，使上海成为人才荟萃之地；学术兼容、流派纷呈；人才培养模式多样，教育内容中西并举。上海名医张云鹏称"吞吐造化"为"海派中医"特征之一，即：容纳中西医学、广纳各地人才为"吞"；向海内外辐射传播中医药学和输送中医药人才为"吐"；在上海这块"海派文化"的土壤中，创新发展中医为"造化"等。国医大师裘沛然高屋建瓴地提出"海派"是"无派之派"——海纳百川，包罗万象，各派均归于"海"；精英高才，会聚上海，汇集成"大派"；学术"海量"，不拘一格，吸收众长。

中医大家们的真知灼见，已道出"海派中医"鲜明的特征：坚持中医传统，又具"海"

的特征——开放、多元、扬弃、创新。正是这样的"海派"特点，让"海派中医"始终能既保持传统，又吸纳时代新知，从不固步自封，始终走在中医发展的前列。

与海派文化界的交融

第二届、第七届、第八届"海派中医论坛"上，均邀请了上海文化界的专家学者出席并做专题发言。邀请上海市文化界出席论坛，显示了"海派中医"研究欲走出中医，加强与大文化的交流、融合，以更广阔的视野开展研究的趋势。

在第二届"海派论坛"上，《上海通史》总编、上海市社会科学院熊月之副院长、同济大学何小莲教授等均做了主题演讲。何小莲教授在她的《近代语境下的海派中医》主题发言中提出：上海中西并存，名医荟萃，流派纷呈，各显特色，是中西医较量的前沿阵地，是近代中医变革的中心。"海派中医"正是与开埠以后上海城市文化一脉相承，上海城市文化所具有的世界性、现代性、商业性、随俗性，都融入海派中医，使其在中国近代医学史上，彰显出开放兼容、吸纳创新之海派特色。

第七届"海派论坛"邀请"海派文化"研究的开创者、上海大学海派文化研究中心主任李伦新教授做了题为《海派文化研究现状》的发言，李教授指出：大力推广对外交流，主张让中国文化走向世界，海派文化就必须走在前列。比如，其组织编写的33本"海派文化丛书"在世博会期间成为向全世界介绍海派文化的一张名片；持续举办的"海派文化论坛""海派文化青年论坛"已经成为研究海派文化学者的盛会。提示海派中医作为海派文化的一支，也应走出国门、走向世界。

第八届"海派论坛"邀请上海社会科学研究院，陈圣来教授做了题为《中医文化与国际交流传指》……

选题有应用价值

我馆的"海派中医"系列研究开展近十年，已经形成了多选题、多方向的研究态势。其研究成果在我馆乃至上海中医药研究的各个领域均具有实际应用价值和政策导向参考意义。尤其自2013年以来，我馆在"海派文化科普基地建设"、《上海中医药史略》《海派中医》纪实片等各类项目中，均体现了"海派中医"研究的社会价值、文化价值、临床应用价值和历史借鉴作用。

此外，2014年我馆新恢复的"中医文献研究室"，充分延续海派中医"长袖善舞"的特色，研究上海在自贸区开展中药贸易的历史文献支撑和模式的探索。上海在这方面具有独特的条件和优势，不但表现在城市区位优势，还表现在上海成熟的中医药行业发展。上海中医医疗服务领域在全国具有领先优势，又有国际交流合作的基础和影响，但缺少自然资源和广大腹地，因此上海要谋求亚太地区中医药服务贸易中心城市的地位，就必须选择适当的中医药服务模式，集成优势。近年来，通过对海派中医的研究，证明了上海中医从近代开始，就善于运用先进的宣传模式扩大影响，例如通过期刊经营，引进现代广告传播方式，提高行业从业者的社会知名度；开办股份制制药企业，改变传统中医药相对封闭的经营状态，打破传统中医行业信息封闭的状态，推动中医界积极探索行业发展道路，不断实践新的经营模式，扩大了海派中医在全国乃至世界的影响。海派中医研究的成果能为上海建设国际中医药服务贸易平台提供文献支撑和探索模式。

"海派中医"研究，不仅在于历史的回顾与总结，更重要的是对现代中医发展的深远影响。我馆的"海派中医"系列研究已完成从最初对"海派中医"概念及特征的诠释，对近代海派中医文化形成的历史背景的论述，到近年来论述海派中医文化特征对传统中医、近现代临床医疗、中医教育、中医科研、中药产业、中医养生、中医文化渗透等领域的影响。

"海派中医"研究的成果，能为现代中医发展的政策制定提供观点、思路及文献依据；为中医与其他医学、官办与民办、内地与沿海、境内与境外等医学的交流汇通，提供可借鉴的方法与途径；为倡导有浓郁海派中医文化内涵的健康理念及生活方式，提供中医文化的教材蓝本。

中医药文献研究室[1]

主任：卓鹏伟

成员：张晶滢、苏丽娜、胡颖翀

[1] 上海市中医文献馆业务科室之一，2014年12月恢复建制，此为2015年在岗成员。

六、复馆后第二批馆员及助理馆员的评聘

2013~2014 年，经由上海市中医药发展办公室批准，上海市中医文献馆开展复馆后第二批馆员的聘任工作。此次聘任馆员 32 名，名誉馆员 3 名。

此次馆员聘任的条件为："在全市从事中医药（中西医结合）教学、临床、科研等工作及与上海市中医药事业发展密切相关，做出过重要贡献的专家学者中，聘任部分有代表性者作为上海市中医文献馆馆员。其他省市德高望重、关注上海中医药事业发展的中医药专家学者，或热心本市中医药事业并做出重大贡献的社会人士等，可选聘为上海市中医文献馆名誉馆员"[1] 本届聘任的馆员代表了上海中医界发展的先进水平。同时，首次开展外省市名誉馆员的聘任工作。

3 名名誉馆员分别为：朱良春、余瀛鳌、张灿玾。第三批（即复馆后的第二批）馆员详见附录一：文献馆馆员名录。

> **名誉馆员简介——朱良春**
>
> 朱良春（1917~2015），江苏镇江市人。朱良春为全国著名中医内科学家，曾先后拜师孟河御医世家的马惠卿、章次公，擅长用虫类药治疗疑难杂症，有"虫类药学家"之称。为第一、三、四、五届全国继承老中医药专家学术经验指导老师。历任南通市中医院首任院长（1956~1984），江苏省政协常委暨南通市政协副主席，中国中医药学会 1~2 届理事暨江苏省分会副会长。现任南通市中医院首席技术顾问、主任中医师，中国癌症研究基金会鲜药研制学术委员会名誉主任、南京中医药大学终身教授、博导，上海同济大学特聘教授、广州中医药大学第二临床医学院及长春中医学院客座教授，国家中医药管理局中西医结合治疗非典专家组成员，中国中医科学院学术委员会委员，中国中医药学会终身理事，中医教材顾问委员会委员，《世界中医药》杂志顾问委员会副主任委员，新加坡中华医学会专家咨询委员，美国中医针灸医师联合会高级顾问等职。2009 年被国家人力资源和社会保障部、卫生部、国家中医药管理局（人社部发〔2009〕44 号）授予"国医大师"荣誉称号，同年获中华中医药学会"终身成就奖"。

[1] 沪卫计中发〔2013〕002 号：关于开展"上海市中医文献馆馆员"聘任工作的通知。

名誉馆员简介——余瀛鳌

余瀛鳌（1933~），字荣成，号未病，祖籍江苏阜宁，生于上海。我国著名的中医文献学家和中医临床家，最早倡导临床文献研究的学者，中医临床文献学术带头人，在中医文献、中医临床方面造诣精深。余瀛鳌家中四世业医，余氏幼承庭训，1955年毕业于上海第二医学院医本科，又于1955年冬参加了卫生部在京举办的第一届西医离职学习中医研究班，1958年结业。1956年正式拜师秦伯未。先后在中医研究院编审室（后改名为中医文献研究室）、中国医史文献研究所（1982年文献研究室与医史研究室合并而成）工作，从事文献专题研究、编审、诊疗，历任研究室主任、副所长、所长等职。曾担任全国古籍领导小组成员、中华中医药学会文献分会主任委员、医史文献分会名誉主任委员等职。2013年12月被北京市中医药管理局、北京市卫生局批准为第二届"首都国医名师"。

名誉馆员简介——张灿玾

张灿玾（1928~），字昭华。曾任山东中医学院系主任、教务处副处长、院长等职。自20世纪80年代始，承担部级古籍整理研究任务。1983年被卫生部指定为华北山东片古籍整理学术牵头人及评审组组长。曾兼任中国中医药学会委员及文献分会常委与仲景学说专委会顾问、全国高等中医药教材建设顾问委员会委员、山东中医药学会副理事长。现任山东中医药大学终身教授、博士生导师。2003年被中华中医药学会授予"中华中医药学会成就奖"及终身理事，被山东省人事厅、卫生厅授予"山东省有突出贡献的名老中医药专家"及"山东省名中医药专家"称号。2009年被国家人力资源和社会保障部、卫生部、国家中医药管理局授予"国医大师"荣誉称号。喜欢诗词，出版诗词专集《琴石书屋医余吟草》1部。

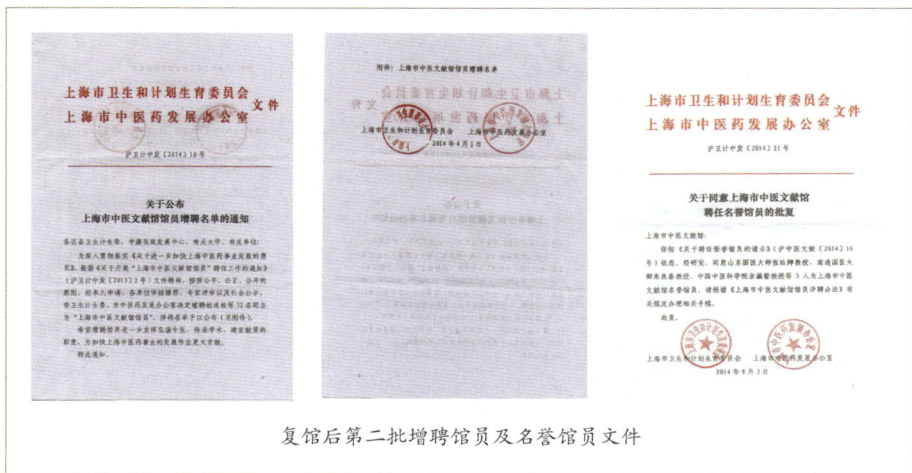

复馆后第二批增聘馆员及名誉馆员文件

　　为了更好的开展上海市中医文献馆馆员工作，系统整理和传承馆员的学术经验和技术专长，培养造就高层次中医人才，提高全馆的整体学术水平，我馆拟分批为各位馆员选聘助理馆员。经本人申请、资格审查、馆员同意、馆领导批准，2015 年 12 月，第一批选聘胡颖翀、王琼、徐立思、杨枝青分别为施杞、唐汉钧、何立人、严世芸 4 位馆员的助理，并颁发聘任证书。

2015 年 12 月 11 日第一批助理馆员聘任仪式

七、中医药信息分析与应用

在新世纪，信息技术日新月异，文献馆的中医药信息研究也随之高速发展，我馆开展了名医数据库的建设，医疗机构运行的数据分析以及智库的建设尝试。

成立"上海市中医药科技服务中心"

2002 年上海市卫生局开始酝酿成立上海市中医药科技服务中心（以下简称"中心"），希望通过社会中介组织的运作，达到加强科研管理，增强公平性，提高透明度，提升上海市中医药科研工作水平的目的。由时任市卫生局中医处处长季伟苹领导和协调，通过两年的探索和试运作，于 2004 年 5 月"上海市中医药科技服务中心"（以下简称"中心"）正式成立，市卫生局刘国华副局长、张明岛、施杞等领导出席揭牌仪式。"中心"挂靠上海市中医文献馆，业务主管单位是上海市卫生局。

"中心"是上海市卫生局批准成立的第一个具有专业服务功能的中医药科技服务机构，也是一个从事非营利性社会服务活动的社会组织。它的诞生标志着上海市中医药科技事业从单纯的政府管理模式向政府宏观管理、社会中介组织提供专业支持服务的模式转变，标志着上海市中医药科研向管理体制创新方面迈出了坚实的一步。

"中心"主要职责有 4 个方面：1. 为国家中医药管理局和上海市卫生局中医药科研项目招标、中期管理、鉴定验收等提供服务；2. 开展国家中医药管理局及上海市中医药、中西医结合优秀科研成果推广应用工作；3. 进行中医药科技成果转化的中介服务；4. 开展与中医药科研工作有关的培训及其他服务。

"中心"的工作体现在 3 个层面：项目管理、平台管理和课题管理。

中医药项目服务与管理

上海市卫生局中医药科研基金专项：协助市卫生局中医处《项目指南》制定、课题招标、评审立项、中期检查、结题验收等全程管理工作。2004 年至今，已完成科研招标 6 次，立项课题近千项。

上海市卫生局中医药科研专项：2005 年区县医疗机构中医药诊疗技术专项、2007 年中医药适宜技术推广研究专项、2009 年社区及农村中医药服务科研专项、2009 年中西医结合专项、2011 年医疗机构特色中药制剂专项、2012 年及 2014 年师承专项等；2011 年上海市中医药 3 年行动计划项目，"中心"参与其中中医药、中西医结合重大项目立项和过程管理；国家级项目管理：协助组织 973 计划、国家科技攻关计划、国家科技支撑计划项目申报、论证，以及本市承担的财政部、国家中医药管理局公益性行业专项管理。

中医药平台建设与管理

为中医药科研实验室提供过程管理：2005 年，"中心"协助市卫生局启动一、二级中医药科研实验室中期换证评估及新一轮申报工作。2008 年，国家中医药管理局启动新一轮实验室建设和全国三级中医药科研实验室换证评估工作，上海市共有 44 家实验室参加评估，42 家获颁证书，名列全国之冠。"中心"承担了大量组织协调和后续管理工作。如协助申报受理、专家实地评估和日常管理等。

协助开展中医药重点研究室建设：为加强中医药科研基地建设，增强中医药创新发展能力，国家中医药管理局于 2006 年启动重点研究室建设项目。"中心"协助组织申报、论证完善、年度考核。

协助开展国家中医药管理局和市卫生局中医药类重点学科申报受理、评审推荐及过程管理工作；协助开展国家中医药管理局、市卫生局立项的名老中医药专家工作室管理。

中医药课题服务与管理

"中心"在完成管理工作的同时，加大服务力度。结合中医药科研实验室申报和换证，开办实验室管理培训班，由专家讲授提高管理水平的技巧。2011~2014 年，每年结合国家级医学继续教育项目，开展短期科研培训，激发医务人员的科研意识，提高科研水平和课题申报、完成质量。该培训开设 4 年来，培训学员近千人次，遍及上海市各级医疗、科研机构，获得广泛好评。

在做好管理工作的同时，"中心"还承担了一部分软科学课题研究工作，如"上海市中医药发展部际协调机制研究"等，为上级主管部门的决策提供参考。"中心"科研管理工作，依托于中医文献馆在人员、物力上的支持，所获得的参与和学习的机会，也带动了文献馆相关工作的开展。

"中心"成立以来，紧紧围绕"政事分开、管办分离"的改革方向，进行了有益探索。大量具体细致的工作落实，使得政府管理部门能够从繁杂的事务性工作中脱身出来，集中精力在更高的层面谋划全局，在宏观的层次实施管理，使管的事情管得更好，办的事情办得更实，从而更好地提升上海市中医药科技水平，发展上海市中医药事业。同时，在参与上海市中医药科研管理的过程中，"中心"也为我馆培养了一批科研管理人才，提高了文献馆在业内的地位和公认度，带动了我馆的业务发展。

上海市中医药科技服务中心 [1]

主任：季伟苹

副主任：徐燎宇

成员：徐燎宇、余恒先、方松春、石云、邹克丽、姚燕萍、顾美琴

信息服务拓展

《上海市二十世纪百名名中医经验多媒体光盘数据库》

本课题为上海市卫生局1998~2000年度中医药科技基金项目。1998年立项，原计划2001年12月完成，2001年7月光盘初步完成后，听取专家的意见，进行了近一年的补充和修改，2002年完成，2003年通过鉴定。课题负责人：张仁，团队成员：张云鹏、夏融、余恒先、周琴花、熊韬等。

本课题旨在较全面系统收集上海20世纪最有影响的121位名中医的学术经验，并以此为基础，制作成图形与文字相结合的软件。入选医家包括：1. 新中国成立以前及之后辞世的老中医，以《上海市卫生志》所选录的名单为标准，含原上海市中医文献研究馆

---

[1] 沪民社区[2015]0404号．此为2015年"上海市中医药科技服务中心"换届后的成员名单。

馆员；2.健在名中医（包括部分近年辞世），属于 1995 年经市卫生局评选的名中医，或 1990~1996 年间本市三届师承班的导师（两届全国老中医药专家学术经验继承班、一届上海市老中医药专家学术经验继承高级研修班）。

每一位医家分别收录有学术资料和影像资料两部分。学术资料包括：简介、科研成果、论文、验方、医案、医话、用药特色、证治经验、学术特点等 9 项内容。影像资料包括：照片、墨宝和录像。光盘采用 VB 软件编制，光盘中所有资料以数据库形式制作，采用浅标引。标引词选自《中医药主题词表》，可通过医家姓名、中医病名、西医病名等字段，选择自由词或主题词进行全文检索。

该课题的完成，全面系统地总结了 20 世纪上海的百余名名老中医的经验，将收藏保存与应用开发融为一体，在当时填补了名中医经验学术继承工作的空白。

"名医医案数据分析及应用系统"

本课题为上海市卫生局 2008~2010 年度中医药科技基金项目。课题负责人徐燎宇，团队成员：余恒先、周晴、邵明绅、肖芸等。

该项目以数据库及数据挖掘技术为依托，系统整理近现代 11 名中医的临床医案 3000 余则，对这些医案进行数字化保存、集成、分析、应用，比较分析不同流派、不同医家的学术思想、临床经验、处方用药特色，形成名医医案分析及应用系统，为当前中医药临床实践提供证据、借鉴和支持。

这 11 名中医为：蒲辅周、丁甘仁、祝味菊、严苍山、徐小圃、章次公、朱南孙、董廷瑶、费绳甫、王仲奇、费伯雄。

医疗机构运行数据分析

二、三级中医医疗机构运行数据统计制

2000 年世纪之交，随着国家财政对医疗保障投入的加大，上海市各大中医院和中西医结合医院忙于新院区和病房大楼扩建。在此过程中，中医医疗特色有渐渐被忽略之势。2001 年，为进一步规范全市各级中医（中西医结合）医院和中医科的医疗行为，提

高中医临床医疗质量，保持可持续发展能力，上海市卫生局中医药管理处要求建立上海市二、三级中医（中西医结合）医疗机构运行数据月报制，对本市23家二、三级中医、中西医结合医疗机构临床运行数据实行监测和管理，该项工作由我馆情报室熊韬副主任医师承办。

所有数据经汇总后，按照月、季度、半年和一年分别制作统计报表，上报市卫生局中医药管理处，对中医、中西医结合医疗质量控制做了有益的探索。2005年起，时任中医药管理处处长的季伟苹对此项工作极为重视，将有关报表放在中医院院长例会中公示。这一举措强化了医院领导者的忧患意识，促进中医特色优势诊疗技术的深入开展。

多年来，我馆按时接收、汇总数据，不仅定期上报数据，而且开展数据的分析研究，为局领导提供决策的参考。

中医"智库"建设

《中医药智库与决策支持项目》的率先尝试

智库（Think Tank），是指以公共政策为研究对象，以影响政府决策为研究目标，以公共利益为研究导向，以社会责任为研究准则的专业研究机构。党的十八届三中全会《决定》[1] 提出要"加强中国特色新型智库建设，建立健全决策咨询制度"。近年来，国内行业智库建设进入快速发展期。随着互联网的日益普及，大数据进行科学研究、技术创新成为当前的发展趋势。

文献馆兼具上海市中医药科技服务中心，近年来的中医药信息研究发展迅速，开展了名医数据库建设、医疗机构运行数据分析等。在此基础上，开展以大数据背景下的中医药行业智库建设，对于文献馆来说具有一定的有利条件，也是具有前瞻性意义的尝试。2014年，信息研究室牵头申报了《中医药智库与决策支持项目》，课题负责人：徐燎宇，团队成员：季伟苹、王勇、余恒先、肖芸、张进、应嘉炜、周晴。获市财政审批立项，首轮建设周期为三年，首批建设经费50万元。该项目着眼于中医药高端决策研究，在国内率先建设中医药行业智库并开展研究工作。

"智库"项目完成基础建设

目前该项目已完成部分基础建设：成立了决策咨询专家委员会和协同研究小组，完成"上海市中医药智库与决策支持平台"的开发构建，完成 5 个主体数据库开发，实现网终信息全域全程采集及半自动分类，并启动上海市中医药科技创新资源调研等多项建设，形成初步产品。

中医药信息研究室[1]
主任：徐燎宇
成员：佘恒先、肖芸、张进、应嘉炜、王勇、包晨

---

[1] 《中共中央关于全面深化改革若干重大问题的决定》的简称，2013 年 11 月 12 日中国共产党第十八届中央委员会第三次全体会议通过。

八、上海市中医药发展与政策研究

2009 年 3 月《国务院关于扶持和促进中医药事业发展的若干意见》文件发布，同年 5 月，上海市中医药发展办公室正式成立，在制定中医药发展政策与规划，起草或拟定中医药地方性法规以及综合协调中医药发展等方面强化了职能。

一年后，2010 年 6 月，《上海市人民政府关于进一步加快上海中医药事业发展的意见》《上海市进一步加快中医药事业发展三年行动计划（2010~2012）》相继发布。与此同时，上海市中医药发展办公室成立了中医药发展研究室（挂靠上海市中医文献馆），为下一步成立上海市中医药发展研究中心做准备。

中医药发展研究室简介

该研究室成立于 2010 年 6 月，接受上海市中医药发展办公室、上海市中医文献馆的双重领导，研究室成员纳入上海市中医文献馆人员编制。

主要职责：根据上海中医药事业发展需要，开展中医药发展的政策研究，以及地方性法律、法规研究；接受上海市卫生计生委、上海市中医药发展办公室委托，制定本市中医药发展中长期规划、纲要，制订行动计划；组织开展上海中医药发展重大问题研究；承担政府相关部门的研究项目；承担上海市中医药发展办公室、上海市中医文献馆交办的其他工作。

中医药发展研究室的工作主要包括方面。

政策法规研究

政策研究：围绕政策研究和决策咨询任务，对中医药改革与发展等方面信息资料进行日常收集、整理、分析，开展中医药发展相关政策研究，每月编辑、出版 1 期电子版内部刊物《中医药发展与改革动态》。

参与《上海市发展中医条例》修订：组织《上海市发展中医条例》修订的调研、专家论证工作，完成调研报告和《上海市发展中医药条例》修订草案，按程序向市人大申请立法项目立项。

规划、计划编制

"十二五"规划研究编制：围绕《上海市中医药事业发展"十二五"规划》和《上海市卫生改革与发展"十二五"规划》中医药部分的编制，开展了一系列的调研、讨论、总结、编制、征求意见、修改完善、专家论证以及发布、实施等工作。

第二轮《三年行动计划》编制：开展调研、论证，起草编制《上海市进一步加快中医药事业发展三年行动计划（2014~2016）》，在广泛征求意见基础上进行修改完善，配合做好发布、实施工作。

"十三五"规划研究编制：围绕《上海市中医药事业发展"十三五"规划》和《上海市卫生计生改革和发展"十三五"规划》中医药部分的编制，开展了一系列的调研、讨论、总结、编制、征求意见、修改完善、专家论证等工作。

发展现状调研

中医基本现状调查：根据国家中医药管理局统一部署开展2009全国中医基本现状调查，承担市级工作机构职能。制定实施方案和工作计划，清查调查对象，建立全市统一的数据中心，开展人员培训，指导完成数据录入、调查督导、质量核查、汇总上报数据、撰写调查报告等工作。

其它重点调研工作：涉及上海中医保健服务行业现状、研究型中医医院、浦东新区国家中医药发展综合改革试验区、上海市中医药创新体系、中医住院医师规范化培训、区县中医药发展、中药饮片价格、药品加成、中医特色服务、中医医疗联合体、民营中医医疗机构、中药颗粒剂、卫生计生领域中医药城乡发展一体化、医疗机构中医药服务价格、中药煎药规范化管理、综合医院中医药工作、中药制剂等。

科研课题研究

研究室自成立以来，先后承担了各级各类课题十余项，为上海乃至全国的中医药政策决策以及进一步的发展研究提供了科学的依据和基础。尤其是2015年中标的国家社会科学基金项目——《中医药走向世界战略研究》，为战略研究类重点项目，标志着中医药发展研究室的课题级别进一步提高，研究视野进一步扩大。

专项管理工作

中医医院评价评审：协助构建中医医院综合评价指标体系，组织专题讨论和专家论证，举办管理人员培训班。实现中医医院综合评价电子数据的采集，完成各阶段数据采集任务，开展数据的分析、评价工作。完成 2014 年度中医类医院综合评价工作，反馈存在的有关问题和整改建议。编制完成第一期《上海市中医医院中医药服务综合评价工作简报》，对本市 22 家中医类医院 8 月份中医药服务综合评价部分定量指标数据进行了分析报告。协助完成本市各医疗机构的全国中医重点专科的中期评估，开展二级升三级中西医结合医院、二级中医类医院的持续改进评估工作。

政府财政专项资金督查：督促各中医药机构上报中央专项资金、市级专项资金年度使用情况，开展资金使用月报、季报、重点调查等工作，汇总、整理、统计数据资料。配合做好中医药公共卫生专项绩效考核督查，完成相关资料梳理，协助督导组对上海的绩效督导工作，参加国家中医药管理局中医药项目绩效考核甘肃督导组工作。配合做好中央财政监控执行平台省级平台升级，开展中医药公共卫生专项省级监控平台建设工作。

中医药三年行动计划项目管理：配合市中医药发展办公室开展中医药三年行动计划项目的实施管理工作，组织协调计划项目的申报、评审、督查、经费管理、阶段总结、中期评估、终期评估验收等。起草相关的管理规定和制度方案，参与构建网上信息报送体系，承担具体管理事务。

改革与发展研究分会工作：承担新设的中华中医药学会改革与发展研究分会的秘书处工作，起草分会章程和相关事宜的工作方案，向中华中医药学会、国家中医药管理局办公室有关领导汇报分会筹备情况，协调各方意见对筹备方案进行修改，开展分会委员的人员筛选和成立大会筹备工作。

其他：根据市中医药发展办公室要求，起草相关重要文件、工作报告、汇报材料等，参加国家中医药管理局相关部门组织的决策咨询工作，参加相关学术会议、交流、培训，承担国家、上海和文献馆内部学术评审任务，组织开展相关学术活动。参与市卫生计生委中医药传承发展处、中医药服务监管处的医疗机构中药管理、中医药价格、中医药医保、综合医院中医科、名中医评审等方面工作。

中医药发展研究室[1]

主任：程勇

成员：朱慧勤、石云、蔡轶明

中医药发展研究室承担课题一览

课题名称	课题来源
上海市中医药事业发展"十二五"规划研究	上海市卫生局中医药科研基金课题（2010）
中西医结合现状的研究	国家中医药管理局政策研究课题（2012）
中西医结合在中医药立法中的定位问题研究	国家中医药管理局中医药立法专项课题（2012）
医改背景下中医医疗机构服务功能与补偿机制的研究	上海市卫生计生委卫生政策研究课题（2012）
上海落实国务院《若干意见》的中医药政策绩效评估研究	上海市卫生计生委卫生政策研究课题（2013）
上海中医药健康服务业的发展思路研究	上海市卫生计生委卫生政策研究课题（2014）
上海市中医药事业"十三五"发展战略研究	上海市卫生计生委中医药科研基金课题（2014）
上海中医医疗旅游的发展思路研究	上海市中医药发展办公室项目（2013）
本市社会办中医医疗机构发展现状、问题与对策	上海市中医药发展办公室项目（2013）
上海市中医药事业发展报告（2013~2014）	上海市中医药发展办公室项目（2014）
中医药走向世界战略研究	国家社会科学基金项目（2015年重点项目）
医疗机构中药委托代煎服务政策问题分析与建议	上海市卫生计生委卫生政策研究课题（2015）
艾叶外敷技术改进和推广应用研究	上海市中医药三年行动计划项目（2015）

---

[1] 2010年6月挂靠文献馆，现为上海中医市中医文献馆业务科室之一，此为2015年在岗成员。

九、开拓新的战略与合作

与上海中医药大学文献研究所进行战略合作

为切实推进开放办馆，强化上海市中医文献馆与上海中医药大学文献研究所的资源共享、优势互补、合作共赢，为双方搭建更高层次传承创新、突破发展的平台，2014 年 2 月 21 日文献馆与文献所签订战略合作协议，出席此次签约仪式的领导有：上海市卫生和计划生育委员会郑锦副主任、上海中医药大学季光副校长、上海市中医文献馆季伟苹馆长和上海中医药大学中医文献研究所梁尚华所长。

卫计委郑锦副主任对双方今后的合作提出了 3 点希望：1. 希望双方能进一步商量合作细节，制订每年的合作计划，在全国起到龙头作用；2. 希望文献研究更多地面向实践，面向实际，服务于临床、科研、教学、管理，作为先前学科，起到引领作用；3. 加快人才培养、使青年才俊能在全国文献研究领域站到一定高度。

协议签订之后，双方在学术会议、业务培训、课题申报、联合带教方面开展了一系列合作，进一步整合了双方中医药文献研究资源，提升了我馆人才培养、学科建设的水平，也进一步提升了上海市中医药文献研究的整体实力。

成为上海中医药大学临床实习基地

为了提升临床教学质量，加强临床教学基地的建设，经上海中医药大学与上海市中医文献馆协商，双方于 2014 年 5 月 28 日签订了教学协议，以建立长期稳定的教学合作关系，我馆从此成为上海中医药大学的临床实习基地，承担七年制中医内科组小学期见习任务。

对于该项工作，我馆领导非常重视，经研究确定季伟苹、杨悦娅、徐燎宇、毕丽娟为带教老师，卓鹏伟、周晴为辅教老师，杨悦娅为我馆实习基地秘书。带教老师根据上海中医药大学安排的带教内容制订了详细的教学计划，结合专业特点，针对见习中常见的临床

问题开展了理论教学为主、辅以临床实践的教学活动。专题讲座每周一次，由带教老师就某一专题展开讲座；同时，安排学生在带教老师或其他相关专家的门诊时间进行跟师学习，揣摩如何用中医传统思维进行辨证用药。经过4周的见习，4名学生收益良多，顺利通过了我馆组织的小学期考核。

成为上海中医药大学研究生带教单位

2014年，根据国家教育部培养研究生的有关文件精神，本着"优势互补"的原则，经双方协商，上海中医药大学与上海市中医文献馆签订了联合培养攻读硕士学位研究生的协议。2014年，季伟苹馆长成为我馆第一位硕士研究生指导老师，与文献所联合培养研究生1名，研究方向为基于文献的临床研究。2015年，上海市中医文献馆开展独立研究生带教，杨悦娅主任成为我馆第二位硕士研究生导师，研究方向为中医妇科古今文献研究。

十、《中医文献杂志》奔核心

从 1983 年创刊至 2015 年年底，杂志总计出版 148 期（含增刊），共发表文章近 3 100 余篇。一路走来，也有风雨也有晴，三十年之际，驻足回眸，感慨而欣慰。

三十年回眸

回首往昔，源于《引玉》之"引玉之砖"，又逢《杏苑》四期的"春暖花开"，经过《杏苑中医杂志》的十年积累，厚积薄发，1994 年《中医文献杂志》终于破茧而出，在全国公开发行，成为全国唯一的中医文献学科的专业期刊。

从最初的内部期刊，到最后的公开发行；从开始的薄薄数页的手抄本，到现在的厚厚的印刷本；从开始的年刊、后来的季刊，到现在的双月刊；三十年风雨兼程，三十年不改初衷。虽然在经济浪潮的冲击下，杂志的经营遇到重重考验，但《中医文献杂志》坚守文献研究阵地不变、坚持办刊特色不变。

2003 年，杂志由原小 16 开改版为大 16 开，页码增至现在的 64 页，在原有栏目《文献研究》《学术探讨》《老中医经验》《名医遗著》《医林人物》《文献综述》等基础上逐步增设《医药学史》《书刊述评》《杏苑纵横》《验案选介》《经典与临床》等特色栏目。三十年的辛勤耕耘，换来的是在中医文献研究领域的独占鳌头。

《中医文献杂志》三十年大事记

1983 年，《杏苑》第一期发行，每年一期，至 1986 年共四期；

1987 年 2 月，《杏苑》更名为《杏苑中医文献杂志》；

1994 年，《中医文献杂志》创刊，并成立了第一届编委会，（第二、三届）至今已历任五届；

2002 年，成为"中文科技期刊数据库全文收录期刊"；

　　2003 年，成立了杂志第一届理事会，成为"中国学术期刊综合评价数据库刊源期刊""中国核心期刊（遴选）数据库收录期刊"；

　　2005 年，被中华中医药学会接收为"中华中医药学会系列杂志"之一；

　　2005 年 10 月，杂志组织了公开发行十周年庆典。

　　朱良春、马继兴、何任、李今庸、余瀛鳌、叶显纯、李鼎、张云鹏、施杞等中医名家和相关单位负责人参加。成立第四届编委会。

　　2013 年，杂志举行了创刊 30 周年纪念会议。成立第五届编委会。

新一轮坚守

　　《中医文献杂志》随着历史的脚步不断向前，在文献馆 2014~2016 年发展行动计划中，明确了杂志未来 3 年的发展目标，即在总结三十年办刊经验基础上，积极增容扩版，丰富《中医文献杂志》学术内涵，扩大在全国中医药界的影响力，努力将《中医文献杂志》办成中医药类核心期刊和月刊。

刊首语

　　2010 年第 1 期开始，杂志开始特约中医文献大家、名家撰写"刊首语"，首期刊首语特约国医大师颜德馨撰写，之后朱良春、张灿玾、路志正、邓铁涛、何任等国医大师和马继兴、余瀛鳌、陈熠、温长路、王庆其、钱超尘、段逸山、苏礼、夏翔、朱邦贤、李鼎等诸多文献名家纷纷为杂志撰写刊首语。

　　这些刊首语，字字珠玑，语重心长，既表达了中医大家们对文献研究的深厚见解，又抒发了他们对《中医文献杂志》的殷切期待，激励着我们在中医文献研究的领域辛勤耕耘，努力让杂志

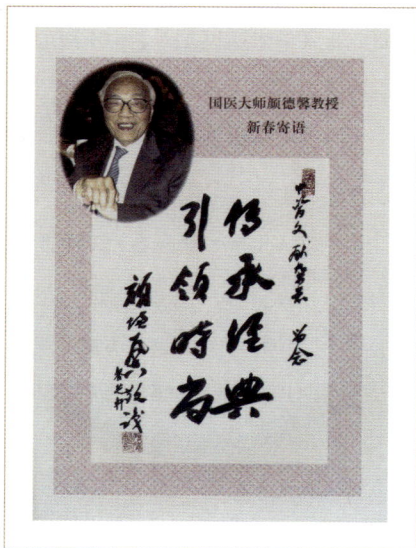

国医大师颜德馨教授
新春寄语

"更上一层楼"。

增刊特刊

增刊、特刊在《中医文献杂志》发展的历程中具有特殊意义。增刊多为汇集某一研究领域的专题，反映该研究领域的阶段性进展动向和研究水平；特刊为纪念杂志创刊二十周年、三十周年而特别刊行，有很强的纪念意义和较高学术水平。

《中医文献杂志》从 1995 年至 2013 年，共出版增刊 7 期、特刊 2 期。

7 期增刊列表

时间	期数	内容概要	特点
1995	总第 43 期	上海市中医文献馆馆员学术经验集	全面汇集整理本馆自复馆以来健在和已故的顾问、馆长和馆员的学术经验，作为建馆 40 周年的献礼
1997	总第 51 期	专科专病经验集	广泛征集上海地区老一辈、中年一代中医专家对现代难病的独特治疗经验的论文，作者群及临床面较 1995 年增刊更为广泛
1998	总第 54 期	上海市针灸学会 1997 针灸年会论文专辑	从文献研究到机理探讨，从名医经验到验案选介，从刺法灸法到临床观察，内容全面，反映了当时上海地区针灸学术的水平与动向
2000	总第 66 期	2000 年全国中医文献学术交流会论文专辑	集中了当时全国各地中医文献研究专家近年来的研究新成果，反映了当时中医文献研究的动态和学术水平
2001	总第 70 期	中国第三届大黄学术研讨会论文专辑	从文献、临床、生药制剂、实验研究、医药学史、验方验案等不同角度对大黄进行了研究总结，全面反映了国内外近年来对大黄研究的动态与水平
2011	总第 121 期	陈氏妇科专辑	配合中医流派研究，汇集了对名老中医陈筱宝之陈氏妇科家学渊源、学术思想研究的文章
2013	总第 131 期	《中医文献杂志》创刊三十周年纪念特刊	汇编了杂志创刊以来的优秀论文 32 篇，如余瀛鳌的《中医临床文献研读点津》等

2 期增刊列表

时间	期数	内容概要	特点
2003	总第 79 期	创刊二十周年纪念特刊	马继兴、裘沛然、余瀛鳌、张灿玾、史常永、路志正、宋立人、王庆其等文献名家纷纷题词祝贺或撰写纪念文章，并刊登了张仁主编的《黄卷青灯，风雨兼程》的纪念文章
2005	总第 87 期	公开发行十周年纪念刊	由时任馆长虞坚尔撰写了改版感言，由文献大家余瀛鳌撰写了《学验并重，与时俱进——写在〈中医文献杂志〉改版之际》的纪念文章

> **中医文献杂志编辑室**[1]
>
> **主任**：郑宜南
>
> **成员**：杨悦娅、王顺、倪华、吴九伟、王琼

---

[1] 上海市中医文献馆业务科室之一，此为 2015 年在岗成员。

十一、老中医门诊部的新发展

　　上海市中医文献馆中医门诊部成立于20世纪60年代中期，是我国最早的以传承名老中医学术经验为主的门诊部之一，荟萃了沪上的中医名家，先后有董廷瑶、裘沛然、颜德馨、陈苏生、钱伯文、张友琴、顾丕荣、陆德铭、蔡小荪、张云鹏、严世芸、王翘楚等知名专家，既是传承名老中医学术经验和研究民间医药的重要基地，也是诊治各种疑难杂症的医疗场所。

　　进入21世纪后，门诊部以弘扬传统中医药诊疗特色为亮点，积极引进学术特色显著、流派传承鲜明、德艺双馨、群众公认的中医专家，建设成了一支以专科专病为特色、具有独到传统诊疗技术、疗效显著的名老中医专家诊疗队伍，除了大内科，还开设了妇科、男科、皮肤科、肛肠科、脐症、针灸、儿科、伤科等特色门诊，在上海市乃至全国享有较高的声誉。

专科专病专技特色（待列表）

　　文献馆门诊部在内科、妇科、儿科、外科、针灸和推拿等各科汇聚了上海市各流派传人，在许多疾病的诊治上独具流派特色，在群众中积累了很好的口碑。

　　内科：

　　1. 失眠症门诊：采用中医药治疗各种类型失眠症、抑郁症、焦虑症，戒除对镇静催眠类西药（安眠药）的依赖；

　　2. 肝胆病门诊：采用抗病毒、防纤维化治疗慢性肝炎；多向调节法治疗脂肪肝；清胆、利胆、通络攻下法治疗胆道疾病；

　　3. 肿瘤门诊：以中医药对各种肿瘤进行手术后或放化疗后调理，抗复发，防转移；

　　4. 心血管病门诊：以调治心病、重在气血、兼顾五脏、整体平衡的学术思想为指导，治疗各类心血管病症；

5. 肾脏病专科：从整体出发，调整邪正盛衰，补肾泄浊，控制炎症，消除血尿、蛋白尿，保护肾脏功能；

6. 胃肠病专科：升清降浊，标本兼治，益中州，调脾胃，治疗各类消化道疾病；

7. 血液病专科：以扶正固本、益髓填精为治则，治疗白细胞、血小板减少症、贫血等血液系统疾病；

8. 肺系疾病专科：运用补肺固表、益气生津、宣降肺气等法则，治疗老慢支、肺气肿、肺纤维化等疑难病症；

9. 内分泌疾病专科：采用升提元气、软坚散结之法，治疗糖尿病、甲亢等内分泌疾病；

10. 免疫性疾病专科：着眼于整体，标本兼顾，调节免疫，治疗白塞氏综合征、类风湿关节炎、红斑狼疮、反复口腔溃疡等由于免疫异常导致的病症；

11. 脑病专科：采用健脾、补肝、益肾等方法，治疗中风、帕金森病、多发性硬化、格林-巴利综合征等疾病。

妇科病专科：汇聚上海朱氏妇科[1]、蔡氏妇科[2]学术继承人，运用周期疗法，对经、带、胎、产等妇科疑难病症疗效显著。

男性病专科：采用动静结合，调节精气，清热通淋等方法，治疗精液异常、性功能障碍、慢性前列腺炎等疾病。

皮肤病专科：采用清热、凉血、祛湿、排毒等方法，治疗痤疮、粉刺、色斑、牛皮癣等各种皮肤疾病。

肛肠病专科：采用内服与外治相结合方法，具有手术创面小、疗程短、见效快、花费少等优势。

中医脐疗[3]门诊：中药敷脐，内病外治，温通任督两脉，调理气血经络，治疗腹泻、便秘、遗精、阳萎、不孕、不育等疑难病症。

---

[1] 朱氏妇科：始于朱南山先生，朱南孙教授为朱氏妇科第三代传人。

[2] 蔡氏妇科：始于清代乾隆年间的妇科世家，至今已有八代，蔡小荪教授成为蔡氏妇科第七世嫡系传人，八代传人弟子广布上海各大医疗机构。详见本书"海派中医蔡氏妇科流派传承研究基地"相关章节。

[3] 中医脐疗：将药物直接敷贴或用艾灸、热熨等方法施治于患者脐部，激发经络之气，疏通气血，调理脏腑，用以预防和治疗疾病的一种外治疗法。

针灸科门诊：

1. 眼病专科：针刺与药物穴位敷贴相结合，治疗各种眼底疾病；

2. 头皮针疗法：由林氏头皮针疗法 [1] 学术继承人主诊，治疗小儿脑瘫、自闭症、中风后遗症、共济失调等各种脑源性疾病；

3. 割治疗法 [2]：濒临失传的中医传统疗法，对小儿疳积、慢性咳嗽、哮喘、成人慢性胃病等有独特疗效；

4. 小刀针疗法 [3]：通过对特定穴位的气血疏通，快速解除或减轻骨、关节疼痛、功能障碍及其他不适症状。

儿科门诊：由董氏儿科 [4] 学术继承人主诊，运用"宣肺达邪""调摄脾胃"等法则，治疗各类小儿疾病。

伤科门诊：由魏氏伤科 [5] 及石氏伤科 [6] 传承人坐诊，综合运用针灸、推拿与中药内服，疏通气血经络，治疗颈椎病、腰突症等各类骨伤科疾病。

---

[1] 林氏头皮针：由林学俭所创，她根据祖国医学经络理论、并结合现代脑科学理论，应用头皮针治疗由脑、脊髓和神经受损引起的一些疑难病症，取得了较好的疗效。详见本书《林氏头皮针疗法》相关章节。

[2] 割治疗法：用手术刀切开某些穴位，取出一些皮下脂肪或结缔组织，从而达到缓解病痛的一种治疗方法。上海擅长割治疗法的中医儿科专家张少堂先生远近闻名，但凡小儿奶痨疳积，张先生大多一刀即愈。我馆门诊部的薛宝玉医生，师从张先生，学得一手精湛的中医割治技术。

[3] 小针刀疗法：小针刀是由金属材料做成的在形状上似针又似刀的一种针灸用具。小针刀疗法是指的运用小针刀刺入深部、到病变处进行轻松的切割，剥离有害的组织，以止痛祛病的一种治疗方法，适应证主要是软组织损伤性病变和骨关节病变。

[4] 董氏儿科：董氏儿科创始于浙江宁波董云岩（1798~1876），发展至第四代传人、上海市中医文献馆前馆长董廷瑶时期最为鼎盛，如今已传至第七代董继业（1982~），在上海市中医文献馆的代表性传人有宋之行、虞盟鹏等。

[5] 魏氏伤科：创于山东菏泽的魏氏伤科世家，民国期间由其第二代魏指薪传入上海，并发扬光大，在上海市中医文献馆门诊部的代表性传人为吴谙韶。

[6] 石氏伤科：由石兰亭开创，融传统武术整骨手法与中医内治调理方法于一炉，主张"十三科一理贯之"的整体观念，在上海市中医文献馆门诊部的代表性传承人为石鉴玉、邱德华。

目前门诊专家一览

外聘专家

陈惠民　段晏明　卞嵩京　闻震远　区国钧　万春发　李蕙芸　彭培初
沈秀兰　陈　越　朱明方　施　红　虞盟鹦　梁金凤　邬之萍　吴謂騮
陈大冬　林其雄　蔡丽乔　康培英　陈玲娣　钱力兰　霍永芳　苏敏亚
石鉴玉　余云龙　刘邓浩　张如青　王翘楚　赵宪先　卢叔平　陆鸿元
陈明华　薛宝玉　王瑞春　章日初　徐华元　严世芸　严勤华　曲　红
朱邦贤　郭艳春　梁尚华　邱德华　唐汉钧　杨爱东

本馆退休

郑雪君　招萼华　张云鹏　张　仁　周家珩　陈　熠　董其圣　蒋琴芳
邓嘉成　唐国顺　宋光飞　黄素英　施　明　杨杏林

本馆在职

杨悦娅　吴九伟　周　晴　余恒先　徐燎宇　毕丽娟　郑宜南　张　利
杨枝青　张晶滢　肖　芸　卓鹏伟　王海丽　王春艳　石　云　季伟苹
程　勇　徐立思　张　进　朱惠勤　胡颖翀

门诊部规范化管理

上海市中医文献馆中医门诊部目前已是上海市卫生和计划生育委员会直属的、非营利性的三级专科医疗机构，是上海市城镇企业、退（离）休人员门诊医疗保险的定点医疗机构。全体医护人员以“一切从病人出发，一切为病人着想，全心全意为病人服务”为宗旨，坚持门诊部设立的初衷，独树一帜，不使用任何西药，坚持100%使用中药饮片，走纯中医发展道路，充分发挥传统中医诊疗优势，赢得广大群众的信任。

2006年，上海市质量协会公布的本市首份《三级医院门急诊服务质量社会公众满意度测评报告》中，文献馆中医门诊部名列20家三级专科医院的第二名，门诊部的服务质量受到了患者的肯定。

2006 年上海市三级医院门急诊服务质量测评

2007 年，门诊部新订规章制度 13 个，并成文制册。每年门诊业务量大幅度增长与门诊部始终坚持走"纯中医道路"密不可分。

中药房与时俱进

1992 年 10 月我馆中药房建设完成后，药房的经营托管给卢湾区药材公司，我馆派专人协调和联系。

2002 年，药房合同到期，卢湾区药材公司更名为"上海药房股份有限公司"，文献馆与上海药房股份有限公司重新签约，由该公司派遣工作人员对中药房进行经营与管理，我馆委派专人协助管理，文献馆按总营业额的 18% 按月提取管理费，中药房的财务独立核算由文献馆统一管理。

2006 年，上海药房股份有限公司合同到期，改由华浦中药饮片厂供应饮片，药房工作人员也由华浦派遣，我馆职工周茂根担任中药房经理。

中药房自我管理时期

2009年为了改进中药饮片质量，解决中药饮片品种短缺的突出矛盾，提高服务质量，对中药房进行了改制，对供货合作单位公开招标，通过评估筛选有5家药厂入选：华浦、华济、华宇、上药、同济堂，确定由这5家药厂为中药饮片供应商。这种通过集体决策实现供货商的竞争供货和验货制度，有效保证了中药饮片的常用品种供应和质量；同时配备了专门的药房会计、建立了药房账目，做到了药房财务工作的有序运转；对药房工作人员进行了调整充实，配备了专业人才，配齐硬件设施，中药房主任仍由周茂根担任。通过这一系列措施确保了饮片质量，为患者安全、有效、快捷地服用中药提供了有力保障。

中药房虚拟库存信息管理时期

到2011年12月前，中药房一直采用传统的人力劳动实施管理，手工处理各种账务数据，半年或一年一次大盘点，以盘点时药品实际数量为准，以金额账控制盈亏。

2011年12月，中药房信息管理系统配套实施，但最初阶段，采用虚拟库存管理模式。所谓虚拟管理模式，是指管理系统中任何一味药的库存量在任何时刻均设定为9 999克，盘点时仍以人工盘点实际数量为准。其优点是在医生处方系统上不会产生缺药的现象，缺点是不能正确反映药品的实际库存量，在财务报表上会产生人为修改，成为管理漏洞。目前有许多医疗机构中药房仍然采用此类管理模式。

中药房实时库存信息管理时期

2013年2月，中药房信息系统把所有药品虚拟库存调整成实际库存，进入真正意义上的实时库存管理模式。实时库存管理模式不仅具备处方划价、窗口发药、药品出入库管理等方面的便利，更具有调价管理、库存管理、中药管理、系统查询与报表统计等功能，可以使管理人员随时掌握药品的实时库存量。但中药库存量仍以人工盘点为准，在此运营过程中出现了一些问题，诸如单味药品账物严重不符，贵细药品受损异常严重等问题，用科学化管理来堵住漏洞势在必行。

从2014年1月起，本着"科学管理、更好地服务于患者"的理念，中药房新调入的庞素银副主任药师联合信息室王勇、应嘉炜等工程师，充分应用计算机技术，率先实施了计算机管理条件下中药饮片"实时库存—账物相符"的管理模式。这不仅要求每次盘点时药品金额总量相符，而且还要求每种药品数量及金额皆与计算机内实际库存数相符，这比前期的"实时库存—金额相符"的管理模式更精细、要求更高，也是到目前为止中药管理中最为精准的管理模式，迅速解决了以往存在的主要问题，账务基本相符，贵细药品特别是药食两用药材损耗大大降低。

2015年1月，为改变门诊部和中药房分开管理的弊病，两个部门正式合并为"临床经验研究室"，合并为一个科室后，不但使门诊和药房提高了管理质量，而且也大大节约了人力成本。例如：医生工作站和药房管理系统能进行财务对账；挂号和收费窗口合并，精简人员成本，又减少患者排队等候的时间；特殊情况下，门诊和药房可以互相人员调剂，等等，都有利于更好地为医生和患者服务，实现良好的经济效益和社会效益。

为了满足群众对中医日渐增长的热情，应对门诊量日益增长的趋势，更高效地为医生及患者服务，临床经验研究室制定了具体的近期和远期目标。

近期目标分为两方面：1.在硬件建设上，要对诊室和药房的设备进行升级，如：诊室的硬件配置要统一，诊室的环境要陈现出中医文化的氛围，药房要实现饮片小包装，为此要配置相应电脑设备，对人员进行培训，同时HIS管理系统要相应升级；药房实现颗粒剂自动配药，目前在其他体量相同的中医门诊部中还未曾实现；2.在人员建设上：要在新一任馆员聘任的基础上，加强助理馆员的培养；做好对老专家的服务，要认真继承他们的临床经验，也借此带动青年医师的临床经验积累，提高青年医师的知名度。近期发展目标已纳入文献馆"三年行动计划"及"十三五发展规划"。

远期目标：除了保持自己的传统特色外，要有超越同类别中医门诊部的长远打算，不能固步自封，所谓"大浪淘沙，不进则退"，要不断学习别人好的管理模式，引进新的设备，邀请好的专家，从外界吸收新生事物，使门诊部成为我馆的一块金字招牌，也成为全市中医门诊部的一面旗帜。

> **临床经验研究室**[1]
>
> **主任：**周晴
>
> **成员：**姜敏燕、庞素铟、邵玥珅、顾旭栋

---

[1] 上海市中医文献馆业务科室之一，此为2015年在岗成员。

十二、文献馆保障系统

文献馆党、团支部

党支部

1962年上海市中医研究馆正式成立党支部，张禹勋同志担任党支部书记兼副馆长，党员情况目前已无法考证。

1981年重新恢复了上海市中医文献馆的建制后，尚没有恢复独立的党支部。文献馆的党团组织与上海市中医门诊部（现石门一路67弄1号）合为一个支部，文献馆设党小组。

1987年9月，经中共上海市卫生局党委批准，正式成立了中共上海市中医文献馆党支部。王敬同担任党支部书记兼副馆长，支部委员王翘楚、刘来娣，当时文献馆有正式党员13名。

从1987年至今，上海市卫生局党委先后任命王敬同、周家珩、蒋琴芳、方松春、季伟苹5任党支部书记，党支部经过几次改选支部委员会，先后由王翘楚、刘来娣、励正康、陈熠、张仁、王海丽、王春艳7位同志担任支部委员。截至2015年12月底，文献馆党支部现有正式党员（含离退休职工）35名，预备党员1名。

2013年9月以来，文献馆党支部以"群众路线"实践教育为抓手，明确责任、强化监督、层层落实党风廉政建设责任制。现任党支部书记季伟苹带领支部一班人，讲奉献，树正气，坚持"不让老实人吃亏"、让职工获得"有尊严的收入"，在全馆开展"馆训"征集活动，开展"精神文明单位"创建活动，纠正了一度只讲权力、讲金钱的不良馆风。

2014年党支部推行"绩效工资"制度，实行中层干部重新竞聘上岗等举措，增强了服务意识，增强了干部队伍的活力，使个别"不作为"和"做表面文章"的现象不再有市场。党支部高度重视中医文献研究工作，恢复重建"中医文献研究室"，恢复重建"中医书刊阅览室"，倡导认真踏实、求真务实的研究作风。党支部采取引进人才与返聘有业务专长的退休专家相结合的举措，弥补了文献馆专业技术人员中高级职称研究人员的不足。

近年党支部开展的活动包括：迎接卫计委廉洁风险防控工作阶段检查、领导班子召开党风廉政建设分析研究会、开展"三严三实"专题讲座、参观中共一大、二大会址纪念馆、探讨学习社会主义核心价值观与馆训、参观上海市禁毒科普教育馆、举行9月30日烈士纪念日纪念活动，以及组织志愿者参加瑞金街道陕建居委的共建活动、参加瑞金区域青年志愿服务联盟的便民专场、开展冬令养生咨询、慰问社区困难老人等。

文献馆党支部认真学习和领会党的十八大、十八届三中全会精神，以文献立根基、以信息做引领、以服务树形象、以党建促和谐，在带领全体职工续写本馆中医传承史的道路上，起到了引领与保障作用。并在一步一个脚印地实施三年行动计划（2014~2016）的基础上，提出了建设新时代上海中医"书苑"的美好愿景。

历任文献馆党支部书记名册

姓　名	任职时间
张禹勋	1962~1964
栾长明	1964~1972
王敬同	1987.9~1989.3
周家珩	1989.3~1995.8
蒋琴芳	1995.8~2007.5
方松春	2007.6~2013.8
季伟苹	2013.9~

历任文献馆馆长名册

姓　名	任职时间
顾渭川	1956.7~1966
董廷瑶	1981.7~1985.10
王翘楚	1985.10~1990.9
励正康	1990.9~1995.7
陈熠（代）[1]	1995.8~1997
张　仁	1997.5~2005.2
虞坚尔	2005.2~2006.5
方松春	2006.5~2013.8
季伟苹	2013.9~

---

[1] 1995.8~1997这段时间无正馆长，由陈熠副馆长代行馆长之职。

历任文献馆副馆长名册

姓　名	任职时间
张禹勋	1956.8~1971
张赞臣	1960~1972
栾长明	1962~1972
袁云瑞	1981.7~1984.6
王敬同	1984.9~1991.3
周家珩	1989.5~1995.12
贝润浦	1990.6~1992.2
陈　熠	1992.8~2004.9
王海丽	2008.6~
王春艳	2010.5~

团支部

1990年经上海市卫生局团委批准，共青团上海市中医文献馆团支部成立，闵捷任第一届团支部书记，当时有团员4名。之后，从1990年后至2007年，文献馆团支部3次换届，先后由余恒先、王海丽、徐柏雯担任团支部书记。

团支部以"关心青年、服务青年"为核心，以"学以致用、服务大众"为目标，引导团员青年投身中医传承的事业。团支部连续多年组织具有中医专业知识的青年团员为老年大学讲课，受到欢迎；每年组织团员开展丰富多彩的团支部活动，学习油画技法、观看影片、参观生态园等，促进青年团员之间的交流，开拓视野，增加情趣，引导青年团员们珍惜自己的工作岗位，热爱文献馆。

历任团支部书记名录

姓　名	任职时间
闵　捷	1990~1995
余恒先	1995~1997
王海丽	1997~2007
徐柏雯	2007~

文献馆综合办公室

自文献馆成立后，馆办公室统一管理行政和人事工作，后更名为"综合办公室"。综合办公室的主要职能：一是人力资源管理、档案管理、办文办会、统计报表、工资福利、规章制度建设、工程招标、政府采购以及安全维护等政务；二是党支部、团支部的经常性行文、会务、发展党员、组织活动、纪检监察、十八大以来的群众路线教育实践活动的落实、三重一大检查、八项规定、反腐倡廉等党务。是一个名副其实的"综合办公室"。

1996年综合办公室组织制定了一整套涉及全馆各项工作的规章制度，这一制度，既服务于当时文献馆的党务政务，也为以后的规范管理打下了良好的基础。

2001年12月由综合办公室具体操作，文献馆全员聘用合同制改革正式启动，一年后，于2002年12月经上海市中医文献馆一届五次职工管理大会通过后开始实施。

2006年和2014年，文献馆两次实施中层干部竞聘上岗。综合办公室组织公开竞聘、专家评审、征求意见和任职公示等一系列规范化操作程序，保证了竞聘工作的顺利进行。

> **综合办公室** [1]
> **主任：** 徐柏雯
> **成员：** 范骏、周思清、夏正洲、刘俊芳

文献馆财务科

文献馆财务科一直人手不多，但小而精，尤其近年来随着文献馆业务蒸蒸日上，财务科功能日益完善，可谓"麻雀虽小，五脏俱全"。

1981年7月，文献馆复馆初期，财务科设立在上海市中医门诊部，即现在石门一路上的"上海市中医医院的门诊分部"，财务运作只限于现金报销。

1982年建立一本会计账簿，对收支费用开始独立核算。

---

[1] 上海市中医文献馆职能科室之一，此为2015年在岗成员。

1986 年设财务组，1987 年正式成立财务科。主要负责本馆日常财务工作及兼管老中医门诊部收费和职工食堂账目等。财务经费管理采取全额预算包干形式[1]。

之后，随着文献馆业务发展，财务科的工作量也逐渐增大，主要工作内容包括：

日常工作：职工工资、报销等；1993 年，开始为职工按月缴纳养老金、公积金；2007 年后，按照国家报税政策，指导职工填写申报税收表，并统一上报。

门诊及药房收支管理：自 1985 年老中医门诊部成立后，财务科负责核算门诊收入成本、申购印制门急诊专用收据；1997 年门诊部成为医保定点医疗机构后，增加了医保费用的核算工作，医保总控额度从初期的几十万，到 2014 年已增加到 1 100 多万；1992 年中药房成立后，财务科负责核对药房收入。

馆办"第三产业"的收支管理：1993 年文献馆成立文达科技经营部、文达招待所，建立独立核算账户，以小企业会计制度建立账套，与事业单位会计核算有本质差异。

民办非企业收支管理：2004 年上海市中医药科技服务中心成立，属民办非企性质，挂靠我馆，财务上需以民办非企会计制度建立独立核算账户，财务科由专人专管科技服务中心账户。

业务收费：1995 年后，查新检索费用由情报室自行收取后每天再上交财务结账的方式变更为由财务科统一收取。

2008 年起，财务科着重强化制度化建设，制定了一整套内部会计控制制度，以规范日常财务管理。

文献馆财务科内部会计控制制度

《现金管理制度》《银行存款管理制度》《固定资产管理制度》《票据管理制度》《支票管理制度》《财务收支审批制度》《会计电算化内部管理制度》《会计档案管理制度》《会计机构及会计人员设置制度》《会计人员岗位责任制度》

---

[1]《上海市中医文献馆馆史（1956~1990）》.1991（12）：11

同时，2008 年开始，会计电算化工作全面展开，结束了财务科手工记账进行会计核算和管理的历史。所有的票据都实行电子开票，标志着文献馆财务科工作步入了一个崭新的发展阶段。

2012 年，国家实行财政四项改革，财务科根据要求，实行部门预算、国库集中支付、公务卡支付、政府采购、零余额账户、专用存款、收支两条线等多项举措。2013 年实行财政平台统一授权支付管理。一系列的改革措施，在财务科的管理和其他各科室的有力配合下平稳推进。

文献馆是全额拨款单位，财政拨款资金除日常的人员经费、公用经费以外，近年来还增加大量专项资金、课题经费。资金来源从单一到多元，有中央资金、外省市资金、财政资金、科委资金等。除要处理文献馆内部财务关系外，还要处理各单位的往来款项的收支，因此财务科的业务范围和工作量逐年递增。

文献馆的财务科人员不多，但具有"小财务、多功能、大服务"的特色，"当好家、理好财，服务于文献馆"是财务科的一贯宗旨。近年来，在国家财政政策重大改革的形势下，不断提高业务水平，正确执行财经政策，为文献馆的发展服好务、当好家、把好关。

财务科成员 [1]
主任：邹克丽
成员：姚燕萍、顾美琴

文献馆后勤科

1986 年设总务组，1987 年正式成立总务科。在此之前，文献馆 1981 年复馆初期，总务工作由办公室统管，主要负责食堂管理、清洁卫生、小修小补等。办公室改为"综合办公室"后，总务科归入综合办公室，后勤管理成为了"综合办公室"的职能之一。

---

[1] 上海市中医文献馆职能科室之一，此为 2015 年在岗成员。

文献馆的后勤工作主要包括 3 项职能：办公设备置备及更新，老房的安全防护及更新改造，为老中医专家服务。

复馆初期仅有普通打字机 1 台，上海牌旧轿车 1 部，随着业务日益发展，1986～1990 年先后购置了电子汉文打字机、电子计算机各 1 台，复印机 2 台、更新购置桑塔纳轿车一部，购置立式空调 2 台等。

2007 年，我馆通过数字化设备的报废和更新，做到了人手 1 台台式电脑，1 部电话机，另外配备了摄像机、照相机、扫描仪、传真机、打印机、复印机、笔记本电脑、移动硬盘、录音笔等一系列必备的电子设备，大大改善了原有的办公条件，提高了工作效率，确保了工作质量。

2008 年，文献馆开展平安单位创建工作，总务后勤先后对馆内办公用房、中药房、招待所、煎药房、外墙面、电线电路设备、卫生消防设施等进行了重新整修和装备，消除安全隐患。同时加强安保力量，从 2008 年起设立文献馆中层干部双休日行政值班制度，在奥运期间切实加强巡逻，增设了来访人员登记制、门卫双班制、车辆引导制度、巡察等制度，并建立了长效机制。

自 1985 年文献馆复建"老中医门诊部"后，后勤科就承担起接送名老中医的任务，直到现在文献馆的 2 辆轿车都主要用于名老中医的接送，由综合办公室统一调配，使行政用车也能做到有求必应。

近年来，随着业务工作蒸蒸日上，位于市中心老洋房内、与民居相混的文献馆，面临着地方小、房子老、人员杂、隐患多的重重问题，后勤保障工作更加繁复、更加艰巨。本着为职工服务、为患者服务、为专家服务的理念，后勤科开展了大量管理、维护工作，以保障我馆的正常运营。

针对水电的安全隐患，后勤科对各类电器设备和公共设置进行了定期维修、保养，对空调等大型设备注意检测、清洁，并为门诊部、中药房更换新设备；疏通下水道，雨后及时清除各处积水。

针对人员繁杂，后勤科规范了门卫值班工作，加强了报刊、信件、快递的收发登记，安装监控摄像头，加大外来人员查询力度，对进出车辆进行管理，提供来电咨询，加强夜间值班巡逻，强化门卫的规范和责任意识。

针对环境卫生问题，后勤科对卫生间进行了改造，对电工间和门诊库房进行了维修；努力保持会议室、各部门卫生间、室外卫生死角、停车棚、排水沟的干净疏通。

后勤科秉承"以人为本"的理念，日复一日默默地努力为我馆的职工、专家、患者提供安全、明净的工作、医疗环境。

文献馆工会委员会

1987 年，上海市中医文献馆工会委员会正式成立，第一届工会主席由刘来娣同志担任，委员有蒋翠芬、施明，同时成立了妇女委员会，由财务科孙良璧同志兼管妇女工作。整个工会组织划分为 3 个工会小组及 3 个妇女小组，在党政班子领导下，工会和妇委会围绕馆的各项中心工作，结合各自的特点、积极开展多种活动，宣传计划生育，及时反映职工和妇女同志意见，为他们服务。[1]

1988 年 10 月，经市卫生局党委批准，文献馆实行馆长负责制，党支部起监督保证作用，工会发挥民主监督作用，各项规章制度逐步建立，如：《各类人员岗位责任制》《请假制度》《创收分配条例》《党政干部廉政条例》等多项制度，保证了各项工作顺利进行。

1996 年，第二届工会期间，建立了职代会制度，明确组织关系。当时工会组织划分为 4 个工会小组，其中 3 个小组由本馆职工组成，另 1 个小组由门诊临聘人员组成。

成立早期，文献馆工会选举制度不健全，出现了 10 多年未对工会进行改选的情况。为了保障职工权益，健全工会制度，2006 年 10 月，我馆进行了三上三下的公开选举，产生了第三届工会委员会、女工委员会和经审委员。其后，工会按照《中华人民共和国工会法》的有关规定，每 3 年进行换届选举，2011 年第四届工会改选，2014 年第五届工会改选，体制的健全保障了工作的顺利开展。

《工会法》明确工会的四大基本职能是维护、建设、参与、教育，即维护职工合法权益，组织职工参加建设与改革，代表职工参与单位民主管理，帮助职工不断提高思想政治觉悟

[1]《上海市中医文献馆馆史（1956~1990）》.1991（12）：3

和文化技术。围绕这 4 项基本职能，文献馆工会在党组织领导下，每年召开 1~2 次的职工大会，积极发挥民主监督、参政议政作用，此外还积极组织文娱活动、踏青春秋游、主题讲座、联欢会等。逢年过节向职工发放少量慰问品，夏季送清凉，冬季送温暖，每年慰问困难职工、患病职工。为职工购买医疗保险，从以前 2 年 1 次的体检逐渐过渡到每年体检，注重职工健康。

每次遇到灾难，工会都及时组织职工捐款捐物、奉献爱心，如 2008 年汶川地震时，我馆的职工捐款，党员缴纳特殊党费，女职工为震后孤儿捐款以及捐献衣物等善举，皆是通过工会的有力组织、得以实施。

工会通过组织各种活动、为职工提供各种服务，有效地起到了凝聚人心、团结同志的作用。

文献馆工会历届工会主席名录

届　次	时　间	工会主席
第一届	1987.9~1996	刘来娣
第二届	1996~2006.11	杨杏林
第三届	2006.12~2010.12	宋光飞
第四届	2011.1~2014.3	宋光飞
第五届	2014.4~	周　晴

第五届工会

2014 年 4 月，上海市中医文献馆第五届工会选举产生，在党组织的支持下，在各位工会会员的大力配合下，第五届工会由新任工会主席周晴带领，在制度管理、服务职工、参政议政等方面作了诸多尝试，取得了可喜的成果。

制度管理：为保障工会工作有序开展，新一届工会对常规工作进行梳理，以优化工作流程，提高工作效率为主，建立工会文件处理单，进行批办和归档，确定工会委员定期例会。为了弥补以往无制度可循的盲目状态，工会建立起了一系列工会制度和实施方案，如：工会工作制度、民主管理制度、慰问制度、财务管理制度、经审制度、职工疗休养实施方案等，使得以后的工会工作有章可循，职工们也可以照章办事。

服务职工：1. 为了丰富职工业余生活，工会组织开展了多种文体娱乐活动，在春游、秋游、体育竞赛等活动的基础上，启动"劳动光荣、休养快乐"的职工疗休养行动，让职工劳逸结合，平衡工作及休闲；2. 关心职工健康，为职工办理医疗保险，组织年底体检，慰问患病职工，送温暖，节假日慰问离退休老同志等；推行上海市总工会的会员服务卡，使职工得以享受到总工会的福利优惠服务；3. 维护职工权益，代表职工参与绩效工资制度改革，代群众发声，使各方诉求得以合理表达，使职工利益得到保障。

参政议政：参加馆内的中心组会议、馆务会议、工程招标及其他重大事项，发挥工会桥梁纽带作用。

促进精神文明建设：组织开展"馆训征集活动"，最终确定馆训——"厚德笃志，博学求真"，展现了文献馆新的精神面貌。

第五届工会在历届工会工作基础上，强化自身建设，充分调动全体职工才智，尽力做好上下沟通工作，有力地推进了我馆的民主建设、精神文明建设、馆内文化建设，其政策观念强、服务意识强、处事公平公正，受到广大职工的一致好评。

退管会

文献馆退管会工作以退休职工为对象，由行政管理部门和工会组织活动，关心和帮助老同志，同时让他们了解文献馆的发展。每年的重阳敬老节，退管会都组织外出参观活动，如参观辰山植物园，参观梅园、泰晤士小镇，让老职工了解上海的变化，在活动中让老同志增进感情。在春节时，请老同志来馆感受文献馆的新面貌，参加新春联欢会，在娱乐中让新老同志增进交流。

为保障退休职工的身体健康，退管会每年为他们办理退休职工住院补充医疗保险，并安排一次全面体检。为70岁以上的高龄老人办理优待证，让他们能及时享受到社会福利。每年退管会都会组织夏季送清凉、冬季送温暖的慰问行动，随时走访患病老职工及其家属，为他们提供医疗救助，对生活困难者给予特殊补助。

退管会的工作主要是对老人的关心，让他们感受到：尽管已经退休，仍能以文献馆为"娘家"，可以随时来馆里看望大家，让老同志们能老有所养、老有所依、老有所为、老有所乐。

女工委员会

文献馆历来女职工人数居多，文献馆女工委员会以保障女职工的身心健康为要务，每年都为女职工发放卫生津贴，认真做好计划生育工作，慰问患病女职工。此外，每年组织女工活动，提升女性自身修养，陶冶精神情操。

此外，女工委员会每年都参加"幸福工程——救助贫困母亲行动"，该行动由中国人口福利基金会与中国计生协、中国人口报社于 1995 年共同创立实施，主要以贫困地区计划生育家庭的贫困母亲为救助对象。多年来，我馆女工委员会每年都通过瑞金二路街道向幸福工程捐款，体现对社会慈善事业的支持。

文献馆工会历届女工委员会主任名录

届　次	时　间	女工委主任
第一届	1987.9~1989.4	孙良璧
第二届	1989.5~2006.11	严勤华
第三届	2006.12~2010.12	黄素英
第四届	2011.1~2014.3	姜敏燕
第五届	2014.4~	倪　华

第五届工会

主席： 周晴

成员： 郑宜南、倪华

文献馆信息化管理系统

2009 年，文献馆信息化管理迅速推进，由王海丽副馆长牵头，开发完成电子馆务 OA 系统，并正式在全馆应用，成为我馆告别落后的管理模式向数字化迈进的标志，为信息沟通、职工交流、资源共享、管理规范化提供了良好的平台。

2011 年，为加强信息化办公的需求，文献馆着力于政务外网运行维护，同时启动建设文献馆门诊部和中药房 HIS 管理系统，于 2012 年 1 月 1 日正式投入运行。HIS 系统的启用提高了门诊和药房对病人诊疗信息和行政管理信息的收集、存储、处理、提取和数据交换的能力，使我馆的医疗诊疗管理与全市的医保管理系统进行对接，杜绝了人工管理的监控漏洞，节约了大量的人力成本，大大提高门诊和药房的工作效率。

2013 年，中药房信息管理系统升级，实行真正意义上的实时库存管理模式，同年启动文献馆外网重建工作，并于 2014 年完成对外开放。

2009 年—2015 年文献馆信息管理系统一览

时间	系统名称
2009	电子馆务 OA 系统
2011	门诊部和中药房 HIS 管理系统
2013	中药房信息管理系统升级
2014	电子馆务 OA 系统（新版）
2015	图书管理系统和档案管理系统

2014 年，文献馆为适应新的行政、业务办公需求，开发完成新的电子馆务 OA 系统，12 月初正式开始全面启用。新系统不仅可以进行超大文件的内部邮件来往，还增加了新闻公告、工作总结上报、后勤管理、会议申请、图书管理、馆务投票、馆史数据库等多项功能，为馆务公开、业务交流、行政管理提供了良好的平台，使文献馆的医、教、研的管理工作进入了一个新阶段。

2015 年，文献馆着力建设图书管理系统和档案管理系统，为今后的业务、行政发展打下基础。

十三、馆舍、馆貌、馆训、书苑

馆舍的修缮与改造

中医文献馆房屋约建筑面积 1 000m²，其中业务用房820m²，生活辅助用房120m²。随着业务工作的开展，业务用房急需增加，遂于1987年将大门内简易平房改建为二层教室楼（220m²），1988年加固图书馆地板搁栅（50m²），改建后三楼库房屋顶（40m²），拓宽东大门通道、建造门楼、装置煤气烧水炉、改建热水淋浴室。1990年将两处阳台改建为业务用房（30m²）等，增加调整了业务用房面积，改善了职工工作场所。1992年为开办中药房，将主楼西侧的一间厕所改建成三层楼房，建筑面积共180m²，底楼为中药配方间，二楼为库房，三楼作为业务办公房。

2000年，根据患者需求和名老中医传承工作的需要，文献馆门诊部开设特诊，在主楼的南侧一楼装修了特需门诊部，设诊疗室2间及候诊厅，用房约50m²，配空调、沙发及卫生设备，外部环境优雅，绿化面积较大，为名老中医和患者提供了较好的诊疗环境。

2006年，文献馆各办公室都进行了重新装修，尤其是对老楼（即现在的1号楼）的地板和楼梯进行加固。2008年，因为老房的地板承重问题，二楼的图书馆搬迁至2号楼底楼，取消了阅览室。2009年，通过多方协商和努力，文献馆门口的"违章"建筑得以拆除，使职工和患者的出行道路得以畅通，困扰文献馆几十年的"老大难"问题得以解决。

2015年，重新恢复成立中医文献研究室，将1号楼二楼的两间储藏室，连同原门诊办公室共20m²以上的房间重新分割装修，为新的中医文献研究室提供了较好的办公场所。

同时，门诊部也进行了扩充和装修。与现在的有三层楼的原居民用房签订了5年租期，全部用于门诊部用房，共有三个室5间，一楼治疗室，二楼3间诊室，三楼1间诊室及门诊办公室。

2015年前，文献馆馆舍的修缮和改造基本围绕3点：1.改善工作环境，增加业务用房；2.进行设备维修、老房加固，保障工作场所的安全；3.解决老大难问题，拆除违章建筑。

2015年后，随着文献馆精神文明建设工作的深入开展，"文化兴馆"的发展战略对我馆的馆舍改造提出了更高的要求：1.原先长年废弃的地下室被修葺一新，改建成"馆史陈列室"；2.1号楼底楼会议室恢复重建成"图书阅览室"，兼"杏林书苑"，使我馆馆员们来馆后能有一处静谧温馨的阅读和交流的场所；3.大门修葺一新，成为展示海派中医风采的文化墙，墙上清晰地镌刻着近代上海的"名医荟萃""三·一七国医案""淞沪抗战中的热血中医""四大家中药老字号"以及"丁甘仁中医专门学校""医界春秋"等独特的海派中医史实。这一系列举措让文献馆书香盈门，文化气息浓厚。

文化墙设计图

精神文明单位建设

1996年，根据上海市卫生系统精神文明建设规划要求，文献馆制定了精神文明达标规划和达标细则、考核方法、文明科室评比条件。

1998年，文献馆与瑞金二路街道绍兴居委会签约共建"文明安全小区"，共同参与辖区内的治安防范活动，共同为促进社区精神文明建设做出贡献。

2014年，为提高全馆职工的文明修养和科学文化素质，文献馆正式启动卫计委系统精神文明单位创建工作。通过馆训征集、"最美文献馆"摄影比赛、举办海派中医论坛、拍摄系列片《海派中医》等一系列形式，引领全馆职工加深对中医文化的思考和认识，使之内化为价值追求、外化为自觉行动，让大家的思想得以升华、素质有所提高。

同年，成立了上海市中医文献馆常青藤瑞金社区志愿者服务队，每月向周边社区开展志愿者活动，包括开展养生讲座、举办义诊等，同时组织职工慰问孤寡老人，充分发挥文献馆的专业特色和社会价值。门诊部开展"关爱患者，从细节做起"的文明服务主题活动，将 10 条人文细节服务举措落到实处。

遵循着"资源共享、优势互补、共同发展"的原则，文献馆与黄浦区瑞金二路街道以及上海消防总队黄浦支队卢湾中队签订了"军民共建社会主义精神文明"协议书，旨在更好地利用双方优势资源，开展精神文明建设。党支部把精神文明创建工作纳入领导班子的责任制管理，并作为年度考核的重要依据之一，并将精神文明作为年终考核内容列入职工、科室、部门的考核范围。将门诊、中药房、信息中心等服务窗口的满意度测评作为本馆精神文明创建评判的标准之一，在工作中不断完善、提高。

随着我馆精神文明建设工作的逐渐深入，建设成绩有目共睹，馆风馆貌焕然一新。2015 年 4 月 28 日，在龙华医院召开的"2015 年上海市卫生计生系统精神文明和行风建设大会"上，我馆获得"第十二届（2013~2014）上海市卫生计生系统文明单位"称号。

馆训征集

馆训——"厚德笃志，博学求真"

随着社会不良风气的日益盛行，各种极端、不良的价值观强烈地冲击着人们，文献馆也不可避免地受到影响。为纠正馆内"拜权、拜金"的不良作风，宣传社会主义核心价值观，明确研究单位应有的"求知识、讲正气"的学者之风，文献馆于 2014 年 5 月启动了"馆训征集活动"，41 位职工（包括 1 位退休返聘）全部热情参与，共征集到馆训 48 条。经过网上投票和离退休职工意见征询，最终确定将"厚德笃志，博学求真"作为我馆的馆训，意为"要有坚定的信念，以崇高的道德、博大精深的学识育人成才，坚持不懈地追求真理"，该馆训的确定，为我馆树立了良好的精神风范，为我馆人员明晰了应有的价值取向。

求真　博學　篤志　厚德

上海市中医文献馆馆训

杏林书苑

无论是馆舍的修缮改造，还是馆训的征集，最终是要让文献馆由内至外展现新的风貌，焕发新的神采，而建设中的"杏林书苑"，可谓文献馆的点睛之笔。

2014年11月，馆员施杞教授应邀在文献馆主讲《文献价值与中医文献馆建设散谈》讲座时，畅谈并构思文献馆以"书苑"模式成立中医讲学、授业和服务的论坛。受此启发，馆领导提议设立"杏林书苑"，得到全馆的支持，由此决定把原会议室改建成"杏林书苑"。建成的"杏林书苑"将成为文献馆的"学术之家""名医馆员论道"之场所。"杏苑论道"将是"杏林书苑"重要的学术活动方式，也将成为文献馆主要的学术交流模式之一。

"杏林书苑"之含义

杏林书苑之"书苑"不同于"书院"，我国古代著名的岳麓、白鹿洞、嵩阳、应天四大书院，均具有很强的教学传道的功能。而书苑则是借用了"苑"的本义——自然园林的开放之意，模仿其类似"文苑""艺苑"的学术汇聚之实，意在以书、文吸引学者"读文聚思，汇智出新"。

杏林，代指历史悠久的中医；书苑则代表文献之荟萃。中医文献之荟萃又具有双重含义：一乃纸质文献之荟萃，二乃"活文献"之荟萃，即名医经验、学者心悟的交融之地。因此，"杏林书苑"是文献馆"汇聚名家、传承学术"这一功能的延续，是中医学者会文、聚思、立说的地方。

"杏林书苑"之特色

"杏林书苑"之特色在于有外景、有内景。外景，是其设施和布局：在一方书屋之中，有落地彩窗、书柜壁墙、锦文短语，安然静谧、古朴雅致，体现海派文化的风格。书柜中陈列的是精选的书籍，其中既有中医经典，也有上海地方史料、传统文史哲精品以及近期新刊等，让人信手翻阅时亦有纵横千年、漫步杏林、笑看人生的感觉。

内景，则为名医相聚，坐而论道，似三五知己，围坐一处，名曰"杏苑论道"。各流各派的名家们在此各抒己见、畅所欲言，既可分享临证心得，亦可交流学术见解，甚至感慨人生，思想碰撞，灵感迸发，精彩纷呈。所谓"山不在高，有仙则名；水不在深，有龙则灵"，馆员入选的高标准，决定了他们的言论绝非一般的闲谈，不止疑难杂症的诊治可能在这其中片刻得以豁然开朗，也许关系到上海中医走向的重大命题，也就在高端的"杏苑论道"中得以明晰，谈笑间，多少困惑得解、高论得立，若能将每一期的"杏苑论道"编辑成册，也将是上海中医的一块瑰宝、海派中医发展的见证。

这种名医、馆员之间定期的学术、思想交流，是文献馆一直以来的优良传统，从立馆时期内刊《引玉》的诞生、到复馆时期"名老中医之家"的创立，都是我馆集馆员合力、促学术发展的先例。当时召集馆员们定期相聚，尚有"统战"之用，如今，"杏林书苑"则更需凸显"聚宝盆"意义——交流学术、共商要事、政策咨询、服务上海。

"杏林书苑"之服务

成立"杏林书苑"理事会，制定章程、服务条例，颁发会员证。会员以我馆馆员为主，吸纳其他名医名家及部分关心中医发展的文化界名人，以"杏苑论道"的形式，定期定题研讨。开通"杏林书苑"网络平台、微信公众号，制订每年度、每季度的活动计划。

方寸之间，自有天地。"杏林书苑"虽只居文献馆的一隅片壤，但我们希翼它能在我馆的发展史上描绘出闪亮的一笔。

十四、五十周年馆庆

2006 年 11 月，上海市中医文献馆迎来了五十周年的华诞，国家中医药管理局、中华中医药学会、上海市中医药学会纷纷发来贺信，房书亭、路志正、左焕琛、李金庸、马继兴、余瀛鳌、朱南孙等社会名流、中医药名家纷纷发来题词。上海市委常委、统战部部长杨晓渡，国家中医药管理局闫树江司长，上海市卫生局马强副局长到会祝贺。

当时的文献馆，已发展成为拥有文献研究室、情报研究室、老中医经验研究室、《中医文献杂志》编辑室、中医临床研究室等五大业务科室；承担着中医文献情报研究与服务、名老中医经验传承与研究、政府职能延伸的管理与服务、联络中医界名流与专家学者的桥梁等四大职能的省级研究机构。在上海中医界贯彻落实中医政策、科技创新、名医传承等方面发挥着重要作用。

五十年馆庆时，全国著名老中医颜德馨教授代表上海市名中医和上海市中医文献馆专家顾问团向大会表示祝贺，来自全市的名老中医及二、三级中医医疗机构的院长和代表约180 多人出席会议。当日名医汇集，高朋满座，寒暄之中，道不尽我馆半个世纪走过的沧桑。筚路蓝缕的艰辛，风雨兼程的感慨，硕果累累的欣慰，都被一幅幅照片、一行行文字，载入这本精美的《杏林五十春》纪念画册中。画册由方松春、蒋琴芳担任主编，杨悦娅、周晴担任副主编，王春艳、王海丽等多位职工参与编委工作，该画册浓缩了我馆五十年来的主要成果、诸位名医风采、各个科室风貌、门诊专科特色，可谓我馆临床、文献、科研、管理等方面工作的精华荟萃。

《杏林五十春——上海市中医文献馆五十周年纪念画册》

上海市中医文献馆五十周年华诞庆典现场照片

十五、六十周年馆庆

为迎接 2016 年上海市中医文献馆建馆六十周年，我馆成立了组织筹备小组和系列学术活动。

组织筹备小组

领导小组

组长：季伟苹

成员：王海丽　王春艳

工作小组

组长：王春艳　王海丽

副组长：徐柏雯

成员：卓鹏伟　毕丽娟　徐燎宇　郑宜南　程勇　周晴　邹克丽

系列学术活动（2015 年 9 月 ~2016 年 7 月）

具体包括：杏苑学术报告会、追忆展望座谈会、重点书籍发布会、海派中医论坛、杂志编委会及相关、馆史陈列室及杏林书苑开放仪式。

杏苑学术报告会（3~5 场）

第一讲：2015 年 8 月 3 日主题：中国禅学思想与智慧生命

我馆特邀中山大学哲学系龚隽教授作有关"中国禅学思想与智慧生命"为主题的学术报告，以此作为纪念我馆成立六十周年系列学术报告第一讲。龚隽教授的学术报告，主要对中国禅学思想的重要精神及其与生命的关系作了深入浅出的剖析，演讲内容包括禅宗的宗旨与传承、中国佛教的特质与禅、禅门思想的精义，演讲中龚教授就禅与心法、习禅与读经、见性与念佛、平常心是道以及游戏三昧等观念作出详细阐明，现场学术氛围浓厚，取得了良好的效果，获得与会人员的一致好评。

第二讲：2015 年 10 月 23 日主题：海派中医文化的回顾与展望

第八届海派中医论坛——"海派中医文化的回顾与展望"，秉承了往届会议锐意进取、开放兼容的精神，聚焦"中医文化"，以"中医文化"为切入点，可谓新意与精彩并呈。大会首先由上海市卫计委副主任郑锦致开幕词，郑锦主任首先回顾了往届海派中医论坛的主旨，高度肯定了论坛的影响力，以及对海派中医传承发展所起到的积极推动作用。特别强调了中医文化在当下中医药发展战略中的重要意义和紧迫性。中医作为中国传统文化的宝贵遗产，既是我国文化软实力的构成内容，也是中国文化走出去的重要力量。海派中医以"海纳百川、兼容并蓄"为宗旨，传承中医文化与上海中医事业的发展紧密相扣。只有意识到中医文化的力量，展现和实践海派中医文化中所蕴含的哲学智慧和大局思维、系统思维，达成更深共识，才能突破以往的局限与狭隘，实现海派中医"百家争鸣、百花齐放"的繁荣格局。

随后，上海市中医文献馆馆长季伟苹教授以"百年上海中医发展脉络及特点"为题，做了开篇报告，对近代以来海派中医的发展之路做了详尽的论述。古云"鉴往知来"，海派中医在近百年的发展过程中，形成了丰富的文化遗产，在国家"一路一带"发展战略下，海派中医更应该凝聚共识、扩大影响，增强中医对周边国家辐射和主导性，这也是此次论坛的宗旨。

紧接着，上海中医药大学原校长施杞教授、华山医院沈自尹院士、山东中医药大学文献所所长王振国教授、上海中医药大学原校长严世芸教授分别就"上海中医药文化史述略""从屠呦呦获诺贝尔奖看流派发展方向""海派中医与近代中医研究模式的嬗变""对海派中医特质的思考"为题，做了主题发言，展现了海派中医丰富的文化底蕴与学派特质。特邀嘉宾上海社科院文学所原所长陈圣来教授、上海中医药学会秘书长陆金根教授、上海中医药大学文献研究所李兆健教授、曙光基金会副理事长许涛教授则以"中医文化与国际交流传播""以坚持弘扬流派文化为基点、持续推进流派的传承创新与发展""民国时期上海佛教医药活动略说""海派中医药文化宣传推广的实践与探索"为题，介绍了海派中医文化发展、弘扬与推广的情况。

本次大会对既往的海派中医研究作了系统回顾与梳理，为下一步的研究进行展望与探索，是一次承前启后的海派中医论坛。

追忆展望座谈会（2 场，详见列表"后续学术活动一览"）

重点书籍发布会（2 场，详见列表"后续学术活动一览"）

海派中医论坛（2 场）

第八届海派中医论坛时间：2015 年 10 月 23 日

主题：海派中医文化的回顾与展望

参会对象：全市范围 150~180 人

具体负责科室：文献室、办公室（会议内容详见以上杏苑学术报告会中第二讲）

第九届海派中医论坛（详见列表"后续学术活动一览"）

杂志编委会及相关（2 场）

《中医文献杂志》2015 年度编委会

时间：2015 年 12 月

主题：杂志的历史定位与栏目建设发展

参会对象：本市杂志编委成员

具体负责科室：编辑部

医史文献学会 2016 年度年会（分会，详见列表"后续学术活动一览"）

馆史陈列室及杏林书苑开放仪式（详见列表"后续学术活动一览"）

后续学术活动一览

活动主题	内　容
杏苑学术报告会	第三讲、具体内容待定
	第四讲、具体内容待定
	第五讲、具体内容待定
追忆展望座谈会	文献馆馆员对文献馆回顾与出谋划策
	文献馆离退休职工追忆展望畅谈会
重点书籍发布会	馆史系列专著新书发布会（包括《六十周年回眸》等）
	《上海中医发展史略》（暂定名）新书发布会
海派中医论坛	第九届：上海市中医文献馆建馆六十周年纪念研讨会
杂志编委会相关	《中医文献杂志》或本馆文献研究在新时期的历史使命与发展战略
馆史陈列室、书苑开放仪式	馆史陈列室及杏林书苑的开放仪式

十六、愿景规划

在六十年的风雨历程中，文献馆历经立馆、拆并、复馆、兴馆……但一直是"汇聚名家、传承学术"的科研阵地，而今通过近十年的海派中医研究，在文献、杂志、临床、师承等各方面已经取得了一系列成果。近两年，新的文献馆领导班子调整了发展战略，提出"开放办馆、学术立馆、专家治馆、文化兴馆"的办馆方针，确定未来文献馆的发展方向以学术研究为主。

在该方针指导下，我馆职工上下齐心协力，实施多种举措，与上海中医药大学中医文献研究所建立战略合作关系，成为上海中医药大学临床带教基地，与上海中医药大学联合培养硕士研究生；恢复成立中医药文献研究室，确立以海派中医史学、临床文献、海派中医文化为研究方向；制定《中医文献杂志》跻身核心期刊的目标等。诸多科研成果也取得了突破：成功申请了多项政府财政专项研究课题，获得数百万元财政资助；获批国家哲社科类重点课题，实现了我馆学术上的历史性突破；成为海派中医文化科普宣教基地；拍摄海派中医系列影视资料等等。

在文献馆未来的规划中，我馆将继续将"学术立馆"作为宗旨，把海派中医研究作为核心，把文献研究作为引领的旗帜，将文献馆办成海派中医文献信息资料齐全、研究最权威的科研机构；为上海中医药发展及政府决策提供有力的支撑；服务上海、辐射华东，甚至引领全国、走向世界。

海派中医史学系列研究

上海近代的"地理位置""名医群像""中西医汇通""孤岛时期畸形繁荣""海上中药贸易"等独特的文化因素和社会环境，造就了海派中医在整个中医发展过程中的重要地位。我馆2014年启动了《上海中医药史略》的史学专著的编撰，今后将在此基础上，以专题形式开展海派中医专项史系列研究，如医家、医籍、医学流派、中药发展及贸易史、专科疾病临床诊疗史、医事活动、社会团体、重大事件等，直至完成《上海中医通史》的编撰。

不仅对于现代上海中医的发展有借鉴意义，而且对于全国中医、乃至中医的世界性传播都将具有重要的参考价值。

海派中医文化的深度研究

2014 年，我馆申报并立项了上海市第二轮中医药三年行动计划建设项目之"中医药文化科普基地"。该项目将文化基地的建设定位于海派中医药文化的研究与传播，拟通过三年的阶段性建设，使该基地逐步具有汇集、研究、保护海派中医文化资源的功能，初步建立海派中医文化的深度浸润特色区。进而把文献馆建成海派中医文化的研究与传播中心。通过由外观与内涵相结合，实施学术、临床、文化传播一体化模式，使文献馆成为中医药文化向海外传播的一支重要力量。

海派中医传播的精致名片

《中医文献杂志》作为全国唯一的中医文献专业类杂志，在中医文献研究人员中有口皆碑，但在全国中医药行业中的知名度还有待进一步提高。在我馆新一轮的五年规划中，编辑部将开拓各种渠道、增加杂志特色、逐步扩大杂志在国内外的影响力，把《中医文献杂志》建成行业内的精品核心期刊，使之成为我馆展示文献信息研究成果的一扇窗口以及海派中医研究成果的展示与传播的重要载体，乃至将海派中医文化发展为向全国、全球宣传的精致名片。

海派中医传承研究新探索

传承模式研究

上海市中医文献馆一直是全国及上海市老中医药专家学术经验继承班的具体承办单位。在过去的管理过程中，在研究中医药传承发展的有效途径、探索中医传承创新的思路和方法等方面，曾取得一定成果。今后应充分利用这一资源优势，除继续探索师承教育方法和模式外，应采取文献研究、影像记录、数据挖掘等多种方法，开展海派中医流派及传承研究，研究海派名医的独到之处、不同流派名医的传承特色和临证思维等。在可能的情况下，探索把研究成果转化成具有实际指导意义的方案，在更多地方及医疗机构中运用。

传承实践探索

我馆的中医门诊部，是全国第一个以继承老中医经验为主的带教门诊，旨在将文献研究与临床实际相结合，全面继承名老中医学术思想、临床经验、诊疗思维，是上海唯一一家仅用中药饮片及中医手段进行诊疗的医疗机构。历年来，门诊部汇聚了上海各个流派的代表性传承人，是集中展现海派中医临证风采和最高诊疗水平的平台。今后，要充分发挥我馆海派中医名家和馆员带教优势，探索更适合中医发展传承的精英教育模式，培养真正有中医思维的高级临床人才。

海派中医发展战略研究

未来，我馆将申请成立"上海市中医药发展研究中心"。并以"上海市中医药科技情报研究所""上海市中医药科技服务中心"为依托，以我馆文献信息资料研究为基础，开展中医药发展战略研究。通过整合相关中医药发展研究资源，以大数据汇集全市中医药信息，以馆员为主体汇聚全市顶尖中医药专家智慧，完善决策支持体系，建成立足上海、在国内外具有较大影响力的中医药发展高级"智库"。为上海乃至全国提供翔实可靠的中医药信息服务，为上海乃至全国中医药发展及政府决策提供有力支撑。

结语

在六十年的风雨历程中，上海市中医文献馆历经立馆、拆并、复馆、兴馆……建馆初期曾经是对上海名老中医落实"统战"政策的福地，如今则是汇聚上海名医及文化名人的"聚宝盆"。放眼全市中医机构，我馆曾经以及目前正在扮演的角色，都是其他单位无法取代的。如今，在规划蓝图的指引下，我馆正朝着实现美好愿景的目标迈开坚实的步伐。

然而，前进的道路崎岖不平，任重道远！

要实现这些美好的愿景，对目前的上海市中医文献馆而言，可谓"雄关漫道真如铁"。六十年馆庆之际，也正是"而今迈步从头越"之时。这些愿景，正是全馆职工、全体馆员努力奋斗的方向。在"厚德笃志、博学求真"的馆训激励下，上海市中医文献馆一定能沉潜砥砺、继往开来！

附录

风雨六十年
——上海市中医文献馆
（1956～2015）

一、文献馆馆员名录

1956~1966 年我馆馆员名单（合计 62 人）

姓名	性别	生卒年	聘任时间	职务	专长
顾渭川	男	1885~1966	1956.7	馆长	内科
徐相任	男	1881~1959	1956.7	馆务委员	内科
顾筱岩	男	1892~1968	1956.7	馆务委员	外科
郭柏良	男	1884~1967	1956.7	馆务委员	内科
向迪琮	男	1890~1969	1956.7	馆务委员	气功
曹惕寅	男	1881~1969	1956.7	馆务委员	内科
梁少甫	男	1877~1957	1956.7	馆务委员	内科
蔡济平	男	1883~1957	1956.7	馆务委员	内科
张梦痕	男	–	1956.7	专职馆员	内科
包句香	男	1893~1960	1956.7	专职馆员	外科
张汝伟	男	1894~1966	1956.7	专职馆员	喉、内科
陈树修	男	1884~1960	1956.7	专职馆员	内妇儿科
李卓英	男	1898~1965	1956.7	专职馆员	内妇儿科
张慕岐	男	1894~1981	1956.7	专职馆员	内妇科
赵景生	男	?~1975	1960.1	专职馆员	内科
张赞臣	男	1904~1993	1960.1	专职馆员	喉科
姚揖君	男	1895~1981	1964.12	专职馆员	内科
刘可斋	男	1882~1959	1956.7	兼职馆员	外科
尹仲选	男	1878~1959	1956.7	兼职馆员	内科
殷震贤	男	1890~1960	1956.7	兼职馆员	伤骨科
卜培基	男	1884~1967	1956.7	兼职馆员	内科
倪文鼎	男	1888~1965	1956.7	兼职馆员	外科
刘镜湖	男	1884~？	1956.7	兼职馆员	
金翰章	男	1894~1969	1956.7	兼职馆员	内儿科
邵若舟	男	1882~1966	1956.7	兼职馆员	针灸
傅晋康	男	1882~1969	1956.7	兼职馆员	外科针灸
刘少方	男	1881~1969	1956.7	兼职馆员	眼科
沈梦庐	男	1880~1969	1956.7	兼职馆员	男妇内科

（续表）

姓名	性别	生卒年	聘任时间	职务	专长
方行维	男	1886~1964	1956.7	兼职馆员	内科
高咏霓	男	1883~1963	1956.7	兼职馆员	内妇外科
窦雄伯	男	1891~1962	1956.7	兼职馆员	儿科推拿
濮起元	男	1896~1964	1956.7	兼职馆员	推拿
崔灼三	男	1888~1962	1956.7	兼职馆员	
康醒华	男	1888~1983	1956.7	兼职馆员	肺科
章芝山	男	1862~1959	1956.7	兼职馆员	内科
蒋维乔	男	1873~1958	1956.7	兼职馆员	气功
孙汉庭	男	1876~1962	1956.7	兼职馆员	内科
王剑宾	男	1886~1958	1956.7	兼职馆员	内科
沈杏苑	男	1870~1956	1956.7	兼职馆员	内科
王松山	男	1870~1962	1956.7	兼职馆员	推拿
蒋鹤鸣	男	1886~1961	1956.7	兼职馆员	内外科
黄宝忠	男	1889~1968	1956.7	兼职馆员	外科
罗泽民	男	1895~1968	1956.7	兼职馆员	
葛养民	女	1892~1973	1956.7	兼职馆员	内科
吴秉卿	男	1889~1959	1956.10	兼职馆员	内科
杨光泽	男	1879~1967	1956.10	兼职馆员	内科
韩纪臣	男	1890~1966	1956.10	兼职馆员	
谢炳耀	男	1863~1960	1956.10	兼职馆员	内科
范禾安	男	1899~1973	1956.10	兼职馆员	内科
耿午楼	男	1884~1961	1956.11	兼职馆员	气功
曾子明	男	1880~1960	1956.12	兼职馆员	麻痘
萧范群	男	1897~？	1961.1	兼职馆员	
叶大密	男	1889~1973	1962.6	兼职馆员	气功
严苍山	男	1898~1968	1962.6	兼职馆员	内科
王寄尘	男	1883~1966	1962.6	兼职馆员	眼科
陈其昌	男	1889~1968	1962.6	兼职馆员	内外科
王泰亨	男	1891~1982	1962.6	兼职馆员	针灸
单养和	男	1891~1969	1962.6	兼职馆员	小儿推拿
孙　恒	男	1885~1969	1962.6	兼职馆员	内科针灸
杨中一	男	1890~1965	1962.6	兼职馆员	气功
陆眉寿	女	1885~1964	1962.6	兼职馆员	推拿正骨
俞大同	男	1900~1974	1964.5	兼职馆员	眼内科

1981 年复馆后馆员及顾问名单（合计 35 人）

姓名	性别	生卒年	聘任时间	职务	专长
俞志鸿	男	1920~1996	1981.1	兼职馆员	妇科
恽慧庄	女	1909~1993	1981.1	兼职馆员	内妇儿科
柳琴韵	女	1919~1986	1981.1	兼职馆员	内科
曹寿民	男	1909~1986	1981.1	兼职馆员	针灸
董廷瑶	男	1903~2002	1981.5	专职馆员	儿科
丁济仁	男	1915~1998	1981.7	兼职馆员	内科
王天德	男	1915~1998	1981.7	兼职馆员	内妇科
石蕴华	男	1906~1993	1981.7	兼职馆员	伤科
余子贞	男	1896~1991	1981.7	兼职馆员	内外伤科
张寿杰	男	1912~1995	1981.7	兼职馆员	内科
张友琴	男	1911~2005	1981.7	兼职馆员	内外科
沈小芳	男	1907~1998	1981.7	兼职馆员	儿科
陈苏生	男	1909~1999	1981.7	兼职馆员	内科
陈寿松	男	1914~1990	1981.7	兼职馆员	内科
陈百平	男	1916~2012	1981.7	兼职馆员	内科
杨伯衡	男	1912~1989	1981.7	兼职馆员	内科
孟友松	男	1922~1988	1981.7	兼职馆员	内科
陶斗元	男	1912~1993	1985.1	兼职馆员	气功
江克明	男	1921~2009	1985.1	兼职馆员	内科
茹十眉	男	1908~1989	1985.5	兼职馆员	内科
谢霖富	男	1924~1989	1988.1	兼职馆员	中药
王正公	男	1912~1991	1988.5	兼职馆员	内科
郭镜我	女	1924~2012	1988.5	兼职馆员	内科
袁云瑞	男	1919~2004	1988.5	专职馆员	内科
颜德馨	男	1920~	1993.1	兼职馆员	内科
施维智	男	1917~1998	1993.1	兼职馆员	伤科
李国衡	男	1924~2005	1993.1	兼职馆员	骨伤科
朱南孙	女	1921~	1993.1	兼职馆员	妇科
钱伯文	男	1917~2015	1993.1	兼职馆员	肿瘤科
施梓桥	男	1921~1999	1993.1	兼职馆员	外科
沈惠民	男	1930~2007	1993.1	兼职馆员	中药
张镜人	男	1923~2009	1986.1	顾问	内科
姜春华	男	1908~1992	1986.1	顾问	内科
邝安堃	男	1902~1992	1986.1	顾问	中西医结合
裘沛然	男	1913~2010	1988.10	顾问	内科

2014 年 4 月增聘馆员名单（合计 32 人）

姓名	性别	出生年月	单位
柏连松	男	1936.1	上海中医药大学附属曙光医院
蔡淦	男	1938.8	上海中医药大学附属曙光医院
蔡小荪	男	1923.12	上海市第一人民医院
陈汉平	男	1937.11	上海市针灸经络研究所
陈以平	女	1938.7	上海中医药大学附属龙华医院
丁学屏	男	1935.4	上海中医药大学附属曙光医院
段逸山	男	1940.7	上海中医药大学
何立人	男	1942.1	上海中医药大学附属岳阳中西医结合医院
黄吉赓	男	1929.9	上海中医药大学附属曙光医院
李鼎	男	1929.12	上海中医药大学
马绍尧	男	1939.3	上海中医药大学附属龙华医院
彭培初	男	1936.3	上海市第一人民医院分院
邱佳信	男	1937.3	上海中医药大学附属龙华医院
沈丕安	男	1937.12	上海市中医医院
沈自尹	男	1928.3	复旦大学附属华山医院
施杞	男	1937.8	上海中医药大学附属龙华医院
石仰山	男	1931.3	上海市黄浦区中心医院
石印玉	男	1942.11	上海中医药大学附属曙光医院
唐汉钧	男	1938.3	上海中医药大学附属龙华医院
王灵台	男	1940.9	上海中医药大学附属曙光医院
王翘楚	男	1927.2	上海市中医医院
王霞芳	女	1937.12	上海市中医医院
吴银根	男	1940.8	上海中医药大学附属龙华医院
奚九一	男	1923.4	上海市中西医结合医院
夏翔	男	1938.1	上海交通大学医学院附属瑞金医院
许锦柏	男	1943.6	上海市药材有限公司
严隽陶	男	1942.9	上海中医药大学附属岳阳中西医结合医院
严世芸	男	1940.5	上海中医药大学
于尔辛	男	1931.8	复旦大学附属肿瘤医院
俞瑾	女	1935.10	复旦大学附属妇产科医院
张云鹏	男	1930.10	上海市中医文献馆
朱培庭	男	1939.12	上海中医药大学附属龙华医院

2014 年 9 月聘任名誉馆员名单（按姓氏拼音排序）

姓名	性别	出生年月	单位
朱良春	男	1917.8	南通良春中医药研究所
余瀛鳌	男	1933.1	中国中医科学院医史文献研究所
张灿玾	男	1928.7	山东中医药大学

（以上馆员名录经毕丽娟核对）

二、文献馆职工名册（按入馆时间顺序排列）

上海市中医文献馆部分职工名单（复馆前）

序号	姓名	性别	岗位	出生年份	目前状况
1	顾渭川	男	馆长	1885	过世
2	张赞臣	男	副馆长	1904	过世
3	张禹勋	男	书记	–	过世
4	栾长明	男	书记	–	过世
5	张梦痕	男	专职馆员	–	过世
6	包句香	男	专职馆员	1893	过世
7	陈树修	男	专职馆员	1884	过世
8	李卓英	男	专职馆员	1898	过世
9	姚揖君	男	专职馆员	1895	过世
10	张汝伟	男	专职馆员	1894	过世
11	张慕岐	男	专职馆员	1894	过世
12	赵景生	男	专职馆员	–	过世
13	陈湘君	女	助理馆员	1939	
14	林功铮	男	助理馆员	1934	
15	郭天玲	女	助理馆员	–	
16	郑昌雄	男	助理馆员	1936	
17	莫雪琴	女	助理馆员	–	
18	黄少堂	男	助理馆员	–	
19	泮本贻	男	助理馆员	–	
20	邵仁太	男	助理馆员	–	
21	程觉先	男	助理馆员	–	
22	郭镜我	女	助理馆员	1924	过世
23	沙望巍	男	助理馆员	–	
24	王秀娟	女	助理馆员	–	
25	王冶任	男	助理馆员	–	
26	尹胜泉	男	助理馆员	–	
27	吴超玉	男	助理馆员	–	
28	王泰亨	男	助理馆员	–	

上海市中医文献馆职工名单（复馆后）

序号	姓名	性别	岗位或职称	出生年月	目前状况
1	胡贤生	男	助理经济师	–	工作调动
2	姚静芬	女	图书管理员	–	工作调动
3	郑隆邺	男	医师	–	工作调动
4	张栋生	男	驾驶员	–	工作调动
5	毛美勤	女	炊事员	–	工作调动
6	张培英	女			退休
7	丁敬贤	男	技工	–	工作调动
8	宋知行	男	医师	–	辞职
9	陆巧珍	女	工人	–	工作调动
10	陈新建	男	驾驶员	–	工作调动
11	董廷瑶	男	主任医师	1903.6	过世
12	袁云瑞	男	主任医师	1919.1	过世
13	刘洪祥	男	副科级	1925.11	过世
14	王翘楚	男	主任医师	1927.2	工作调动
15	王敬同	男	副处级	1928.3	过世
16	张云鹏	男	主任医师	1930.10	退休
17	蔡福根	男	副科级	1931.11	退休
18	励正康	男	副研究员	1935.2	退休
19	周家珩	男	副主任医师	1935.10	离休
20	潘文奎	男	主任医师	1936.4	过世
21	孙良璧	女	会计师	1937.12	退休
22	唐国顺	男	主任医师	1938.10	退休
23	姚常立	男	主治医师	1941.1	退休
24	董其圣	男	主任医师	1941.6	退休
25	顾妙珍	女	主任医师	1941.7	退休
26	王文君	女	图书馆员	1944.1	退休
27	贝润浦	男	副主任医师	1944.6	辞职
28	陈熠	男	主任医师	1944.9	退休
29	邓嘉成	男	副主任医师	1944.11	退休
30	吴文达	男	中级工	1944.12	过世
31	张仁	男	主任医师	1945.1	退休
32	周琴花	女	副主任医师	1947.8	退休
33	招萼华	男	主任医师	1948.7	退休

（续表）

序号	姓名	性别	岗位或职称	出生年月	目前状况
34	孔祥桂	男	中级工	1948.9	退休
35	陈惠国	男	医师	1949.2	辞职
36	张智方	男	初级工	1949.9	退休
37	王椿嵩	男	科员	1950.10	过世
38	杨杏林	男	主任医师	1951.1	退休
39	方松春	男	副主任医师	1952.2	退休
40	沈建平	男	副科级	1952.5	退休
41	缪姣云	女	主管药师	1952.10	退休
42	蒋琴芳	女	高级政工师	1952.12	退休
43	夏 融	女	副主任医师	1953.4	辞职
44	黄素英	女	主任医师	1953.5	退休
45	周茂根	男	主管药师	1953.6	退休
46	郑雪君	女	副主任医师	1953.7	退休
47	宋光飞	男	主治医师	1954.3	退休
48	严勤华	女	副主任医师	1954.10	调动
49	魏 平	男	副研究员	1954.12	调动
50	施 明	男	主任医师	1955.1	退休
51	刘来娣	女	经济师	1955.2	调动
52	沈晓青	女	中级工	1955.2	退休
53	蒋翠芬	女	助理会计师	1955.2	退休
54	陈辽泓	女	中医师	1955.11	辞职
55	陈沛沛	女	研究员	1958.3	退休返聘
56	唐晓红	女	主治医师	1960.8	辞职
57	程剑峰	男	医师	1961.9	辞职
58	冯 莲	女	护师	1961.1	辞职
59	臧朝平	女	主治医师	1961.11	调动
60	奚福生	男	助理工程师	1964.11	辞职
61	闵 捷	女	医师	1966.2	辞职
62	吴 爽	女	医师	1967.5	辞职
63	袁爱民	女	会计员	1967.9	辞职
64	洪 义	女	主治医师	1970.9	工作调动
65	熊 韬	男	副主任医师	1971.7	辞职
66	刘邓浩	男	主治医师	1973.8	辞职

在职职工（按入馆先后排序）

序号	姓名	性别	岗位或职称	出生年月	入馆时间	目前状况
1	倪华	女	医师	1964.1	1980.9	在职
2	顾美琴	女	助理会计员	1962.7	1980.12	在职
3	刘俊芳	女	档案馆员	1963.7	1983.5	在职
4	包晨	女	图书馆员	1970.6	1989.9	在职
5	吴九伟	男	副主任医师	1959.8	1989.9	在职
6	杨悦娅	女	主任医师	1958.11	1992.5	在职
7	余恒先	女	副主任医师	1970.7	1993.9	在职
8	姚燕萍	女	会计师	1975.2	1995.8	在职
9	周晴	女	副主任医师	1971.11	1995.9	在职
10	王海丽	女	副主任医师	1973.11	1997.7	在职
11	徐柏雯	女	经济师	1981.2	1999.12	在职
12	王春艳	女	副主任医师	1977.3	2003.8	在职
13	徐燎宇	男	副主任医师	1972.12	2003.8	在职
14	郑宜南	女	主治医师	1976.6	2004.8	在职
15	王顺	女	主治医师	1980.7	2005.8	在职
16	毕丽娟	女	副主任医师	1976.10	2006.8	在职
17	杨枝青	男	主治医师	1977.12	2006.8	在职
18	邵明坤	男	主管药师	1983.10	2006.8	在职
19	姜敏燕	女	护师	1979.2	2007.1	在职
20	张利	女	副主任医师	1978.10	2007.4	在职
21	张晶滢	女	主治医师	1981.9	2007.8	在职
22	邹克丽	女	副科级	1965.1	2007.8	在职
23	苏丽娜	女	主治医师	1977.1	2008.1	在职
24	肖芸	女	主治医师	1979.7	2008.8	在职
25	张进	女	主治医师	1981.2	2009.8	在职
26	夏正洲	男	办事员	1987.3	2009.11	在职
27	顾旭栋	男	助理会计师	1988.4	2010.8	在职
28	石云	男	主治医师	1983.9	2010.8	在职
29	蔡轶明	女	研究实习员	1978.4	2010.8	在职
30	程勇	男	研究员	1964.7	2010.6	在职
31	卓鹏伟	男	副主任医师	1967.4	2011.8	在职
32	应嘉炜	男	助理工程师	1984.12	2011.8	在职
33	季伟苹	男	研究员	1956.9	2013.8	在职
34	范峻	男	办事员	1991.7	2013.8	在职
35	周思清	女	办事员	1988.8	2013.8	在职
36	王勇	男	助理工程师	1986.3	2013.8	在职
37	庞素银	女	副主任药师	1970.10	2013.8	在职
38	徐立思	男	助理研究员	1985.5	2013.8	在职
39	胡颖翀	男	助理研究员	1978.3	2015.8	在职
40	王琼	男	住院医师	1983.7	2015.8	在职
41	朱慧勤	女	主治医师	1965.10	2015.8	在职

（职工名录由王海利核对）

三、文献馆历任馆领导名册

文献馆历任领导

职务	姓名	任职时间
支部书记	张禹勋	1962~1964
	栾长明	1964~1972
	王敬同	1987.9~1989.3
	周家珩	1989.3~1995.8
	蒋琴芳	1995.8~2007.5
	方松春	2007.6~2013.8
	季伟苹	2013.9~
馆长	顾渭川	1956.7~1966
	董廷瑶	1981.7~1985.10
	王翘楚	1985.10~1990.9
	励正康	1990.9~1995.7
	陈熠（代）*	1995.8~1997
	张 仁	1997~2005.2
	虞坚尔	2005.2~2006.5
	方松春	2006.5~2013.8
	季伟苹	2013.9~
副馆长	张禹勋	1956.8~1971
	张赞臣	1960~1972
	栾长明	1962~1972
	袁云瑞	1981.7~1984.6
	王敬同	1984.9~1991.3
	周家珩	1989.5~1995.12
	贝润浦	1990.6~1992.2
	陈 熠	1992.8~2004.9
	王海丽	2008.6~
	王春艳	2010.5~

*陈熠（代）：1995.8~1997 这段时间无正馆长，由陈熠副馆长代行馆长之职。

2006 年聘任顾问 20 名，2010 年增聘 7 名（按年龄排序）

姓 名	性 别	出生年月	单 位
裘沛然	男	1913.1	上海中医药大学
颜德馨	男	1920.11	同济大学附属第十人民医院
朱南孙	女	1921.1	上海中医药大学附属岳阳中西结合医院
张镜人	男	1923.6	上海交通大学附属第一人民医院
蔡小荪	男	1923.12	上海市第一人民医院
王翘楚	男	1927.2	上海市中医医院
张云鹏	男	1930.10	上海市中医文献馆
石仰山	男	1931.3	黄浦区中心医院
刘嘉湘	男	1934.6	上海中医药大学附属龙华医院
陆德铭	男	1935.7	上海中医药大学附属龙华医院
柏连松	男	1936.1	上海中医药大学附属曙光医院
彭培初	男	1936.3	上海市第四人民医院
施 杞	男	1937.8	上海中医药大学
陈汉平	男	1937.11	上海市针灸经络研究所
王霞芳	女	1937.12	上海市中医医院
夏 翔	男	1938.1	上海交通大学附属瑞金医院
蔡 淦	男	1938.8	上海中医药大学附属曙光医院
陈湘君	女	1939.3	上海中医药大学附属龙华医院
王 左	男	1939.3	上海中医药大学附属曙光医院
张明岛	男	1939.6	上海交通大学医学院
朱培庭	男	1939.12	上海中医药大学附属龙华医院
严世芸	男	1940.5	上海中医药大学
何立人	男	1942.1	上海中医药大学附属岳阳中西医结合医院
赵国定	男	1944.9	黄埔区中心医院
王庆其	男	1944.12	上海中医药大学
陆金根	男	1947.12	上海中医药大学附属龙华医院
虞坚尔	男	1952.8	上海市中医医院

五、文献馆科研成果一览表（按时间顺序排列）

序号	项目名称	负责人	立项部门	立项时间
1	中医中西医结合科研管理的探讨	王翘楚	上海市卫生局	1988
2	针麻临床研究的思路与方法	张仁	上海市卫生局	1989
3	姜春华教授临床思路与方法研究	张云鹏	上海市卫生局	1989
4	上海中医教育史研究	杨杏林	上海市卫生局	1996
5	高层次中医师承教育研究	黄素英	上海市卫生局	1996
6	明清中医善孤本调查研究	陈熠	上海市卫生局	1996
7	"益汗净"治疗汗症的临床研究	董其圣	上海市卫生局	1996
8	中医引文数据库—科研用计算机服务	魏平	上海市卫生局	1997
9	中医名词术语即时双向翻译与文种自动转换系统	周晴	上海市卫生局	1997
10	上海市名老中医学术经验资料多媒体光盘	张仁	上海市卫生局	1998
11	上海市中医资源现状调查及发展战略研究	张仁	上海市卫生局	1998
12	中医药科学数据管理与共享服务系统（子课题）	杨杏林	科技部立项分项目	2001
13	上海市中医药科技开发信息系统	刘鄂浩	上海市卫生局	2002
14	林学俭头皮针疗法规范化方案研究	吴九伟	上海市卫生局	2004
15	中医药科研"一库四平台"管理体系研究	徐燎宇	上海市卫生局	2004
16	上海市中医药师承教育管理信息系统	王春艳	上海市卫生局	2004
17	蔡小荪学术思想与临床经验	黄素英	科技部十五科技攻关计划项目	2005
18	当今著名中医药专家成才规律研究	李伟苹 黄素英	国家中医药管理局	2005
19	"专家数据库""肿瘤数据库"建设	徐燎宇	上海市科委一网两库子项目	2006
20	中医药科技信息数据库建设（子课题）	杨杏林 周晴	科技部立项分项目	2006

（续表）

序号	项目名称	负责人	立项部门	立项时间
21	上海百年百名中医专家经验数据库	余恒先	上海市科委—网两库子项目	2006
22	上海市中医药专家数据库	徐燎宇	上海市科委—网两库子项目	2006
23	中医药肿瘤数据库	熊韬	上海市科委—网两库子项目	2006
24	中医药引文数据库建设	周晴	上海市科委—网两库子项目	2006
25	上海市张云鹏名老中医工作室	杨悦娅	上海市卫生局	2006
26	张云鹏名老中医学术思想传承研究	余恒先	市科委创新行动计划项目子课题	2007
27	名老中医学术思想及临床经验传承研究	黄素英	上海市科委创新行动计划项目	2007
28	海派中医医案研究	陈沛沛	国家中医药管理局委托项目	2007
29	海派中医特色研究	陈沛沛	上海市卫生局	2007
30	"中医药数据库研发平台"6个数据库建设	徐燎宇	上海市科委研发平台分项目	2007
31	近代上海中西医汇通学术发展史及其医家思想研究	杨杏林	上海市卫生局	2008
32	上海市23所公立非营利性医院运行状况比较研究	熊韬	上海市卫生局	2008
33	名医医案数据分析应用系统研究	徐燎宇	上海市卫生局	2008
34	上海市中医师承教育历史、现状、需求分析以及对策研究	毕丽娟	上海市卫生局	2009
35	上海市中医药战略情报研究体系构建探索	徐燎宇	上海市卫生局	2009
36	张云鹏学术思想及临床经验研究	杨悦娅	国家"十一五"科技支撑计划	2010
37	全国名老中医药专家张云鹏传承工作室	杨悦娅	国家中医药管理局	2010
38	全国名老中医药专家蔡小荪传承工作室	黄素英	国家中医药管理局	2010
39	地方志与中医药文献整理	杨杏林	科技部重大基础性工作项目分课题	2010
40	陈氏妇科临证经验总结及流派传承研究	郑宜南	上海市卫生局	2010
41	上海市中医药事业发展"十二五"规划研究	程勇	上海市卫生局	2010

（续表）

序号	项目名称	负责人	立项部门	立项时间
42	《医案三种抄本》古籍校勘整理	毕丽娟	国家中医药管理局"中医药古籍保护与利用能力建设项目"分项目	2011
43	《素问灵枢类撰约注》古籍校勘整理	王春艳、张晶滢		2011
44	《医学寻源》古籍校勘整理	毕丽娟、杨枝青		2011
45	《妇科抄本三种》古籍校勘整理	王春艳、杨杏林		2011
46	《素灵微蕴》古籍校勘整理	杨枝青		2011
47	《医学阶梯》古籍校勘整理	苏丽娜		2011
48	《内经博议》古籍校勘整理	杨杏林		2011
49	上海蔡氏妇科流派传承工作室建设	黄素英	国家中医药管理局	2012
50	陈熠名老中医工作室建设	肖芸		2012
51	海派中医蔡氏妇科流派传承研究基地	黄素英		2012
52	祝氏内科流派学术思想传承研究	陈熠	上海市卫生委第一轮中医药三年行动计划	2012
53	丁氏内科传人章次公学术思想研究	周晴		2012
54	海派中医流派传承研究基地建设项目绩效评价研究	王春艳	上海市卫生局	2012
55	陈熠"调神"学术思想研究的系统研究	肖芸	上海市卫生局	2012
56	消膜止血调整同期治疗子宫内膜简单型增生过长崩漏的规范化研究	张利	上海市卫生局	2012
57	上海市中医药科技创新体系研究	徐燦宇	上海市卫生局	2012
58	医改背景下中医医疗机构服务功能与补偿机制的研究	程勇	上海市卫生局	2012
59	中西医结合现状的研究	程勇	国家中医药管理局中医药政策研究项目	2012
60	上海社会办中医医疗机构发展现状、问题和对策	石云	上海市卫计委	2013
61	上海中医医疗旅游的发展思路研究	程勇	上海市卫计委	2013
62	上海落实国务院《若干意见》的中医药政策绩效评估研究	程勇	上海市卫计委	2013

（续表）

序号	项目名称	负责人	立项部门	立项时间
63	文献馆馆员学术传承研究项目	毕丽娟	2014年度市财政资助学术专项	2014
64	中医药智库与决策支持专项	徐燎宇		2014
65	上海市基层中医人员（非名中医）的一技之长挖掘研究	杨悦娅		2014
66	海派中医影视资料搜集整理	王海丽		2014
67	胡国华教授"温疏活血方"治疗原发性痛经临床随机研究	王春艳	上海市卫计委	2014
68	彭培初教授治疗少弱精症临床经验及学术思想总结	卓鹏伟	上海市卫计委	2014
69	方氏针灸传人张仁老中医学术思想和眼病诊治经验总结	张 进	上海市卫计委	2014
70	上海市中医药事业"十三五"发展战略研究	程 勇	上海市卫计委	2014
71	中医口疡类疾病历代文献数据库系统的构建和临床应用	季伟苹	上海市卫计委	2014
72	中医中医药健康服务业的发展思路研究	程 勇	上海市卫计委	2014
73	上海市科研项目绩效评价研究	程 勇	上海市卫计委	2014
74	蔡氏妇科流派传承研究基地	余恒先	上海市卫计委第二轮中医药三年行动计划专项	2014
75	海派中医文化科普基地	黄素英 / 季伟苹 / 苏丽娜		2014
76	上海市中医文献馆志并馆史研究专项	季伟苹	2015年度市财政资助学术专项	2015
77	文献馆馆员学术传承研究项目	毕丽娟		2015
78	中医药智库与决策支持专项	徐燎宇		2015
79	上海市基层中医人员（非名中医）的一技之长挖掘研究	杨悦娅		2015
80	海派中医影视资料搜集整理	王海丽		2015
81	中医药走向世界战略研究	程 勇	国家社科基金重点项目	2015
82	医疗机构中医委托代煎服务政策问题分析与建议	石 云	上海市卫计委	2015

（本科研成果一览表经王春艳核对）

六、文献馆出版著作一览表

1956 年～1972 年出版书籍

序号	书名	出版单位	出版时间	主要作者及著作方式
1	叶选医衡	上海锦章书局石印本	1920	叶天士　撰，顾渭川　重校
2	顾氏评注印机草	文献研究馆自行刊印	1959	顾渭川　评注，顾鸿章　参校
3	顾评温病条辨撮要	文献研究馆自行刊印	1960	顾渭川　评，顾鸿章　参校
4	渭庐医案醇膌	文献研究馆自行刊印	1962	顾渭川　著
5	小便癃闭专辑	文献研究馆自行刊印	1958	上海市中医文献研究馆　编
6	中国历代医史	文献研究馆自行刊印	1959	中医文献研究馆医史组　编
7	重纂包氏喉证家宝	科技卫生出版社	1959	上海市中医文献研究馆　整理
8	女中医医案	文献研究馆自行刊印	1959	上海市中医文献研究馆　编
9	临症一得	文献研究馆自行刊印	1959	张汝伟　选录验案
10	验方选编第一辑	上海科学技术出版社	1959	上海市中医文献研究馆　编
11	验方选编第二辑	上海科学技术出版社	1960	上海市中医文献研究馆　编
12	癃闭专辑	科技卫生出版社	1959	上海市中医文献研究馆　编
13	头痛专辑	文献研究馆自行刊印	1959	上海市中医文献研究馆　编
14	哮喘专辑	上海科学技术出版社	1959	上海市中医文献研究馆　编
15	消渴专辑	文献研究馆自行刊印	1960	上海市中医文献研究馆　编
16	肿胀专辑	上海科学技术出版社	1960	上海市中医文献研究馆　编
17	调经专辑	文献研究馆自行刊印	1960	上海市中医文献研究馆　编
18	黄疸专辑	上海科学技术出版社	1962	上海市中医文献研究馆　编
19	中风专辑	上海科学技术出版社	1963	上海市中医文献研究馆　编
20	疟疾专辑	上海科学技术出版社	1965	上海市中医文献研究馆　编著
21	馆藏图书目录	文献研究馆自行刊印	1964	上海市中医文献研究馆　编
22	临床心得选集 （第一辑）	上海科学技术出版社	1966	上海市中医文献研究馆编著
23	临床心得选集 （第二辑）	上海科学技术出版社	1966	上海市中医文献研究馆编著

1981年~2000年出版书籍

序号	书名	出版单位	出版时间	主要作者及著作方式
1	实用针灸保健防病	志远书局（台北）	1982	张仁编 著
2	针灸防治中风	上海翻译出版公司	1987	方幼安、张仁 编著
3	急症针灸	人民卫生出版社	1988	张仁 编著
4	针灸意外预防及处理	上海科技文献出版社	1988	张仁、梁行 编著
5	中国针刺麻醉发展史	上海科技文献出版社	1989	张仁 著、王翘楚 审
6	难病针灸	人民卫生出版社	1991	张仁 编著
7	实用灸疗法	志远书局（台北）	1992	张仁 编著
8	实用针灸意外预防处理	志远书局（台北）	1992	张仁、梁行 编著
9	实用耳针疗法	志远书局（台北）	1992	张仁 编著
10	实用拔罐疗法	志远书局（台北）	1992	张仁 编著
11	实用刺血疗法	志远书局（台北）	1992	张仁 编著
12	实用针刺手法精选	志远书局（台北）	1995	张仁 编著
13	实用难病针灸疗法	志远书局（台北）	1993	张仁 编著
14	实用急症针灸疗法	志远书局（台北）	1993	张仁 编著
15	实用子午流注针法	志远书局（台北）	1994	张仁 编著
16	小儿针灸手册	上海科技出版社	1995	张仁 主编
17	实用穴位特种疗法	志远书局（台北）	1995	张仁 编著
18	实用经外穴精选	志远书局（台北）	1996	张仁 编著
19	实用针灸处方精选	志远书局（台北）	1996	张仁 编著
20	针灸保健防病	上海科学技术出版社	1996	张仁编 著、刘坚协 编
21	实用针刺麻醉	志远书局（台北）	1996	张仁 编著
22	难病の针灸治疗（日文）	绿书房（东京）	1996	张仁 编著
23	急症の针灸治疗（日文）	绿书房（东京）	1996	张仁 编著
24	实用独特针刺法	人民卫生出版社	1997	张仁 编著
25	实用穴位敷贴疗法	志远书局（台北）	1997	张仁 编著

（续表）

序号	书名	出版单位	出版时间	主要作者及著作方式
26	中医治疗现代难病集成	文汇出版社	1998	张仁　主编 潘文奎、吴九伟　副主编
27	165 种病症最新针灸治疗	文汇出版社	1998	张仁　编著、吴九伟　协编
28	一百天学针灸	上海科学技术出版社	1998	张仁　编著
29	实用电针疗法	志远书局（台北）	1998	张仁　编著
30	明清中医珍善孤本精选 （十种）（影印本） ①《名方类证医书大全》 ②《辨证玉函》 ③《医学原始》 ④《本草分经》 ⑤《婴儿论》 ⑥《脉理会参》 ⑦《脉症治方》 ⑧《撰集伤寒世验精法》 ⑨《吴氏医话二则》 ⑩《神验医宗舌镜》	上海科学技术出版社	1988~ 1993	上海市中医文献馆 陈熠　编选 王翘楚　审定
31	难病辨治	上海科技文献出版社	1987	陈熠、张仁、 邓嘉成等　编
32	中国药酒大全	上海科学技术出版社	1991	陈熠　主编 丛众　副主编
33	气功偏差的纠治和预防	上海文化出版社	1992	陈熠等　编著
34	陈苏生医集纂要	上海科技文献出版社	1994	陈熠、陈明华、 陈建平　编著
35	肿瘤防治康复全书	上海人民出版社	1995	上海市中医文献馆　编 陈熠　主编
36	《病机汇论》点校本	人民卫生出版社	1996	陈熠点校
37	家庭食养食疗全书	上海人民出版社	1997	陈熠　主编 潘文奎、招萼华　副主编
38	世界传统医学肿瘤学	科学出版社	1999	陈熠　主编
39	肿瘤单验方大全	中国中医药出版社	1998	陈熠、丛众　主编
40	喻嘉言医学全书	中国中医药出版社	1999	陈熠　主编 招萼华　副主编
41	姜春华学术经验精粹	中国中医药出版社	1994	张云鹏　主编

序号	书名	出版单位	出版时间	主要作者及著作方式
42	百年百名中医临床家张云鹏	中国中医药出版社	2000	张云鹏　著
43	中国中医独特诊断大全	文汇出版社	1999	张云鹏　主编
44	中国历代中医格言大观	文汇出版社	1992	刘云崄、张云鹏　主编
45	幼科刍言	上海科技出版社	1983	董廷瑶　著
46	董廷瑶《幼科撷要》	百家出版社	1990	宋知行、王霞芳　主编
47	中医科技管理学	上海科学技术出版社	1992	王翘楚　主编
48	中医药科研方法	重庆出版社	1993	王翘楚、张仁　主编
49	徐小圃学术经验集	上海中医学院出版社	1993	陆鸿元、邓嘉成　编写
50	恽铁樵遗注选	上海科学技术文献出版社	1989	董其圣、潘文奎　编注
51	仲景方在急难重病中的运用	上海中医学院出版社	1989	上海市中医文献馆　编 邓嘉成、董其圣、潘文奎、陈熠、张仁　编
52	章太炎全集（八）医论集	上海人民出版社	1990	潘文奎　注释
53	中医临床经验的整理与研究	中国中医药出版社	1993	潘文奎　著
54	上海中国医学院院史	上海科技文献出版社	1993	杨杏林、唐晓红　编著
55	名医摇篮上海中医学院校史	上海中医药大学出版社	1998	上海中医药大学、上海市中医文献馆　合编
56	汉英医学写作用语词典	上海译文出版社	1993	唐国顺　主编
57	医林春秋——上海中医中西医结合发展史	文汇出版社	1998	王翘楚　主编
58	女科调经要旨	上海科学技术出版社	1998	陶御风、黄素英　编著
59	蔡小荪谈妇科病	上海科技教育出版社	2000	蔡小荪　主编 黄素英、莫惠玉　编写
60	中草药家庭治疗·妇科病	上海远东出版社	2000	黄素英　编著
61	百年百名中医临床家蔡小荪	中国中医药出版社	2000	黄素英、莫惠玉 王海丽　编著
62	中草药家庭治疗皮肤病	上海远东出版社	2000	王海丽编著

2001 年～2015 年间出版书籍

序号	专著名称	出版单位	出版时间	主要编著人
1	中国百年百名中医临床家董廷瑶	中国中医药出版社	2001	王霞芳　邓嘉成　主编
2	中草药家庭治疗疑难病	上海远东出版社	2001	招萼华　朱凤英　编著
3	百年百名中医临床家姜春华	中国中医药出版社	2001	张云鹏
4	百年百名中医临床家陈苏生	中国中医药出版社	2001	陈熠　主编　陈明华　陈建平　副主编
5	中国通丛书－养生保健	上海古籍出版社	2002	吴九伟　著
6	家庭保健自疗手册	上海大学出版社	2003	张仁编　著
7	董廷瑶医案	上海科学技术出版社	2003	邓嘉成　王霞芳　整理
8	家庭保健自疗手册	上海大学出版社	2003	张仁　编著
9	中国药酒大全（第二版）	上海科学技术出版社	2003	陈熠　主编，丛众　副主编
10	针灸意外事故防治	上海科技出版社	2004	张仁　主编
11	中国民间奇特灸法	上海科技出版社	2004	张仁　刘坚　编著
12	慎五堂治验录（点校）	上海科技出版社	2004	杨杏林　点校
13	原幼心法（点校）	上海科技出版社	2004	王海丽　点校
14	薛氏济阴万金书（点校）	上海科技出版社	2004	杨悦娅　点校
15	一见能医（点校）	上海科技出版社	2004	郑雪君　点校
16	考证病源（点校）	上海科技出版社	2004	黄素英　点校
17	文化寻根（中医部分）	上海古籍出版社	2004	杨悦娅　撰稿
18	家庭实用药酒	上海科技出版社	2004	杨杏林　范海鹰　编著
19	糖尿病的中医特色疗法	上海中医药大学出版社	2004	王旭原　著　唐国顺　翻译
20	汉英英汉医学词典	上海外语教育出版社	2005	唐国顺编著
21	实用急症针灸学	人民卫生出版社	2005	张仁　编著
22	一百天学针灸（第二版）	上海科学技术出版社	2005	张仁　编著
23	针灸保健防病	上海科技出版社	2006	张仁　编著，刘坚　协编
24	张云鹏内科经验集	人民卫生出版社	2006	张云鹏　著
25	家庭常用药酒事典	上海文化出版社	2006	陈熠　王昱　贾玉琴　著
26	海派名老中医养生之道	东方出版中心	2007	方松春　主编　陈沛沛　王春艳　副主编
27	简易健康脐疗	上海科学技术出版社	2007	陈沛沛　主编

序号	专著名称	出版单位	出版时间	主要编著人
28	肿瘤中医症治精要	上海科学技术出版社	2007	陈熠　主编
29	祝味菊医案经验集	上海科学技术出版社	2007	招萼华　主编 杨杏林　郑雪君　协编
30	汉英对照针灸治疗高血压	上海科学技术出版社	2007	张仁　徐红　主编
31	难病针灸精选	上海科学技术出版社	2008	张仁　编著
32	针灸处方精选	上海科学技术出版社	2008	张仁　编著
33	经外穴精选	上海科学技术出版社	2008	张仁　编著
34	针灸技法精选	上海科学技术出版社	2008	张仁　编著
35	急症针灸精选	上海科学技术出版社	2008	张仁　编著， 王顺　协编
36	张云鹏肝病学术经验集	上海交通大学出版社	2008	上海市中医文献馆 张云鹏名老中医工作室
37	海派中医学术流派精粹	上海交通大学出版社	2008	吴鸿洲　方松春　主编 杨杏林　陈丽云 吴佩颖　陈沛沛　副主编
38	海派中医妇科膏方精选	上海交通大学出版社	2008	上海市中医文献馆　编写 胡国华　主编 黄素英　张婷婷　副主编
39	施明话失眠	上海远东出版社	2008	施明　冯丽莎　主编
40	社区适宜技术应用之养生保健	上海科学普及出版社	2008	季伟苹　主编 陈沛沛　执行主编
41	中医药与传统文化	文献馆自行刊印	2008	上海市中医文献馆 组织编写
42	针灸的探索·经验·思考	人民卫生出版社	2009	张仁　著
43	追求长寿	上海科学技术出版社	2010	张仁　著
44	陆渊雷医案 （近代海上名医医案丛书）	上海科学技术出版社	2010	陈沛沛　杨杏林 （丛书主编） 杨枝青　毕丽娟 （分册主编）
45	恽铁樵医案 （近代海上名医医案丛书）	上海科学技术出版社	2010	陈沛沛　杨杏林 （丛书主编） 孙玲　刘松林 （分册主编）
46	曹颖甫医案 （近代海上名医医案丛书）	上海科学技术出版社	2010	招萼华撰
47	夏仲芳医案 （近代海上名医医案丛书）	上海科学技术出版社	2010	陈沛沛　杨杏林 （丛书主编） 张晶滢　郑宜南 （分册主编）

（续表）

序号	专著名称	出版单位	出版时间	主要编著人
48	丁济万医案 （近代海上名医医案丛书）	上海科学技术出版社	2010	陈沛沛　杨杏林 （丛书主编） 苏丽娜　周晴 （分册主编）
49	上海名老中医学术经验精粹	上海科学技术出版社	2010	黄素英　方松春　主编
50	上海名老中医医案精选	上海科学技术出版社	2010	黄素英　方松春　主编
51	蔡氏妇科临证精粹	上海科学技术出版社	2010	黄素英　主编
52	林氏头皮针疗法	上海交通大学出版社	2010	吴九伟　王海丽　编著
53	顾伯华	南方出版社	2010	文献馆编 楼绍来　楼映梅编著
54	海派中医妇科流派研究	上海交通大学出版社	2011	胡国华　黄素英主编
55	海上名医医案心悟	上海交通大学出版社	2011	方松春　黄素英　主编
56	中华中医昆仑·谢观	中国中医药出版社	2011	陈沛沛　肖云（撰稿人）
57	中华中医昆仑·姜春华	中国中医药出版社	2011	杨悦娅（撰稿人）
58	中华中医昆仑·黄文东	中国中医药出版社	2011	杨杏林（撰稿人）
59	中华中医昆仑·蔡小孙	中国中医药出版社	2012	黄季英（撰稿人）
60	上海市名中医学术经验集 （二）	人民卫生出版社	2012	夏翔　王庆其　主编 方松春　王春艳等 副主编
61	精神心理疾病历代名家 验案选粹	上海科学技术出版社	2013	曲丽芳　主编 石云等　副主编
62	张云鹏论膏方与临床实践	上海交通大学出版社	2013	杨悦娅　主编
63	脑统五脏理论研究与临床 应用	上海科学技术出版社	2013	招萼华　徐建　主编
64	现代难病针灸	人民卫生出版社	2013	张仁　徐红　编著
65	现代难病针灸	人民卫生出版社	2013	张仁　徐红　编著
66	眼病针灸	上海科学技术文献出版社	2014	张仁　徐红　主编
67	《中国百年百名中医临床 家丛书陈苏生（第二版）》	中国中医药出版社	2014	陈熠　主编
68	五脏养生－肝之养	上海市科学技术出版社	2014	方松春　丛书主编 杨悦娅　分册主编
69	五脏养生－心之养	上海市科学技术出版社	2014	方松春　丛书主编 卓鹏伟分册主编

序号	专著名称	出版单位	出版时间	主要编著人
70	五脏养生－脾之养	上海市科学技术出版社	2014	方松春　丛书主编 肖　芸　分册主编
71	五脏养生－肺之养	上海市科学技术出版社	2014	方松春　丛书主编 周　晴　分册主编
72	五脏养生－肾之养	上海市科学技术出版社	2014	方松春　丛书主编 毕丽娟　分册主编
73	海上名医用药心悟	上海市科学技术出版社	2014	方松春　黄素英　主编
74	江南中医妇科流派膏方精选	中国中医药出版社	2014	胡国华　主编 王春艳等　副主编
75	海派中医之光	上海科学技术出版社	2014	上海市中医文献馆　汇编
76	中医疑难杂症专病专辑 胸痹心痛	上海科学技术出版社	2015	季伟苹专委会主任 徐立思　主编
77	中医疑难杂症专病专辑 淋证	上海科学技术出版社	2015	季伟苹专委会主任 苏丽娜　主编
78	中医疑难杂症专病专辑 产后腹痛	上海科学技术出版社	2015	季伟苹专委会主任 张利　主编
79	中医疑难杂症专病专辑 不孕症	上海科学技术出版社	2015	季伟苹专委会主任 毕丽娟　主编
80	中医疑难杂症专病专辑 瘿瘤	上海科学技术出版社	2015	季伟苹专委会主任 张晶滢　主编
81	中医疑难杂症专病专辑 噎膈	上海科学技术出版社	2015	季伟苹专委会主任 杨枝青　主编
82	内经博议（校注）	中国中医药出版社	2015	杨杏林　校注
83	中医神志病学	上海科学技术出版社	2015	石云　副主编
84	睡眠疾病中医论治	上海科学技术出版社	2015	徐建　招萼华　主编
85	中医神志病学	上海科学技术出版社	2015	石云　副主编
86	睡眠疾病中医论治	上海科学技术出版社	2015	徐建　招萼华　主编
87	喻嘉言医学全书（第2版）	中国中医药出版社	2015	陈熠
88	上海市中医文献馆馆员专辑·海上名医心得录	上海科学技术出版社	2016	季伟苹专委会执行主任 杨枝青、徐立思　主编
89	上海市中医文献馆馆员专辑·海上名医临证录	上海科学技术出版社	2016	季伟苹专委会执行主任 毕丽娟、张利　主编
90	上海市中医文献馆馆员专辑·上海市中医文献馆馆员名录	上海科学技术出版社	2016	季伟苹专委会执行主任 季伟苹、苏丽娜　主编
91	上海市中医文献馆馆员专辑·上海市中医文献馆馆员图录	上海科学技术出版社	2016	季伟苹专委会执行主任 季伟苹、张晶滢　主编

（续表）

序号	专著名称	出版单位	出版时间	主要编著人
92	《跟名医作临床》之内科难病一	中国中医药出版社	2009	
93	《跟名医作临床》之内科难病二	中国中医药出版社	2009	
94	《跟名医作临床》之内科难病三	中国中医药出版社	2010	
95	《跟名医作临床》之内科难病四	中国中医药出版社	2010	
96	《跟名医作临床》之内科难病五	中国中医药出版社	2011	
97	《跟名医作临床》之内科难病六	中国中医药出版社	2011	
98	《跟名医作临床》之内科难病七	中国中医药出版社	2011	
99	《跟名医作临床》之内科难病八	中国中医药出版社	2012	上海市中医文献馆　编
100	《跟名医作临床》之内科难病九	中国中医药出版社	2012	
101	《跟名医作临床》之外科难病一	中国中医药出版社	2009	方松春　黄素英 执行主任（丛书）
102	《跟名医作临床》之外科难病二	中国中医药出版社	2011	
103	《跟名医作临床》之骨伤科难病	中国中医药出版社	2009	王春艳　王海丽 毕丽娟　苏丽娜　张利 执行委员（丛书）
104	《跟名医作临床》之妇科难病一	中国中医药出版社	2009	
105	《跟名医作临床》之妇科难病二	中国中医药出版社	2011	
106	《跟名医作临床》之儿科难病	中国中医药出版社	2010	
107	《跟名医作临床》之针推伤科难病	中国中医药出版社	2010	
108	《跟名医作临床》之针灸科难病	中国中医药出版社	2012	
109	《跟名医作临床》之眼科难病	中国中医药出版社	2012	
110	《跟名医作临床》之肿瘤科难病	中国中医药出版社	2010	
111	《跟名医作临床》之肿瘤科难病二	中国中医药出版社	2012	

（本出版著作一览表经王春艳核对）

七、文献馆发表论文一览表

上海市中医文献馆复馆后发表论文目录

1956-1972 年发表论文

[1] 张梦痕 . 谈谈在国外的中医药和有关文物 [J]. 上海中医药杂志，1957（9）：10~12

[2] 曹惕寅医案选：治 "厥头痛" 医案一则 [J]. 上海中医药杂志，1958（6）：13~14

[3] 吴超玉 . 漫谈三阴交 [J]. 上海中医药杂志，1959（2）：8~9

[4] 包句香 . 谈谈脑、项、背疽的疗法 [J]. 上海中医药杂志，1959（8）：38~39

[5] 曹惕寅 . 中医药治疗膏淋病案 4 则 [J]. 上海中医药杂志，1959（9）：35~36

[6] 邵仁太 . 中医中药治愈肺痈一例 [J]. 上海中医药杂志，1960（1）：48

[7] 顾渭川 . 阴虚挟痰 [J]. 上海中医药杂志，1962（1）：33

[8] 郭柏良 . 哮喘 [J]. 上海中医药杂志，1962（1）：33

[9] 张汝伟 . 咳嗽 [J]. 上海中医药杂志，1962（1）：33~34

[10] 张慕岐，张汝伟，曹惕寅，窦雄伯，尹仲选 . 老中医医案医话录 [J]. 上海中医药杂志，
1962（3） 33~34

[11] 张赞臣，王冶任 . 丹矾与枯矾的制法 [J]. 上海中医药杂志，1962（4）：28

[12] 刘少方 . 腨痹 [J]. 上海中医药杂志，1962（4）：28

[13] 孙汉庭 . 记恽铁樵先生辨舌的经验 [J]. 上海中医药杂志，1962（4）：28

[14] 曹惕寅 . 医话四则 [J]. 上海中医药杂志，1962（4）：29

[15] 顾筱岩 . 委中毒的治疗 [J]. 上海中医药杂志，1962（7）：30

[16] 黄宝忠 . 略說环跳疽 [J]. 上海中医药杂志，1962（7）：30

[17] 曹惕寅 . 治喘经验谈 [J]. 上海中医药杂志，1962（8）：20

[18] 顾筱岩，沙望巍 . 老中医医案医话录 [J]. 上海中医药杂志，1962（10）：28~29

[19] 张赞臣，李继孝，尹胜泉，叶显纯 . 中西医合作治疗扁桃体未分化癌（石蛾）一例 [J].
上海中医药杂志，1962（11）：34~35、41

[20] 张赞臣，陈之才，尹胜泉.诊治乳蛾的体会 [J].上海中医药杂志，1963（4）：17~21

[21] 张汝伟.经带治案二则 [J].上海中医药杂志，1963（8）：26

[22] 黄宝忠.对"梅核流火"的治验 [J].上海中医药杂志，1963（8）：37

[23] 张赞臣，金明弼.谈白蜡柿饼煎治久痢脱肛 [J].上海中医药杂志，1963（9）：28

[24] 张汝伟.谈谈用"龙胆泻肝汤"的经验 [J].上海中医药杂志，1964（5）：38

[25] 张慕歧.用补法治麻疹 1 例 [J].上海中医药杂志，1965（2）：41

[26] 张赞臣，陈之才，尹胜泉.气瘿与腹块治案 1 则 [J].上海中医药杂志，1966（2）：64~65

1981-2000 年间发表论文

[1] 董廷瑶，李苏玲.小儿口腔病的诊治经验 [J].上海中医药杂志，1981（11）：26~27

[2] 宋知行.关于中医发展某些规律性的看法 [J].中医杂志，1982（1）：11~13

[3] 宋知行.中医抗老延年思想史浅要 [J].上海中医药杂志，1982（2）：38~40

[4] 宋知行.董廷瑶老师治愈儿童慢性结肠炎 3 例 [J].辽宁中医杂志，1982（3）：25~26

[5] 宋知行.简论气功中的意念 [J].福建中医药，1982（3）：32~33

[6] 宋知行.董廷瑶老师治小儿泄泻用止涩药经验 [J].山东中医杂志，1982（2）：81~82

[7] 宋知行.董廷瑶运用止嗽散经验 [J].湖北中医杂志，1982（2）：11~12

[8] 陈熠.论"唯气以成形"对喻嘉言的学术影响 [J].陕西中医学院学报，1982（2）：32~34、37

[9] 董廷瑶.浙鄞董氏儿科治疗心法 [J].中医杂志，1982（7）：21~23

[10] 宋知行.论《千金方》对各家学说的影响 [J].中医杂志，1982（8）：11~12

[11] 宋知行.试从生物能力学看气功机理 [J].辽宁中医杂志，1982（12）：1~3

[12] 宋知行.试述胆的调节作用 [J].陕西中医，1983（1）：3~4

[13] 邓嘉成.朱丹溪杂病用方举要 [J].中医药学报，1983（1）：11~13

[14] 宋知行.论徐大椿的人才学思想 [J].医学与哲学，1983（3）：38~39

[15] 宋知行.对"损其心者调其营卫"的临床体会 [J].中医杂志，1983（4）：16~17

[16] 宋知行.董廷瑶老师儿科学术思想与经验鳞爪 [J].新中医，1983（6）：11~14

[17] 董廷瑶，宋知行.小儿咳喘的治疗经验 [J].辽宁中医杂志，1983（6）：1~4

[18] 宋知行.著名老中医董廷瑶儿科临床学术思想浅探 [J].上海中医药杂志，1983（6）：7~9

[19] 董廷瑶. 应用气机理论的临床验案 [J]. 湖北中医杂志，1983（4）：17~18

[20] 宋知行. 追先圣之绝轨: 论《灵枢》中伯高等三派的贡献 [J]. 上海中医药杂志，1984（2）：
      38~39

[21] 陈熠. "真气从之"探赜 [J]. 上海中医药杂志，1984（3）：41~43

[22] 陈熠. 试论分型、审病和辨证 [J]. 医学与哲学，1984（5）：16~18

[23] 宋知行. 董廷瑶应用保赤散经验 [J]. 新中医，1984（6）：9~10

[24] 董廷瑶. 治疗儿科一些急重症的经验 [J]. 上海中医药杂志，1984（6）：2~3

[25] 宋知行，陈辽泓. 董廷瑶老师对120例小儿分部面诊报告 [J]. 辽宁中医杂志，1984（7）：
      1~3

[26] 董其圣. 治痿独取阳明之我见 [J]. 上海中医药杂志，1984（7）：29~30

[27] 陈百平，董其圣. 辛热开破治癫痫 [J]. 中医杂志，1984（7）：39~40

[28] 董廷瑶. 对"中阴溜府"的几点体会 [J]. 山东中医杂志，1984（6）：4~6

[29] 王立新，张仁. 张桐卿老中医得气经验简介 [J]. 陕西中医，1984（12）：19~20

[30] 董廷瑶. 活血化瘀法在儿科应用的体会 [J]. 陕西中医，1985（2）：64~66

[31] 宋知行，王霞芳.《伤寒论》三阴病方在儿科临床的运用 [J]. 吉林中医药，1985（1）：
      17~18

[32] 张仁，王立新. 张桐卿老中医得气手法治疗颈椎病疗效观察 [J]. 辽宁中医杂志，1985
      （3）：28~29

[33] 招萼华. 更年期综合症验案三则 [J]. 江苏中医杂志，1985（4）：22

[34] 宋知行. 经络网络作为恢复机构设想 [J]. 中医药学报，1985（3）：2~4

[35] 张仁. 子午流注研究进展 [J]. 云南中医杂志，1985（3）：45~48、51

[36] 张仁. 孙思邈对针灸急证学的贡献 [J]. 新疆中医药，1985（3）：30~32

[37] 董廷瑶，徐仲才，顾文华，江育仁，李聪甫，徐迪三，金绍文，孟仲法，徐小洲. 小
      儿泄泻证治 [J]. 中医杂志，1985（7）：4~8

[38] 宋知行. 中医延年学说概述 [J]. 云南中医杂志，1985（4）：56~59

[39] 张仁. 略论急证刺血与火针 [J]. 中医杂志，1985（8）：55~56

[40] 宋知行. 董廷瑶治胎黄案 [J]. 新中医，1985（9）：22~23

[41] 张仁. 杨继洲在针灸急症证治上的贡献 [J]. 江苏中医杂志，1985（9）：32~33

[42] 张仁，王立新. 子午流注纳甲法对得气的影响 [J]. 上海针灸杂志，1985（4）：27~28

[43] 茹十眉．学医奠基说内经：学习《内经》的方法 [J]. 上海中医药杂志，1986（2）：6~8

[44] 陈辽泓．董廷瑶老师治疗小儿久热验案 [J]. 江苏中医杂志，1986（3）：15~16

[45] 张仁，马绍珍，张桐卿．耳穴压丸对胆系排石及舒缩功能的影响——附 57 例临床分析 [J]. 中医杂志，1986（3）：24~26

[46] 宋知行．论脾土的延寿之功 [J]. 中医药研究杂志，1986（2）：20~22

[47] 宋知行．董廷瑶治小儿便秘案四则 [J]. 湖北中医杂志，1986（2）：10~11

[48] 张仁．急症针灸学的形成与发展 [J]. 陕西中医学院学报，1986（2）：15~19

[49] 袁云瑞，招萼华．浅谈湿阻与失眠 [J]. 陕西中医学院学报，1986（2）：31、30

[50] 宋知行．吴鞠通《解儿难》的学术见解 [J]. 陕西中医，1986（5）：232~234

[51] 张仁．急症针灸学的形成与发展（续）[J]. 陕西中医学院学报，1986（3）：50~53

[52] 宋知行．仙茅威灵仙在痹证中的合用 [J]. 山东中医杂志，1986（3）：27~28

[53] 张仁，赵和熙．针刺内关穴"气至病所"对异常心电图的影响 [J]. 新疆中医药，1986（3）：35~39

[54] 招萼华．判其归属 各有互藏——风、燥、湿属性探讨 [J]. 上海中医药杂志，1986（8）：39~40、47

[55] 邓嘉成．徐小圃医案选 [J]. 中医杂志，1986（8）：7~9

[56] 宋知行．董廷瑶老师治小儿神经症验案 [J]. 四川中医，1986（9）：23

[57] 宋知行．董廷瑶老师对温病学说的深究和运用 [J]. 辽宁中医杂志，1986（9）：1~3

[58] 张仁．中医方法论研究概况 [J]. 陕西中医，1986（11）：522~524

[59] 宋知行．董廷瑶内科杂症案例四则 [J]. 湖北中医杂志，1986（6）：12~13

[60] 陈辽泓．中医治疗病毒性心肌炎近展 [J]. 江苏中医杂志，1986（12）：40~41

[61] 宋知行．浅谈中医学思维的语义型特征 [J]. 医学与哲学，1986（12）：9~12

[62] 张仁，马绍珍．子午流注纳甲法的临床应用——对 56 例患者胆囊收缩功能的观察 [J]. 上海针灸杂志，1986（4）：6~7

[63] 宋知行．浅谈分部面诊及与面穴的关系 [J]. 陕西中医，1987（1）：32~33

[64] 宋知行．董廷瑶运用仲景法治疗小儿急重症的经验 [J]. 广西中医药，1987（1）：16~18

[65] 沈小芳，邓嘉成．沈仲芳儿科学术经验 [J]. 中医杂志，1987（2）：4~6

[66] 陈熠．《千金》药酒考 [J]. 陕西中医，1987（3）：101~102

[67] 俞志鸿，潘文奎．祝味菊未刊医案选 [J]. 中医杂志，1987（3）：7~10

[68] 潘文奎 . 滋脾阴八法 [J]. 新疆中医药，1987（2）：12~15

[69] 宋知行，陈辽泓 . 董廷瑶老师对桂枝汤的独特运用 [J]. 河南中医，1987（3）：7~9、34

[70] 潘文奎 . 试述脑藏神 [J]. 四川中医，1987（5）：4~5

[71] 邓嘉成 .《镜花缘》中传良方 [J]. 中医药研究，1987（3）：30

[72] 董其圣 . 温阳摄血 权衡护阴：读范文甫"附子理中汤止血案" [J]. 上海中医药杂志，1987（6）：23~24

[73] 王瑞春 . 陈苏生老中医运用舒肝活络饮的经验 [J]. 陕西中医，1987（6）：6

[74] 潘文奎 . 中医对变应性亚败血症的探讨：附 28 例临床资料综合 [J]. 辽宁中医杂志，1987（6）：40~43

[75] 张仁 . 略论急症针灸预防 [J]. 中医杂志，1987（6）：57~58

[76] 潘文奎 . 对"肺朝百脉"的理解 [J]. 中医杂志，1987（6）：70

[77] 董廷瑶 . 和自学青年浅谈热病的辨治 [J]. 重庆中医药杂志，1987（2）：38

[78] 潘文奎 . 隋建屏老中医从胃论治小儿厌食症的经验 [J]. 辽宁中医杂志，1987（8）：2~3

[79] 王瑞春 . 失眠证治一得 [J]. 上海中医药杂志，1987（9）：39

[80] 潘文奎 . 内燥泛论 [J]. 陕西中医，1987（9）：21~23

[81] 潘文奎 . 傅宗翰诊治高脂血症的医理及经验 [J]. 辽宁中医杂志，1987（9）：7~8

[82] 潘文奎 . 泽泻"利水不伤阴"探析 [J]. 山东中医杂志，1987（5）：9~10

[83] 王乐善，宋光飞 . 针药并用治疗抗生素中毒性耳聋 [J]. 中医杂志，1987（10）：44~45

[84] 招萼华，潘文奎 . 大黄止喘古医案五则 [J]. 江苏中医杂志，1987（11）：32~33

[85] 宋知行 . 董廷瑶老师运用仲景方心得 [J]. 辽宁中医杂志，1987（11）：4~6

[86] 招萼华，陈熠，王瑞春，王翘楚 . 大黄在急性胰腺炎救治中的应用 [J]. 辽宁中医杂志，1987（11）：42~45

[87] 潘文奎 . 涎为脾液小议 [J]. 中医杂志，1987（11）：66

[88] 潘文奎，宋光飞 . 略谈章太炎《仲氏世医记》之文字校勘 [J]. 江苏中医杂志，1987（12）：46~48

[89] 潘来娣，张仁，赵天侠，刘宝顺，石红 . 子午流注纳甲法对 37 例患者心血管功能影响的观察 [J]. 上海针灸杂志，1987（4）：6~7、12

[90] 王翘楚 . 浅谈针刺麻醉临床研究的思路与方法 [J]. 中医杂志，1988（1）：56~58

[91] 张仁 . 急症针灸预防概况 [J]. 中国针灸，1988（1）：39~41

[92] 杨杏林. 谈谈曲类药物 [J]. 湖北中医杂志，1988（1）：44

[93] 潘文奎. 傅宗翰临证运用化痰法撮要 [J]. 江苏中医，1988（2）：3~5

[94] 潘文奎. 中医诊疗小儿厌食症的近况 [J]. 辽宁中医杂志，1988（2）：38~41

[95] 潘文奎，曹庆棠.《金匮》方加味治疗疑难重症二则 [J]. 四川中医，1988（3）：9

[96] 潘文奎. 试论口眼干燥综合征的辨证施治 [J]. 甘肃中医学院学报，1988（1）：20~21、28

[97] 潘文奎. 傅宗翰辨证治疗风湿性心脏病的经验 [J]. 吉林中医药，1988（2）：5~6

[98] 陈熠，王瑞春，招萼华，王翘楚. 大黄在治疗慢性肾功能衰竭中的运用 [J]. 天津中医，1988（2）：24~26

[99] 宋光飞. 学术永无止境 暮年壮心不已：姜春华教授学术思想简介 [J]. 中医函授通讯，1988（2）：36~37

[100] 潘文奎. 口眼干燥综合征的辨证论治 [J]. 辽宁中医杂志，1988（5）：21~23

[101] 陈熠，王瑞春. 陈苏生治疗哮喘病的经验 [J]. 中国医药学报，1988（3）：44~45

[102] 张仁，姚建宏，马绍珍. 耳穴压丸溶解胆石作用的初步研究 [J]. 陕西中医，1988（6）：278~279、287

[103] 杨杏林. 朱丹溪主火思想浅析 [J]. 陕西中医，1988（6）：284~285

[104] 潘文奎. 傅家翰诊治心动过缓之经验 [J]. 中医杂志，1988（6）：11~12

[105] 招萼华，陈熠，王瑞春. 意庵攻下医案探析 [J]. 安徽中医学院学报，1988（2）：17~18

[106] 臧朝平. 中医治疗慢性副鼻窦炎概况 [J]. 上海中医药杂志，1988（7）：28~30

[107] 潘文奎. 章太炎对《伤寒论》之研究 [J]. 中医杂志，1988（7）：64

[108] 张云鹏. 中医治疗病毒性肝炎专题座谈 [J]. 中国医药学报，1988（4）：51

[109] 唐国顺. 健全二次文献是中医情报工作的当务之急 [J]. 云南中医杂志，1988（4）：14~16

[110] 江克明. 四物汤非补血专用方 [J]. 黑龙江中医药，1988（4）：37~38

[111] 张云鹏. 中风发病原委研究现状 [J]. 陕西中医，1988（9）：422

[112] 潘文奎. 硬皮病的辨证论治 [J]. 辽宁中医杂志，1988（9）：16~18

[113] 宋光飞. 针刺治疗抗生素中毒性耳聋之我见 [J]. 针刺研究，1988（3）：251~254

[114] 施明. "痹"源剖析 [J]. 中医研究，1988（3）：14~15

[115] 潘文奎. "体阴用阳"非独肝也 [J]. 中医研究，1988（3）：16

[116] 王翘楚. 甲肝恢复期可用益气生津养阴法 [J]. 上海中医药杂志，1988（10）：19

[117] 潘文奎. 肾实性病证之探究 [J]. 黑龙江中医药，1988（5）：11~13

[118] 刘弼臣，董廷瑶，黎炳南，马莲湘，肖正安，王烈，滕宣光，裴学义，张奇文. 小儿肺炎证治 [J]. 中医杂志，1988（10）：4~9

[119] 邓嘉成. 夏仲方先生治疗孕妇尿闭 [J]. 辽宁中医杂志，1988（11）：3

[120] 邓嘉成，陈玉英. 夏仲方先生经方医案选 [J]. 中医药研究，1988（6）：40~41

[121] 董廷瑶. 桂枝汤治疗小儿厌食症 [J]. 上海中医药杂志，1988（12）：20

[122] 潘文奎. 肝气虚证的辨识 [J]. 中医函授通讯，1988（6）：11

[123] 邓嘉成. 方名探义 [J]. 中医药学报，1988（6）：15~16

[124] 潘文奎. 中医对口眼干燥综合征的认识及诊治概况 [J]. 中医杂志，1989（1）：53~55

[125] 周琴花. 潘文奎治疗肝炎肝功能异常的经验 [J]. 辽宁中医杂志，1989（1）：1~2

[126] 董其圣. 夏仲方话黄芩疗诸失血 [J]. 中医杂志，1989（2）：57

[127] 潘文奎. 合穴之临床应用 [J]. 福建中医药，1989（2）：37~38

[128] 潘文奎. 略论"潜证"之命名 [J]. 黑龙江中医药，1989（1）：12~13、17

[129] 潘文奎. 继承整理老中医经验的思路与方法 [J]. 中医杂志，1989（3）：41~43

[130] 陈惠国. 清热化湿法治愈迁延性发热1例 [J]. 上海中医药杂志，1989（3）：36

[131] 潘文奎. 试论席汉氏病的中医证治 [J]. 辽宁中医杂志，1989（3）：14~15

[132] 潘文奎. 继承整理老中医经验的思路与方法（续一）[J]. 中医杂志，1989（4）：50~52

[133] 王翘楚. 中医药临床科研方法讲座第二讲：中医药临床科研一般方法 [J]. 中国医药学报，1989（2）：73~77

[134] 江克明. 张仲景对大黄的应用 [J]. 国医论坛，1989（2）：1~3

[135] 潘文奎. 琐谈精之要义 [J]. 中医函授通讯，1989（2）：21

[136] 潘文奎. 继承整理老中医经验的思路与方法（续二）[J]. 中医杂志，1989（5）：50~52

[137] 潘文奎. 继承整理老中医经验的思路与方法（续三）[J]. 中医杂志，1989（6）：45~47

[138] 潘文奎. "潜证"之含义剖析 [J]. 黑龙江中医药，1989（3）：12~14

[139] 陈熠. 医案四则 [J]. 天津中医，1989（3）：46

[140] 邓嘉成. 夏仲方治疗肾炎一得 [J]. 湖北中医杂志，1989（3）：2~4

[141] 王翘楚. 略论针麻临床研究的思路与方法 [J]. 针刺研究，1989（Z1）：203~204

[142] 潘文奎 . 数脉主虚主寒之临床辨识 [J]. 辽宁中医杂志，1989（7）：9~11

[143] 潘文奎 . 中医治疗席汉氏病的临床研究：附44例资料分析 [J]. 中医药研究，1989（4）：46~48、43

[144] 董其圣 . 经方运用刍议 [J]. 上海中医药杂志，1989（8）：42~43

[145] 宋光飞，鲁立宪 . 偏风小议 [J]. 上海中医药杂志，1989（8）：45

[146] 唐晓红 . 针刺麻醉在体外冲击碎石术（ESWL）中的运用 [J]. 新中医，1989（9）：16~17、19

[147] 陈巩荪，张仁，程红锋，盛灿若 . 如何提高耳穴压丸治疗胆石症的效果 [J]. 中医杂志，1989（10）：47~49

[148] 张云鹏，陈惠国，周琴花，施明，唐晓红 . 清解活血法治疗病毒性肝炎240例临床观察 [J]. 中国医药学报，1989（5）：37~39

[149] 潘文奎 . 补肾法治小便异常的双向调节 [J]. 辽宁中医杂志，1989（10）：8~10

[150] 张仁 . 试论中医学在学科发育中的阶段 [J]. 医学与哲学，1989（10）：32~34

[151] 王湘，潘文奎 . 瞰识"心开窍于耳" [J]. 中医杂志，1989（11）：59

[152] 沈小芳 . 百日咳证治一得 [J]. 上海中医药杂志，1989（12）：3

[153] 王翘楚，李芸 .36例黄疸型肝炎用"金萱糖浆"治疗的临床分析 [J]. 上海中医药杂志，1989（12）：8~9

[154] 潘文奎 . 变应性亚败血证的中医诊治 [J]. 山东中医杂志，1989（6）：6~7

[155] 潘文奎 . 以中医特色为主开展中医科研工作 [J]. 云南中医杂志，1989（6）：6~9

[156] 潘文奎 . 中医诊治充血性心力衰竭的文献、临床及实验研究 [J]. 山西中医，1989（6）：45~49

[157] 范海鹰，杨杏林 ."阴阳交感运动"刍议：对中医阴阳学说的一点反思 [J]. 中医药学报，1989（6）：3~6

[158] 潘文奎 . 化痰药祛痰枢机初探 [J]. 中医药学报，1989（6）：12~14

[159] 潘文奎 . 无脉症验案 [J]. 实用中医内科杂志，1989（4）：40

[160] 潘文奎 . 越婢加术汤治疗风湿热痹32例 [J]. 新中医，1990（1）：20~21

[161] 潘文奎 . 对章太炎从事医疗实践的考证 [J]. 上海中医药杂志，1990（1）：44~45

[162] 董其圣 . 恽铁樵论七损八益 [J]. 江苏中医，1990（1）：33

[163] 潘文奎 . 中医诊治硬皮病的思路探幽 [J]. 中医药研究，1990（1）：16~18

[164] 潘文奎. 变应性亚败血症的中医诊治体会 [J]. 中国医药学报，1990（1）：46~48、34

[165] 董其圣. 姜春华教授选药思路初探 [J]. 中医杂志，1990（4）：59~60

[166] 郑雪君. 施梓桥老中医诊治乳疾之经验 [J]. 辽宁中医杂志，1990（4）：12~13

[167] 王瑞春，陈熠，招萼华. 以大黄为主治疗小儿急症的临床研究概况 [J]. 上海中医药杂志，1990（6）：36~39

[168] 潘文奎. 肝主疏泄乃"罢极"之本意 [J]. 中医函授通讯，1990（3）：10~11

[169] 杨杏林. 论戴思恭对丹溪学说的贡献 [J]. 吉林中医药，1990（3）：38~39

[170] 王翘楚. 大黄研究的思路与方法 [J]. 中西医结合杂志，1990（6）：383~384

[171] 潘文奎. 试论"潜证"之指导意义 [J]. 南京中医学院学报，1990（2）：13~14、20

[172] 董其圣. 姜春华教授用地黄祛邪医案探析 [J]. 辽宁中医杂志，1990（7）：30~31

[173] 张云鹏. 姜春华 [J]. 中国医药学报，1990（4）：74

[174] 潘文奎. 从精论治男性不育症 [J]. 辽宁中医杂志，1990（8）：5~6

[175] 董廷瑶. 小儿用药六字诀 [J]. 中医函授通讯，1990（4）：40~41

[176] 潘文奎. 下法在虚体病人的运用 [J]. 四川中医，1990（9）：15~16

[177] 郑雪君. 复发性口腔溃疡的中医药研究概况 [J]. 中医药信息，1990（5）：19~23

[178] 潘文奎. 浅论"脾病而四肢不用"的证治 [J]. 江苏中医，1990（11）：47~48

[179] 招萼华. 敦煌医方中的男性学浅述 [J]. 上海中医药杂志，1991（1）：23~24

[180] 姚常立. "一指禅"推拿名医—朱春霆 [J]. 上海中医药杂志，1991（2）：49

[181] 江克明. 老人心肺病验案五则 [J]. 福建中医药，1991（2）：5~7

[182] 吴九伟. 也谈"风雨寒热不得虚邪不能独伤人" [J]. 吉林中医药，1991（1）：45~46

[183] 潘文奎. 试论"脑为神之用，心为神之基" [J]. 甘肃中医，1991（1）：29~31

[184] 周家珩. 扶正化痰法治疗前列腺增生症 135 例 [J]. 江苏中医，1991（3）：19

[185] 潘文奎. 浅谈中医治病所运用的控制论学术思想 [J]. 黑龙江中医药，1991（2）：5~7、56

[186] 张仁. 针刺麻醉科研思路的反思 [J]. 医学与哲学，1991（4）：16~18

[187] 邓嘉成. 夏仲方为"柴胡劫肝阴"辩解 [J]. 上海中医药杂志，1991（5）：31~32

[188] 董其圣. 姜春华教授用地黄通利血脉案探析 [J]. 辽宁中医杂志，1991（6）：6~7

[189] 潘文奎. 中医诊治甲状腺机能减退症的研究进展 [J]. 中医杂志，1991（7）：51~54

[190] 潘文奎. 补肾填精法治疗内分泌机能减退症 [J]. 中医药研究，1991（4）：30~31

[191] 周琴花. 张云鹏治疗乙型肝炎经验举隅 [J]. 上海中医药杂志，1991（9）：24

[192] 董廷瑶.略谈生气与伐气 [J]. 新中医，1991（11）：16

[193] 王翘楚.从针麻研究得到的启示 [J]. 针刺研究，1991（Z1）：282~283

[194] 杨悦娅.芍药甘草汤的应用与药理研究 [J]. 中医药研究，1991（2）：47~48

[195] 董其圣.男性医学的动静观 [J]. 上海中医药杂志，1992（1）：16~18

[196] 潘文奎.略谈尿崩症之辨证论治 [J]. 中医药研究，1992（1）：30~31

[197] 潘文奎.中医药治疗尿崩症 84 例临床资料分析 [J]. 甘肃中医，1992（1）：45~48

[198] 陈熠.陈苏生论心病三治 [J]. 上海中医药杂志，1992（3）：3~5

[199] 张仁，潘来娣，夏以琳，姚建宏.子午流注纳甲法对 68 例中风偏瘫患者甲皱微循环
　　　的影响 [J]. 上海针灸杂志，1992（1）：10~11

[200] 潘文奎.略议护理文稿落选因由及其改进方法（一）[J]. 中华护理杂志，1992（4）：
　　　185~187

[201] 张云鹏，宋光飞.姜春华学术观点与临床思路举要 [J]. 中医药研究，1992（2）：5~7

[202] 潘文奎.略议护理文稿落选因由及其改进方法（二）[J]. 中华护理杂志，1992（5）：
　　　229~231

[203] 潘文奎.皮质醇增多症的辨证施治 [J]. 中医药研究，1992（3）：16~18

[204] 袁云瑞.唐吉父妇科医案拾零（一）[J]. 上海中医药杂志，1992（6）：16~18

[205] 江克明.五苓散合肾气丸治脑积水验案 1 例 [J]. 中成药，1992（6）：47

[206] 邓嘉成.论中医治则的常与变 [J]. 中医药研究，1992（4）：12~14

[207] 潘文奎.女子以肝为先天之理论探研 [J]. 山西中医，1992（4）：1~3

[208] 潘文奎.略论肺阳虚之证治 [J]. 中医函授通讯，1992（4）：16~17

[209] 招萼华.涩药及其禁忌考 [J]. 中医函授通讯，1992（4）：27~28

[210] 郑雪君.潘文奎治疗胃肠吻合口糜烂出血的理论及经验 [J]. 陕西中医，1992（8）：
　　　358~359

[211] 潘文奎.相火小识 [J]. 黑龙江中医药，1992（5）：50~51

[212] 郑雪君.苏树荣诊治病毒性心肌炎的医理与经验 [J]. 山西中医，1992（5）：1~3

[213] 潘文奎.杂谈麻黄清里热的体会 [J]. 中医杂志，1992（10）：58

[214] 臧朝平.中医药配合放疗治疗鼻咽癌概况 [J]. 中医杂志，1992（11）：54~55

[215] 张仁.如何进一步开展子午流注的研究：兼答张锷同志 [J]. 上海针灸杂志，1992（4）：
　　　39~40

[216] 袁云瑞 . 唐吉父妇科医案拾零（二）[J]. 上海中医药杂志，1993（1）：17~18

[217] 潘文奎 . 脾主涎的生理病理及实验研究的探讨 [J]. 辽宁中医杂志，1993（2）：45~47

[218] 陈熠 . 陈苏生治疗胆石病经验 [J]. 天津中医，1993（1）：3

[219] 潘文奎 . 对甲状腺机能亢进症证治矛盾的处理 [J]. 中医药研究，1993（2）：15~17

[220] 潘文奎 . 肾主耳与心开窍于耳之疾病临床辨识 [J]. 辽宁中医杂志，1993（4）：12~13

[221] 潘文奎 . 中医对急性脊髓炎的认识和证治概况 [J]. 山西中医，1993（2）：50~51

[222] 邓嘉成 . 见微知著　擅用附子：儿科名家徐小圃治外感病心法 [J]. 上海中医药杂志，1993（5）：39

[223] 陈熠，陈苏生 . 伤寒之"五段说" [J]. 中医杂志，1993（5）：264~266

[224] 潘文奎 . 中医治疗尿石病的思路与方法 [J]. 中医杂志，1993（5）：304~307

[225] 潘文奎 . 尿崩症用滋阴清燥法的体会 [J]. 中医杂志，1993（6）：377~378

[226] 潘文奎 . 脾主涎的生理病理及实验研究 [J]. 湖南中医学院学报，1993（2）：10~12

[227] 潘文奎 . 畜鱼置介法在阿狄森氏病的运用 [J]. 中医杂志，1993（7）：439~440

[228] 陈熠 . 陈苏生治疗胆石病经验 [J]. 新疆中医药，1993（4）：40~41

[229] 潘文奎 . 用细辛增快心率的临床撮要 [J]. 中医杂志，1993（8）：453

[230] 招萼华 . 姜春华以妇人方治肝病思路 [J]. 中医杂志，1993（9）：568

[231] 潘文奎 . 活血化瘀法治疗面色黧黑的体会 [J]. 中医杂志，1993（9）：568~569

[232] 江克明 . 理中丸类中成药发展史 [J]. 中成药，1993（10）：34~35

[233] 杨杏林，陈百平 . 辛热开破法治疗癫痫 217 例 [J]. 中国中西医结合杂志，1993（11）：677~678

[234] 陈熠 . 陈苏生治疗复发性口疮经验 [J]. 辽宁中医杂志，1993（11）：12~13

[235] 潘文奎 . 略述中医美容法 [J]. 中医杂志，1993（11）：696~697

[236] 潘文奎 . 舌质紫暗从阳虚诊治的体会 [J]. 中医杂志，1994（2）：119

[237] 姚常立 . 一指禅推拿名家朱春霆 [J]. 杏苑中医文献杂志，1994（1）：24~25

[238] 施梓桥 . 危证中风治验 [J]. 杏苑中医文献杂志，1994（1）：35

[239] 张仁 . 针灸医案 4 则 [J]. 中医杂志，1994（3）：154~155

[240] 董廷瑶 . 儿童弱智证治 [J]. 吉林中医药，1994（2）：1

[241] 董其圣 . 阳痿患者的饮食治疗 [J]. 科技文萃，1994（3）：72~73

[242] 臧朝平 . 辨证辨病结合内服外疗并进：肿瘤用中医药外治法的近况 [J]. 上海中医药杂志，1994（5）：42~45

[243] 江克明 . 荨麻疹验案三则 [J]. 杏苑中医文献杂志，1994（2）：28、27

[244] 潘文奎 . 试探命门与内分泌系统 [J]. 辽宁中医杂志，1994（6）：244~246

[245] 张仁 . 关于中医学走向世界的思考 [J]. 医学与哲学，1994（8）：19~20

[246] 顾妙珍 . 针磁法治疗小儿神经性尿频 52 例临床疗效观察 [J]. 安徽中医临床杂志，1994（3）：62

[247] 潘文奎 . 命门识 [J]. 湖南中医学院学报，1994（3）：1~3

[248] 杨杏林，陆明 . 上海近代中医教育概述 [J]. 中华医史杂志，1994（4）：215~218、194

[249] 潘文奎 . 命门识 [J]. 中医文献杂志，1994（4）：10~12

[250] 招萼华 . 从"痹"论治红斑狼疮的思考 [J]. 中医文献杂志，1994（4）：32~33

[251] 王翘楚，庞传宇，施明 . 花生枝叶治疗失眠症 [J]. 中医文献杂志，1994（4）：49、29

[252] 潘文奎 . 如何正确使用含碘中药治疗甲状腺机能亢进？[J]. 中医杂志，1994（12）：752

[253] 潘文奎 . 从气论治甲状腺机能亢进 [J]. 河南中医，1994（6）：332~334

[254] 潘文奎 . 命门识 [J]. 山西中医，1994（6）：9~13

[255] 周琴花，花根才，张云鹏 . 中风治则的研究 [J]. 中国医药学报，1995（1）：42~44

[256] 潘文奎 . 化瘀涤浊法在糖尿病中的运用 [J]. 中医杂志，1995（1）：54~55

[257] 姚常立 . 临床小儿肌性斜颈所见所治 [J]. 按摩与导引，1995（1）：18~19

[258] 潘文奎 . 柯兴氏症的虚实辨治 [J]. 中医杂志，1995（2）：118

[259] 宋光飞 . 治喘须分寒热虚实，专方截治重在补肾：姜春华教授诊治疑难病临床经验之一 [J]. 中医函授通讯，1995（2）：17~19

[260] 邓嘉成 . 对"正治"的理解 [J]. 中医药研究，1995（2）：8

[261] 潘文奎 . 辨证治疗垂体肿瘤的心得 [J]. 中医杂志，1995（5）：308

[262] 郑雪君 .《内经》"营"之探析 [J]. 中医文献杂志，1995（2）：14~16

[263] 潘文奎 . 中医药治疗甲状腺机能亢进症信息与分析 [J]. 中国中医药信息杂志，1995（6）：14~17

[264] 招萼华 . 肝硬化病先瘀后滞，主以化瘀攻补配合：姜春华教授诊治疑难病临床经验之二 [J]. 中医函授通讯，1995（3）：32~34

[265] 徐建，施明 . 从肝论治失眠症：王翘楚教授学术思想初探 [J]. 上海中医药杂志，1995
（7）：1~3

[266] 潘文奎 . 运用补气法治疗甲状腺机能亢进的体会 [J]. 中医杂志，1995（7）：440

[267] 花根才，周琴花 . 肝硬化腹水治验张云鹏主任临床经验举隅 [J]. 陕西中医，1995
（8）：359

[268] 杨杏林 . 范文虎经验方临证拾零 [J]. 中医函授通讯，1995（4）：10~11

[269] 杨杏林 . 医林怪杰陈存仁 [J]. 中医文献杂志，1995（3）：28~30

[270] 董廷瑶，邓嘉成 . 长期发热治验 1 则 [J]. 中医杂志，1995（9）：528

[271] 杨悦娅，赵秀兰 . 溢乳的辩证与治疗 [J]. 中医药研究，1995（5）：29、41

[272] 周琴花，花根才 . 中药内服外敷治疗肝硬化 87 例 [J]. 云南中医中药杂志，1995（5）：
11~14

[273] 潘文奎 . 关于脏腑功能文献研究的思考 [J]. 中医文献杂志，1995（4）：7~9

[274] 黄素英 . 伍连德与中国医学史 [J]. 中医文献杂志，1995（4）：21~22

[275] 俞志鸿 . 章次公论药 [J]. 中医文献杂志，1995（4）：34~35

[276] 周家珩 . 益气温通清热法治疗慢性前列腺炎 204 例 [J]. 中医文献杂志，1995（4）：
28~29

[277] 施明，徐健 . 王翘楚运用平肝潜阳活血安神法治疗失眠症 50 例 [J]. 南京中医药大学学
报，1995（6）：43~44

[278] 宋光飞 . 瘅证之本在肝肾 重用生地效称奇：姜春华教授诊治疑难病临床经验之三 [J].
中医函授道讯，1995（6）：2~3

[279] 潘文奎 . 小议帕金森氏病的证治思路 [J]. 中医药研究，1995（6）：9~10

[280] 潘文奎 . 中医治疗帕金森氏病的信息分析 [J]. 中国中医药信息杂志，1995（1）：
19~21

[281] 张仁 . 消除黄褐斑 针灸有特效 [J]. 医疗保健器具，1996（1）：18

[282] 闵捷 . 潘文奎治疗糖尿病三步法 [J]. 辽宁中医杂志，1996（1）：8~9

[283] 董其圣 . 久泻多虚治当温补，可以酸涩不宜分利——姜春华教授诊治疑难病临床经验
之四 [J]. 中医函授通讯，1996（1）：2~4

[284] 郑雪君 . 范文甫外传 [J]. 中医文献杂志，1996（1）：27~28

[285] 冯晓江，张仁 . 临床针灸学的新进展 [J]. 中医文献杂志，1996（1）：38~41

[286] 夏融 . 更年期综合征侧重治心的理论与实践 [J]. 江苏中医，1996（2）：41~43

[287] 陈丽芬，施明 . 王翘楚从肝论治失眠症经验：附 85 例临床疗效观察 [J]. 中医文献杂志，1996（2）：29~31

[288] 夏融 . 李祥云治疗功能失调性子宫出血举隅 [J]. 中医文献杂志，1996（2）：31~33

[289] 吴九伟 . 浅谈"光明穴" [J]. 国医论坛，1996（3）：28~29

[290] 夏融 . 李祥云教授治疗妇科疾病经验拾萃 [J]. 中医函授通讯，1996（3）：15~16

[291] 董廷瑶，邓嘉成 . 频饮及口疮顽症治验 [J]. 中医杂志，1996（6）：336

[292] 郑雪君 . 中药降脂机理及祛脂途径初探 [J]. 江西中医药，1996（3）：60~61

[293] 杨悦娅 . 中风重症辨治体会 [J]. 浙江中医杂志，1996（6）：251

[294] 杨悦娅，陈熠 . 瘿得消治疗甲状腺腺瘤 59 例疗效分析 [J]. 吉林中医药，1996（4）：11

[295] 董其圣 . 姜春华教授应用毒剧药的经验 [J]. 辽宁中医杂志，1996（8）：3~5

[296] 周琴花，花根才 . 张云鹏治肝验案四则 [J]. 中医文献杂志，1996（3）：27~29

[297] 吴九伟 . 浅论经外奇穴范畴和整理 [J]. 上海针灸杂志，1996（4）：36~37

[298] 潘文奎 . 中医内分泌学理论与临床证治的研究 [J]. 辽宁中医杂志，1996（9）：14~16

[299] 邓嘉成，董廷瑶 . 李时珍小儿病方探析 [J]. 中医文献杂志，1996（4）：18~20

[300] 潘文奎 . 中药治疗尿崩症的信息分析 [J]. 中国中医药信息杂志，1996（12）：30~32

[301] 邓嘉成 . 朱丹溪治杂病方药特色 [J]. 四川中医，1997（1）：3~4

[302] 杨杏林，楼绍来 . 丁甘仁年表 [J]. 中医文献杂志，1997（1）：37~40

[303] 董其圣，姜光华 . 姜春华用峻药 [J]. 上海中医药杂志，1997（3）：32~33

[304] 潘文奎 . 桥本甲状腺炎的特殊性与中医治疗 [J]. 中医杂志，1997（3）：185

[305] 袁云瑞 . 唐吉父妇科医案选录（一）[J]. 中医文献杂志，1997（2）：23~25

[306] 周琴花 . 张云鹏运用攻下法治疗肝脏病的经验 [J]. 辽宁中医杂志，1997（6）：10

[307] 潘文奎 . 中医治疗尿崩症的治法概况 [J]. 上海中医药杂志，1997（7）：45~47

[308] 范荣培，施明，张玉华，金巧红，庞传宇，刘龙民 . "喉圣"抗炎抑菌作用的实验研究 [J]. 上海中医药杂志，1997（8）：45~46

[309] 袁云瑞 . 唐吉父妇科医案选录（二）[J]. 中医文献杂志，1997（3）：30~31

[310] 潘文奎 . 《国内外中医药科技进展》193 篇综述文的分析述评 [J]. 中医文献杂志，1997（3）：41~43

[311] 陈熠 . 解郁八法治疗甲状腺腺瘤 [J]. 浙江中医杂志，1997（9）：413~414

[312] 周琴花，花根才. 张云鹏治疗脂肪肝经验举要 [J]. 中医函授通讯，1997（5）：11~12

[313] 余恒先. 施梓乔以扶正为主治疗慢性湿疹经验 [J]. 辽宁中医杂志，1997（11）：3~4

[314] 张仁. 关于中医现代化的思考 [J]. 中医文献杂志，1997（4）：17~18

[315] 袁云瑞. 唐吉父妇科医案选录（三）[J]. 中医文献杂志，1997（4）：29~31

[316] 邓嘉成. 小儿哮喘诊治体会 [J]. 四川中医，1998（1）：7

[317] 杨悦娅，陈理书. 张云鹏遣药特色 [J]. 上海中医药杂志，1998（1）：14~15

[318] 夏融. 朱南孙以肝肾为纲治疗妇科病的经验 [J]. 江苏中医，1998（3）：6~8

[319] 杨杏林. 范文虎经验方临床拾零 [J]. 上海中医药杂志，1998（4）：10~11

[320] 严勤华. 试论痰湿壅阻型产后缺乳 [J]. 上海中医药杂志，1998（4）：37

[321] 陈熠. 甲状腺腺瘤的辨病与辨证 [J]. 中医文献杂志，1998（2）：19~21

[322] 黄素英. 论"脏躁"之本义 [J]. 中医文献杂志，1998（2）：23~24

[323] 黄素英，莫惠玉. 蔡小苏诊治不孕之思路 [J]. 中医教育，1998（3）：58~59

[324] 潘文奎. 内分泌疾病的中医基本治则探研 [J]. 辽宁中医杂志，1998（6）：4~6

[325] 陈熠. 喻嘉言唯气观的临床贡献 [J]. 浙江中医杂志，1998（7）：291~292

[326] 潘文奎，陈梦月. 糖尿病中西医治疗方案与选择 [J]. 中国社区医师，1998（7）：24

[327] 潘文奎，陈梦月. 针刺治疗糖尿病 [J]. 中国社区医师，1998（7）：24~25

[328] 潘文奎，陈梦月. 糖尿病并发症的中医治疗 [J]. 中国社区医师，1998（7）：25~27

[329] 陈熠. 调气解郁法的临床应用 [J]. 中国医药学报，1998（4）：78

[330] 潘文奎. 试谈中医学掺入未来医学的优势与地位 [J]. 中国中医药信息杂志，1998（8）：3~5

[331] 夏融. 朱南孙教授治疗月经病经验 [J]. 山西中医，1998（4）：3~6

[332] 潘文奎，熊韬. 论脏象学说是中西医结合的核心内涵 [J]. 中医文献杂志，1998（3）：24~25

[333] 余恒先. 徐蔚霖治疗女童性早熟用药经验 [J]. 辽宁中医杂志，1998（10）：18~19

[334] 潘文奎，熊韬. 论藏象学说融入现代医学的思路与方法 [J]. 中国中医基础医学杂志，1998（10）：19~22

[335] 杨悦娅，陈理书. 张云鹏应用桂枝举要 [J]. 中医文献杂志，1998（4）：28~30

[336] 周琴花，花根才. 张云鹏老师心脑血管疾病学术经验介绍 [J]. 新中医，1998（12）：10~12

[337] 潘文奎 . 病证结合辨治垂体肿瘤撷要 [J]. 辽宁中医杂志，1998（12）：5~6

[338] 潘文奎，余恒先 . 论现代难治病中医文献的特点与要素 [J]. 中国中医药信息杂志，1999（1）：57~58、72

[339] 黄素英 . 蔡小荪妇科临证善取通法的经验 [J]. 上海中医药杂志，1999（2）：30~31

[340] 陈理书，杨悦娅，胡坚文 . 张云鹏善用大黄心法举隅 [J]. 山东中医杂志，1999（2）：34~35

[341] 招萼华 .《尚论后篇》对温病学发展的贡献 [J]. 中医文献杂志，1999（1）：9~10

[342] 潘文奎，余恒先 . 论现代难治病中医文献的特点与要素 [J]. 中医文献杂志，1999（1）：23~26

[343] 莫惠玉，黄素英 . 蔡小荪治疗子宫内膜异位症验案一则 [J]. 中医文献杂志，1999（1）：40

[344] 陈理书，杨悦娅 . 张云鹏从肾论治杂病经验举隅 [J]. 山西中医，1999（2）：10~11

[345] 夏融 . 朱南孙治疗子宫内膜异位症经验 [J]. 中医文献杂志，1999（2）：30~32

[346] 邓嘉成 . 宣肺法治小儿久咳的体会 [J]. 中国全科医学，1999（3）：182

[347] 郑雪君，杨雨田 . 苏树荣益气化瘀法治疗风心房颤之经验 [J]. 中医文献杂志，1999（3）：30~31

[348] 张仁 . 走向二十一世纪的针灸医学 [J]. 中医文献杂志，1999（3）：45~46

[349] 邓嘉成 . 小儿用补应慎重 [J]. 江苏中医，1999（8）：37

[350] 张仁 . 敢问路在何方——走向 21 世纪的中医学 [J]. 医学与哲学，2000（1）：49~51

[351] 周晴 . 中药内外合治寻常痤疮 110 例 [J]. 上海中医药杂志，2000（4）：41

[352] 招萼华 . 伤寒逆传初探 [J]. 中医文献杂志，2000（2）：9~10

[353] 江克明 . 肥胖嗜睡症治验 [J]. 中医文献杂志，2000（3）：31

[354] 郑雪君 . 自拟清萎方治疗慢性萎缩性胃炎 30 例 [J]. 中医文献杂志，2000（3）：47

[355] 董其圣，施明，邓嘉成 . 盗汗净治疗盗汗 75 例疗效观察 [J]. 中医杂志，2000（9）：548~549

[356] 刘坚，张仁 . 电针治疗原发性视网膜色素变性 65 例 [J]. 中国针灸，2000，10：19~20

[357] 江克明 . 热入血室证治管见 [J]. 中医文献杂志，2000（4）：24~25

[358] 袁云瑞 . 寒热往来验案一则 [J]. 中医文献杂志，2000（4）：35

[359] 张仁 . 面临新世纪的思考——关于针灸学科学研究 [J]. 上海针灸杂志，2000（6）：1~2

2001-2015 年发表论文（收录到 2015 年 9 月）

[1] 杨悦娅，杨杏林.张云鹏论治黄疸经验 [J].四川中医，2001（1）：4~5

[2] 江克明.肾阴肾阳学说的形成与运用 [J].中医文献杂志，2001（1）：24~25

[3] 杨雨田，郑雪君，杨悦娅.《谦斋医学讲稿》学术思想探讨 [J].中医文献杂志，2001（2）：12~13

[4] 邓嘉成.董廷瑶验方二则 [J].中医文献杂志，2001（2）：34

[5] 熊韬.熄风活血汤治疗颈性眩晕 [J].中医文献杂志，2001（2）：48

[6] 杨悦娅，余恒先.自拟培本通经方治闭经 42 例 [J].江西中医药，2001（4）：31~32

[7] 杨悦娅，张云鹏，杨雨田，武俊青.偏头痛与血瘀证之关系 [J].浙江中医杂志，2001（8）：36

[8] 杨悦娅，杨雨田，武俊青，张云鹏.血瘀在偏头痛发生中的机理探讨 [J].中医文献杂志，2001（3）：27~28

[9] 江克明.久泻验案三则 [J].中医文献杂志，2001（3）：37

[10] 黄素英，王海丽.理血消斑汤治疗黄褐斑 34 例 [J].中医文献杂志，2001（3）：48

[11] 杨雨田，杨悦娅.中药治疗 2 型糖尿病口服磺脲类降糖药继发性失效 [J].辽宁中医杂志，2002（4）：205~207

[12] 杨雨田，杨悦娅，武俊青.脂肪肝的门诊调查与临床分析 [J].临床肝胆病杂志，2002（2）：107~108

[13] 董廷瑶."开门逐盗"治疗小儿热病 [J].上海中医药杂志，2002（5）：4~7

[14] 江克明.杂病治验三则 [J].中医文献杂志，2002（2）：42~43

[15] 杨杏林，胡晓航.特殊类型癫痫的辨证与辨病治疗 [J].中医文献杂志，2002（2）：53~54

[16] 黄素英.温宫化瘀法治疗痛经 100 例 [J].上海中医药杂志，2002（7）：26~27

[17] 黄素英.中药内服外敷治疗乳腺增生病 50 例 [J].江西中医药，2002（4）：23

[18] 吴九伟.现代中医论治失眠症的临床思路述评 [J].中医文献杂志，2002（3）：12~14

[19] 招萼华.温潜法治不寐三家医案述评 [J].中医文献杂志，2002（3）：35~36

[20] 陈熠.温病学之门径——评《温病正宗》[J].中医文献杂志，2002（3）：49~51

[21] 方波奇.偏头痛的研究进展与推拿治疗 [J].按摩与导引，2002（4）：2~3

[22] 张仁 . 针灸医学的困惑、挑战与对策 [J]. 上海针灸杂志，2002（5）：4~6

[23] 吴九伟 . 电针治疗顽固性失眠症的临床观察 [J]. 上海针灸杂志，2002（5）：12~13

[24] 黄素英 . 从医六十年 造福半爿天：蔡氏妇科第七代传人蔡小荪 [J]. 中医文献杂志，
　　　2003（1）：31~32

[25] 黄素英 . 蔡小荪诊治月经病之思路 [J]. 中医文献杂志，2003（1）：33~34

[26] 施明，徐建，许红，王翘楚 . 失眠临床辨证论治探讨 [J]. 上海中医药杂志，2003（3）：
　　　18~20

[27] 吴九伟 . 电针加刺络拔罐治疗颈椎病 66 例临床观察 [J]. 中西医结合学报，2003（3）：
　　　214~225

[28] 施明，许良 . 从肝论治脑卒中后抑郁症验案三则 [J]. 中医文献杂志，2003（2）：55~56

[29] 张仁 . 医籍之《辞海》：喜读《中国医籍大辞典》[J]. 上海中医药杂志，2003（6）：
　　　64~65

[30] 杨杏林，范海鹰 . 中药苦丁茶的研究开发述评 [J]. 内蒙古中医药，2003（3）：35~37

[31] 董廷瑶 . 治发机先 攻逐邪毒 [J]. 中国社区医师，2003（11）：24~25

[32] 杨杏林，胡晓航 . 辛热开破法为主治疗间脑癫痫疗效观察 [J]. 江西中医学院学报，2003
　　　（2）：32~33

[33] 黄素英 . 论通法在妇科病中的应用 [J]. 上海中医药杂志，2003（7）：21~23

[34] 杨杏林，胡晓航 . 辛热开破法为主治疗间脑癫痫 43 例疗效观察 [J]. 吉林中医药，2003
　　　（7）：15~16

[35] 施明，许红，张晓峰，庞传宇，王翘楚 . 落花生枝叶治疗失眠症临床观察和有关药理
　　　研究 [J]. 江苏中医药，2003（7）：48~50

[36] 张仁 . 黄卷青灯 风雨兼程：《中医文献杂志》二十年 [J]. 中医文献杂志，2003（3）：3

[37] 江克明 . 朱丹溪滋阴降火法探析 [J]. 中医文献杂志，2003（4）：19~20

[38] 陆明，杨杏林 . 李平书与上海近代中医 [J]. 中医文献杂志，2004（1）：42~44

[39] 张仁 . 针灸保健防病历史与现状 [J]. 中医文献杂志，2004（1）：55~56

[40] 江克明 . 和解少阳的涵义 [J]. 中医文献杂志，2004（2）：29~31

[41] 吴九伟 . 刺络拔罐法的应用 [J]. 浙江中医杂志，2004（6）：26~27

[42] 吴九伟 . 略论刺络拔罐法及其临床应用 [J]. 江苏中医药，2004（7）：37~39

[43] 张仁 . 针灸意外事故的历史与现状 [J]. 中西医结合学报，2004（4）：306~313

[44] 招萼华. 浅议"交通心肾"[J]. 中医文献杂志, 2004（3）: 38~39

[45] 杨杏林. 急公好义 橘井流芳: 记著名中医妇科专家、教育家朱鹤皋先生 [J]. 中医文献杂志, 2004（3）: 46~47

[46] 王春艳, 张如青. 近20年来敦煌古医方研究概况 [J]. 上海中医药大学学报, 2004（3）: 61~64

[47] 张仁. 关于提升中医两大能力的思考 [J]. 医学与哲学, 2004（11）: 74~75

[48] 施明. 镇静催眠药依赖性失眠临床特征与从肝论治分析 [J]. 上海中医药杂志, 2004（11）: 13~14

[49] 张仁. 灸法的历史与现状 [J]. 中西医结合学报, 2004（6）: 466~473

[50] 徐瑛, 张云鹏. 明清时期脑的学说发展举要 [J]. 辽宁中医杂志, 2004（12）: 990~991

[51] 陈理书, 张云鹏. 章次公重视经典 [J]. 中华医史杂志, 2005（1）: 11

[52] 黄素英. 中医师承教育调查研究报告: 上海地区三届名老中医师承班学术继承人资料分析 [J]. 中医教育, 2005（1）: 17~19、22

[53] 杨悦娅.《素问》五脏病机在临床的应用 [J]. 中医文献杂志, 2005（1）: 28~30

[54] 周晴, 徐燎宇. 加味乌梅丸治疗慢性腹泻: 附42例的疗效观察 [J]. 中医文献杂志, 2005（1）: 52~53

[55] 杨悦娅. 鼓动生理机能重在脾胃: 读前贤医著有感 [J]. 中国中医药现代远程教育, 2005（3）: 35~38

[56] 陈理书, 张云鹏, 杨悦娅. 临床应用附子78例探析 [J]. 辽宁中医杂志, 2005（4）: 348~349

[57] 余恒先. 试论调肝法治疗慢性萎缩性胃炎 [J]. 新疆中医药, 2005（2）: 4~6

[58] 江克明. 江克明验案四则 [J]. 中医文献杂志, 2005（2）: 39~40

[59] 陈理书, 周琴花, 陆瑾, 杨悦娅, 张云鹏. 多向调节治疗脂肪肝的临床观察 [J]. 中华中医药杂志, 2005（7）: 433~434

[60] 招萼华. 三阴同治法治疗肝硬化腹水38例 [J]. 江苏中医药, 2005（8）: 18~19

[61] 杨杏林. 论辛热开破法在癫痫治疗中的应用 [J]. 中医文献杂志, 2005（3）: 32~34

[62] 蒋琴芳. 男性更年期综合征验案三则 [J]. 中医文献杂志, 2005（3）: 38~39

[63] 吴九伟, 王海丽, 林学俭. 额五针治疗失眠症的临床观察 [J]. 中医文献杂志, 2005（3）: 48~49

[64] 余恒先，唐国顺．柴胡疏肝散化裁方治疗慢性浅表性胃炎 [J]．中医文献杂志，2005（3）：54~55

[65] 周晴，徐燎宇．滋肾通关丸治疗肝硬化腹水 42 例临床观察 [J]．上海中医药杂志，2005（9）：21~22

[66] 蒋琴芳．七味白术散临床应用举隅 [J]．辽宁中医学院学报，2005（5）：472

[67] 许红，施明，苏泓，张雯静，王国华，阙正华，王翘楚．从肝论治基本方治疗失眠症临床验证观察 [J]．中国中医基础医学杂志，2005（9）：701~703

[68] 王海丽，吴九伟，林学俭．林学俭运用头皮针治疗部分脑源性疾病经验 [J]．中国针灸，2005（10）：729~732

[69] 蒋琴芳．车前子临床应用拾偶 [J]．吉林中医药，2005（10）：52~53

[70] 蒋琴芳．男性更年期综合征诊治琐话 [J]．浙江中医杂志，2005（10）：450

[71] 徐燎宇，周晴．体质与肿瘤治疗 [J]．中医文献杂志，2005（4）：40~41

[72] 郑雪君．独具卓识 大家风范：祝味菊医案三则评析 [J]．中医文献杂志，2005（4）：48~49

[73] 杨悦娅．朱南孙治疗多囊卵巢综合征的思路与方法 [J]．上海中医药杂志，2006（1）：43~44

[74] 杨悦娅．有故无殒辨治妊娠病：路志正教授经验撷菁 [J]．中医药通报，2006（1）：13~16

[75] 杨悦娅，邓铁涛．谈古医籍整理工作 [J]．中医文献杂志，2006（1）：1

[76] 杨悦娅．走近张灿玾教授 [J]．中医文献杂志，2006（1）：42~44

[77] 张云鹏，杨悦娅．中医教育之思考 [J]．中医药导报，2006（3）：88~90

[78] 杨悦娅．《内经》理论指导临床的体会 [J]．新中医，2006（4）：86~87

[79] 徐瑛，张云鹏．汉唐宋时期脑学说发展举要 [J]．辽宁中医杂志，2006（5）：547~548

[80] 熊韬．施氏补益温通方对脊髓型颈椎病的疗效观察 [J]．中医文献杂志，2006（2）：41~42

[81] 江克明．江克明验案六则 [J]．中医文献杂志，2006（2）：42~43

[82] 招萼华．轻药重投与重药轻投 [J]．中医文献杂志，2006（2）：44~45

[83] 熊韬．熄风化痰活血法治疗痰湿阻络型椎动脉型颈椎病临床观察 [J]．中医正骨，2006（8）：12、14、90

[84] 张云鹏.《伤寒论》辨证方药临床运用探析 [J]. 中医文献杂志，2006（3）：27~30

[85] 杨杏林. 治心悸当重痰瘀 [J]. 中医文献杂志，2006（3）：38~39

[86] 蒋琴芳. 降脂理肝方治疗脂肪肝 [J]. 中医文献杂志，2006（3）：44~45

[87] 郑雪君. 张汝伟遗著《中医心理疗治实验录》整理选载 [J]. 中医文献杂志，2006（4）：11~12

[88] 江克明. 结胸与胸痹辨 [J]. 中医文献杂志，2006（4）：32~33

[89] 杨悦娅. 张云鹏治疗脂肪肝的思路与临证经验 [J]. 山西中医，2006（6）：5~7

[90] 吴焕淦，张仁，口锁堂，刘立公，施征. 从经筋理论探讨针刺麻醉 [J]. 上海针灸杂志，2006，12：40~43

[91] 张仁. 关于针刺麻醉科研思路的反思 [J]. 针刺研究，2006（6）：325~326

[92] 杨悦娅，王春艳. 蔡小荪教授治疗输卵管阻塞的思路与临证 [J]. 天津中医药，2007（1）：8~9

[93] 杨悦娅.《血证论》学术价值撷要 [J]. 中医文献杂志，2007（1）：15~17

[94] 招萼华. 小青龙汤加附子加石膏的思考 [J]. 中医文献杂志，2007（1）：45~46

[95] 黄素英. 关于中医师承的几点思考 [J]. 湖北民族学院学报（医学版），2007（1）：6~9

[96] 季伟苹，陈沛沛. 论"海派中医"[J]. 上海中医药杂志，2007（5）：1~3

[97] 江克明. 仲景方中芍药的配伍选析 [J]. 中医文献杂志，2007（2）：39~40

[98] 方松春，陈沛沛. 中医"名馆"诠释及创建思考 [J]. 中医文献杂志，2007（2）：63~64

[99] 杨杏林. 中医为主治疗癫痫小发作 58 例 [J]. 江西中医药，2007（7）：29~30

[100] 杨杏林，蔡希. 张友琴治疗皮肤病临床经验 [J]. 中医文献杂志，2007（3）：39~40

[101] 蒋琴芳. 加味丹参饮治疗冠心病心绞痛 [J]. 中医文献杂志，2007（3）：59~60

[102] 徐燎宇，周晴，徐杰男，张云鹏. 通阳散郁方治疗慢性浅表性胃炎 [J]. 中医文献杂志，2007（3）：60~61

[103] 吴九伟. 中药及针灸联合中药治疗失眠症 295 例临床疗效对比观察 [J]. 中西医结合学报，2007（5）：592~593

[104] 杨杏林，范海鹰，胡晓航. 中医药治疗不同类型癫痫失神发作 [J]. 中西医结合学报，2007（6）：692~694

[105] 黄素英，王海丽，王春艳. 从蔡小荪成才特点谈中医人才培养 [J]. 中医文献杂志，2007（4）：59~61

[106] 郑雪君.张汝伟学术经验探要[J].中医文献杂志，2007（4）：55~57

[107] 黄素英.中医师承的研究与实践[J].中医教育，2007（6）：10~13

[108] 杨悦娅，郑宜南."消、托、补"三法在治疗女性炎症性不孕中的应用[J].中华中医药杂志，2007（12）：867~870

[109] 陈沛沛，季伟苹."海派中医"特征及上海中药老字号[J].中医药文化，2007（6）：27~29

[110] 毕丽娟.黄素英治疗痛经经验[J].山东中医杂志，2008（2）：132~133

[111] 周晴，徐燎宇，陈晓蓉，张云鹏.犀角地黄汤加味治疗慢性乙型肝炎热毒炽盛型46例[J].上海中医药杂志，2008（2）：41~43

[112] 招萼华.祝味菊姜春华对热病的贡献[J].中医文献杂志，2008（1）：20~23

[113] 余恒先.李卓英医案选介[J].中医文献杂志，2008（1）：39~41

[114] 张利.周期调治 化瘀消癥：黄素英主任治疗子宫内膜异位症经验[J].福建中医药，2008（1）：20~21

[115] 陈沛沛.中医"治未病"干预亚健康的优势[J].上海中医药杂志，2008（4）：60~61

[116] 郑雪君，顾问，郭天玲.上海市中医文献馆馆员志[J].中医文献杂志，2008（2）：40~43

[117] 周晴，徐燎宇.张云鹏运用四逆散异病同治之经验[J].中医文献杂志，2008（2）：35~37

[118] 余恒先，陈理书.张云鹏辨证应用附子经验探析[J].辽宁中医杂志，2008（5）：661~663

[119] 徐燎宇，蒋会茹，周晴，徐杰男，张云鹏.从毒论治脂肪性肝炎[J].中国中医基础医学杂志，2008（5）：390、392

[120] 王亚平，杨悦娅，陈理书，张志银，要全保，庄敏之，胡南华，朱艳，郑昕，周菲，张迪，郭兆玮.加味降脂理肝汤治疗痰瘀质非酒精性脂肪肝病63例[J].上海中医药杂志，2008（6）：23~25

[121] 陈熠.论调神解郁法治疗恶性肿瘤的理论依据[J].上海中医药杂志，2008（6）：60~62

[122] 郑雪君，顾问，郭天玲.上海市中医文献馆馆员志（续完）[J].中医文献杂志，2008（3）：34~38

[123] 楼绍来.心系民生 情怀中医：浙江中医药大学老院长何任教授的成才之路 [J].中医药文化，2008（4）：4~7

[124] 杨枝青.蒋维乔中医静坐养生法学术初探 [J].中医文献杂志，2008（4）：41~43

[125] 季伟苹，黄素英，张挹芳，高毓秋，王海丽，王春艳，王顺.当代著名中医药专家成才规律浅析 [J].上海中医药杂志，2008（10）：1~5

[126] 郑宜南.疮疡外科名家顾筱岩学术经验 [J].中医文献杂志，2008（5）：31~34

[127] 杨枝青，陈沛沛.近代上海中医防治疫病的"海派"特色 [J].中医药文化，2008（5）：53~56

[128] 张云鹏，徐燎宇，蒋琴芳，余恒先.祖国医学对肿瘤认识举要 [J].中国中医药现代远程教育，2008（12）：1459~1461

[129] 施明.中药香袋敷贴神阙穴治疗126例失眠症临床观察 [J].上海中医药杂志，2009（1）：41~42

[130] 王顺，张仁.溃疡性角膜炎案 [J].中国针灸，2009（1）：71

[131] 孙玲，陈沛沛.典籍的生产方式对中医食疗文献发展的影响 [J].光明中医，2009（2）：200~202

[132] 杨杏林.通古淹今，择善而从之：费氏医学传人徐相任学术思想 [J].中医文献杂志，2009（1）：36~38

[133] 王顺，张仁.张仁治疗难治性眼底病医案 [J].针灸临床杂志，2009（3）：45~47

[134] 黄素英，张利.启承研求 励精创新：记中医学家张赞臣 [J].中医文献杂志，2009（2）：47~50

[135] 郑宜南.沈梦庐医案选介 [J].中医文献杂志，2009（2）：40~42

[136] 王春艳，张如青.敦煌遗书性医方考 [J].中医文献杂志，2009（2）：7~10

[137] 张云鹏，徐瑛，余恒先.冠心病中医辨治述要 [J].上海中医药大学学报，2009（3）：1~2

[138] 孙玲，陈沛沛.古代食疗文献检索技能解析 [J].湖北中医学院学报，2009（3）：57~58

[139] 杨枝青.近代海派名医郭柏良临床经验浅析 [J].中医文献杂志，2009（3）：32~35

[140] 王春艳，毕丽娟，王海丽，黄素英.蔡小荪教授运用育肾周期疗法治疗不孕症经验 [J].福建中医药，2009（3）：17~19

[141] 杨悦娅.盆腔炎从"胞脉痈疡"论治 [J].上海中医药杂志，2009（7）：48~50

[142] 郑宜南，杨悦娅 . 温法在慢性盆腔炎治疗中的应用 [J]. 首都医药，2009（14）：59~60

[143] 楼绍来 . 斯人已逝成追忆：缅怀张镜人先生 [J]. 中医药文化，2009（4）：37~39

[144] 黄彩梅，黄素英 . 化瘀清热法治疗经间期出血验案举隅 [J]. 浙江中医杂志，2009（8）：610

[145] 王顺，张仁 . 刺血疗法的功效及临床应用 [J]. 中医文献杂志，2009（4）：54~56

[146] 付金荣，黄素英，王隆卉 . 蔡小荪学术思想及临床经验简介 [J]. 中医文献杂志，2009（4）：42~44

[147] 杨杏林，陆明 . 民国时期上海主要中医药团体简介 [J]. 中医文献杂志，2009（5）：47~50

[148] 刘邓浩，蒋琴芳，戴德英 . 戴德英周期调治月经过少经验撷菁 [J]. 上海中医药杂志，2009（11）：15~17

[149] 余恒先，邵明坤，陈沛沛，周晴，徐燎宇 . 上海市中医药科研查新的需求和对策研究 [J]. 中国中医药信息杂志，2009（11）：92~94

[150] 苏丽娜 . 甲型 H1N1 流感防治最新进展 [J]. 生命与灾害，2009（11）：19~21

[151] 熊韬，方松春 . 近 3 年 A 市 10 个区县中医医院的运行情况分析 [J]. 中医药管理杂志，2009（11）：999~1000、1004

[152] 陈晓蓉，杨宗国，张云鹏 . 中医药辨治艾滋病研究进展 [J]. 上海中医药杂志，2009（12）：73~76

[153] 毕丽娟，王春艳 . 中医周期疗法在妇科疾病中运用现代文献分析及展望 [J]. 中医文献杂志，2009（6）：53~55

[154] 杨枝青，王新华 . 陈熠调神解郁法临床应用撷菁 [J]. 浙江中医杂志，2010（1）：8~9

[155] 周晴，邵明坤，余恒先，蒯国斌 . 三大常用引文数据库检索中医药文献功能探究 [J]. 医学信息学杂志，2010（1）：30~33

[156] 陈沛沛，杨枝青，杨杏林，张晶滢，肖芸，苏丽娜 . "和而不同" 与 "海派中医" [J]. 中医药文化，2010（1）：50~52

[157] 楼绍来 . 儒医半龙与南社及医校同门 [J]. 中医文献杂志，2010（1）：36~40

[158] 何文姬，余恒先，高书荣 . 张云鹏治疗杂病经验举隅 [J]. 上海中医药杂志，2010（3）：20~21

[159] 杨悦娅，周晴，徐燎宇，余恒先，郑宜南，邵明坤．张云鹏学术思想介绍 [J]．世界中医药，2010（2）：98~100

[160] 苏丽娜．世博期间如何加强传染性疾病预防 [J]．生命与灾害，2010（3）：4~7

[161] 毕丽娟．蔡氏妇科周期疗法治疗月经过少 18 例临床疗效观察 [J]．辽宁中医药大学学报，2010（4）：178~180

[162] 方松春，杨杏林．论海派中医与海派中医学术流派 [J]．中医文献杂志，2010（2）：37~39

[163] 毕丽娟．陆渊雷与中医科学化 [J]．中医文献杂志，2010（2）：47~50

[164] 毕丽娟．温宫化瘀方治疗原发性痛经 43 例临床疗效观察 [J]．中国中医基础医学杂志，2010（4）：342~343

[165] 毕丽娟．温宫化瘀方加减治疗原发性痛经 43 例 [J]．江苏中医药，2010（5）：42~44

[166] 毕丽娟．从冲任论治乳腺增生病 [J]．甘肃中医，2010（5）：30~31

[167] 郑宜南，邵明坤，杨悦娅，余恒先．"三淡"养生 顺应自然：上海市名老中医张云鹏养生经验精粹 [J]．山西中医，2010（6）：45~46、49

[168] 王海丽．林氏头皮针治疗儿童自闭症 11 例体会 [J]．福建中医药，2010（3）：39、42

[169] 肖芸，张晶滢．顾渭川医事医案 [J]．湖北中医杂志，2010（7）：32~33

[170] 周晴，杨悦娅，张云鹏．张云鹏解毒为先治疗肝病的临证思辨特点 [J]．辽宁中医杂志，2010（7）：1216~1218

[171] 谢建群，杨永清，季伟苹，施建蓉，陈计，黄素英，姚玮莉，崔一丽，曹健美．现代中医师承与临床医学专业学位衔接培养模式的探索与实践 [J]．上海中医药大学学报，2010（4）：87~89

[172] 杨悦娅．不让须眉扬祖业 德高望重夕阳红：朱南孙教授治学心路 [J]．中医药文化，2010（4）：4~7

[173] 肖芸，倪华．浅析陈熠"调神解郁"法在恶性肿瘤治疗中的应用 [J]．中华中医药杂志，2010（9）：1424~1426

[174] 余恒先，邵明坤，郑宜南，周晴，徐燎宇，杨悦娅．降脂理肝汤治疗非酒精性脂肪肝 70 例 [J]．江苏中医药，2010（9）：29~30

[175] 徐红，张仁．针灸在泰国 [J]．中国针灸，2010（9）：752~754

[176] 杨悦娅. 道家养生观在《内经》中的体现 [J]. 中医文献杂志，2010（5）：16~18

[177] 张雯，郑宜南，张云鹏. 张云鹏膏方经验 [J]. 中医文献杂志，2010（5）：45~47

[178] 陈沛沛. 道家饮食文化与中医食养 [A]. 中华中医药学会科普分会 .2010 年全国中医药科普高层论坛论文集 [C]. 中华中医药学会科普分会，2010（6）

[179] 楼绍来. 乐把金针度与人：针灸名家黄羡明教授的治学之路 [J]. 中医药文化，2010（6）：4~7

[180] 杨枝青. 陈熠"调神解郁"治疗癌症的临床探讨：兼述神与自然疗能及本体疗法 [J]. 浙江中医杂志，2011（1）：9~11

[181] 陈沛沛. 道家饮食文化与中医食养 [J]. 中国中医药现代远程教育，2011（2）：8~11

[182] 杨杏林.《湿热条辨》作者辨疑 [J]. 中医文献杂志，2011（1）：24~26

[183] 杨悦娅. 张云鹏祛邪为先辨治黄疸 [J]. 中医文献杂志，2011（1）：32~34

[184] 熊韬. 施氏伤科的源流、特点及发展现状 [J]. 中医文献杂志，2011（1）：49~51

[185] 张雯，郑宜南，张云鹏. 张云鹏治疗慢性丙型肝炎经验撷英 [J]. 上海中医药杂志，2011（4）：1~2

[186] 王海丽. 探压法在林氏头皮针中的运用初探 [J]. 中国针灸，2011（5）：432~434

[187] 余恒先，何文姬，张云鹏. 疏肝和络法治疗慢性萎缩性胃炎 65 例临床研究 [J]. 江苏中医药，2011（6）：24~25

[188] 张利. 蔡氏周期疗法治疗月经后期 32 例疗效观察 [J]. 山西中医，2011（6）：21~22

[189] 徐红，王顺，刘坚，张仁. 张仁主任针灸治疗视神经挫伤的经验 [J]. 上海针灸杂志，2011（6）：354~356

[190] 吴九伟. 电针加刺络拔罐治疗颈椎病的对比观察研究 [J]. 上海针灸杂志，2011（6）：403~404

[191] 王顺，张仁. 难治性眼病针刺速效 2 则 [J]. 上海针灸杂志，2011（6）：416

[192] 楼绍来. 手抄本《仁室秘机》的沧桑岁月：对一部明清遗珠外科古籍的探佚 [J]. 中医文献杂志，2011（3）：15~17

[193] 黄素英，方松春，刘华，张仁，王春艳，毕丽娟，张利，徐燎宇，王海丽，苏丽娜. 名医学术传承研究新思路 [J]. 上海中医药杂志，2011（7）：1~3

[194] 张利. 中药分期治疗子宫内膜异位症痛经 34 例 [J]. 江苏中医药，2011（8）：49~50

[195] 黄素英，方松春，刘华，张仁，王春艳，毕丽娟，张利，徐燎宇，王海丽，苏丽娜．名医学术思想形成发展规律探析 [J]．上海中医药杂志，2011（8）：1~3

[196] 张亚楠，黄素英，胡国华．海派中医妇科流派简介 [J]．中医文献杂志，2011（4）：31~35

[197] 黄素英，方松春，刘华，张仁，王春艳，毕丽娟，张利，徐燎宇，李国正，王海丽，苏丽娜．应用数据挖掘技术开展名老中医学术经验传承研究的全局设计实例 [J]．上海中医药杂志，2011（9）：1~3

[198] 黄素英．蔡小荪辨治妇科疾病的创新思维 [J]．上海中医药大学学报，2011（5）：1~3

[199] 黄素英，方松春，刘华，张仁，王春艳，毕丽娟，张利，徐燎宇，王海丽，苏丽娜．名老中医临证思辨特点初探 [J]．上海中医药杂志，2011（10）：1~3

[200] 苏丽娜，杨杏林．时代造就的中西汇通大家：祝味菊 [J]．江西中医学院学报，2011（5）：23~25

[201] 黄素英，方松春，毕丽娟，苏丽娜，张利．中医师承型博士培养模式的探索与实践 [J]．中医药管理杂志，2011（10）：935~937

[202] 黄素英，方松春，刘华，张仁，王春艳，毕丽娟，张利，徐燎宇，王海丽，苏丽娜．中医药创新需要发散性思维：名老中医成才的启示 [J]．上海中医药杂志，2011（11）：1~4

[203] 周晴，余恒先，徐燎宇．黄连温胆汤治疗胃脘嘈杂临床疗效初探 [J]．浙江中医药大学学报，2011（6）：844~845

[204] 黄素英，方松春，刘华，张仁，王春艳，毕丽娟，张利，徐燎宇，王海丽，苏丽娜．和而不同 存异求同：关于名老中医学术思想研究的思考 [J]．上海中医药杂志，2011（12）：1~3

[205] 苏丽娜．夏翔教授临证用药特色举隅 [J]．长春中医药大学学报，2012（1）：61~63

[206] 毕丽娟，苏丽娜，王春艳，张利．略谈中医师承教育在海派中医流派人才培养中的作用 [J]．中国中医药现代远程教育，2012（4）：7~8

[207] 杨杏林，毕丽娟，张晶滢．上海地区何氏医家传承系谱调查 [J]．中医文献杂志，2012（2）：40~43

[208] 张晶滢．朱明方用柴胡疏肝散治疗瘿病经验举隅 [J]．湖北中医杂志，2012（5）：28~29

[209] 徐红，王顺，郭梦虎 . 张仁针灸治疗青光眼经验 [J]. 中国针灸，2012（5）：444~447

[210] 张利，黄素英 . 子宫内膜简单型增生过长之崩漏证治体会 [J]. 山西中医，2012（5）：61~62

[211] 张晶滢，陈沛沛 . 失眠病证古代文献探微 [J]. 上海中医药杂志，2012（6）：17~19

[212] 杨杏林 . 简述海派中医及其流派传承特点 [J]. 中医药文化，2012（4）：27~31

[213] 杨杏林 .《内经博议》版本调查 [J]. 中医文献杂志，2012（4）：9~10

[214] 卓鹏伟 . 彭培初教授治疗类风湿性关节炎经验介绍 [J]. 新中医，2012（11）：154~156

[215] 杨悦娅 . 海上中医名家张云鹏膏方特色 [J]. 世界中西医结合杂志，2013（1）：16~17

[216] 杨枝青，杨杏林 . 上海嘉定外科双璧 [J]. 中医文献杂志，2013（1）：26~28

[217] 杨悦娅 . 颜德馨用药特色析要 [J]. 中医文献杂志，2013（1）：32~35

[218] 王顺，徐红，张仁 . 预防处理针刺所致眼部血肿经验浅述 [J]. 上海针灸杂志，2013（3）：218~219

[219] 王春艳 . 蔡氏育肾周期疗法治疗月经后期 34 例 [J]. 河北中医，2013（3）：353~354

[220] 苏丽娜 . 陈莲舫治咳理论初探 [J]. 甘肃中医学院学报，2013（2）：24~25

[221] 王春艳 . 温经止痛方配合艾灸治疗寒凝血瘀型原发性痛经 35 例的疗效观察 [J]. 贵阳中医学院学报，2013（3）：141~143

[222] 郑宜南，杨悦娅 . 女童性早熟中医证治三法 [J]. 中医文献杂志，2013（3）：31~33

[223] 邵明珅 . 虫类中药在哮喘治疗中的应用 [J]. 中医文献杂志，2013（3）：55~56、58

[224] 郑宜南 . 温法治疗崩漏体会 [J]. 山西中医，2013（7）：33

[225] 毕丽娟 . 张千里临床经验及验案举隅 [J]. 浙江中医杂志，2013（7）：469~470

[226] 张利，杨杏林 . 基于方志挖掘的宝山县清末至民国初医疗及慈善医疗机构概要 [J]. 中医文献杂志，2013（4）：50~52

[227] 杨悦娅 . 朱南孙家传膏方特色 [J]. 中医文献杂志，2013（4）：42~45

[228] 肖芸，梁未末，倪华 . 陈熠运用调神解郁法治疗膀胱癌的临床经验 [J]. 中华中医药杂志，2013（9）：2632~2634

[229] 张利，黄素英 . 蔡氏妇科"二期四步助孕法"辅治体外受精~胚胎移植的思路和方法 [J]. 山西中医，2013（9）：7~8

[230] 杨悦娅 . 中医科普教育中的术与道 [J]. 中医药文化，2013（5）：18~19

[231] 杨杏林 . 沈又彭与《玄机活法》[J]. 中医文献杂志，2013（5）：9~10

[232] 毕丽娟．张千里生平及验案举隅 [J]. 中医文献杂志，2013（5）：48~51

[233] 陈静，王春艳．胡国华教授治疗卵巢早衰及卵巢储备功能低下的经验 [J]. 世界中西医结合杂志，2013（10）：988~990

[234] 毕丽娟．蔡小荪育肾助孕周期调治法治疗不孕症经验 [J]. 山东中医杂志，2013（11）：836~838

[235] 徐立思，陈晓晖，何新慧．《伤暑论》学术思想探析 [J]. 上海中医药杂志，2013（11）：28~30

[236] 徐燎宇，肖芸，方松春．中医药情报信息研究的现状分析 [J]. 贵阳中医学院学报，2013（6）：36~38

[237] 周晴，杨悦娅，余恒先，张进，徐燎宇．论章次公先生"发皇古义，融会新知"的治学思想 [J]. 世界中西医结合杂志，2013（11）：1094~1096

[238] 毕丽娟．蔡小荪教授运用中药提高体外受精~胚胎移植成功率的诊疗思路 [J]. 四川中医，2013（12）：1~2

[239] 张进，张仁．关于针灸文献研究的思考 [J]. 中医文献杂志，2013（6）：30~32

[240] 招萼华，毕丽娟，杨枝青．命名必因形而生：《医学寻源》读后 [J]. 中医文献杂志，2013（6）：52~54

[241] 陈静，王春艳，张静．胡国华"清""消""补"三法治疗盆腔炎性疾病后遗症经验 [J]. 上海中医药大学学报，2014（1）：1~3

[242] 徐燎宇，肖芸，张进，方松春．中医药战略情报研究体系建设探析 [J]. 湖南中医药大学学报，2014（1）：57~60

[243] 张进，张仁．针刺眼部穴致出血意外 2 例 [J]. 中国针灸，2014（2）：186~188

[244] 杨杏林．《内经博议》考 [J]. 中国中医药图书情报杂志，2014（1）：44~46

[245] 张利．中医治疗血瘀型崩漏研究进展 [J]. 云南中医中药杂志，2014（2）：65~66

[246] 孟拓，施明．好睡眠 健康的基础 [J]. 食品与生活，2014（4）：54~55

[247] 张进．《现代难病针灸》读后 [J]. 中医药文化，2014（2）：53~54

[248] 杨枝青．黄元御《素灵微蕴》医案探微 [J]. 中医文献杂志，2014（2）：24~27

[249] 张仁，徐红．针灸治疗寻常痤疮 [J]. 中国临床医生，2014（5）：81~82

[250] 余恒先．异病同治在内科疾病的运用 [J]. 江西中医药，2014（6）：16~17

[251] 张进，周晴，张云鹏.探先师次公先生学术成就一二 [J].浙江中医药大学学报，2014（7）：846~848

[252] 招萼华，王翘楚.五行配五脏需要发展 [J].中医文献杂志，2014（4）：35~38

[253] 毕丽娟，杨杏林，杨枝青，苏丽娜，张晶滢，肖芸，杨奕望，陆明.近代上海中西医汇通运动的发展及其意义 [J].中国中医药图书情报杂志，2014（5）：41~45

[254] 杨杏林，陆明，杨奕望.近代上海中西医汇通若干历史人物与事件 [J].中医药文化，2014（5）：11~15

[255] 庞素银.甘遂古今应用考 [J].中医文献杂志，2014（5）：62~64

[256] 季伟苹.近代中西医汇通及其对当代中医学发展的影响 [J].上海中医药杂志，2014（11）：3~7

[257] 唐国顺.以双语对应语料库快译中医文献的研究 [J].中国科技翻译，2014（4）：24~27

[258] 杨枝青，陈熠.祝味菊迁沪时间考 [J].中医文献杂志，2014（6）：37~39

[259] 徐立思，孔祥亮，何新慧.经方辨治心阳虚证八法及其药对探析 [J].上海中医药杂志，2014（12）：25~28

[260] 周晴，苏丽娜.丁济万治疗湿温病临证经验浅析 [J].浙江中医药大学学报，2014（12）：1397~1399

[261] 徐立思，孔祥亮，何新慧.仲景辨治心阳虚证特点探析 [J].辽宁中医杂志，2015（3）：490~493

[262] 邵命海，卓鹏伟，彭培初.彭培初辨治 IgA 肾病经验探析 [J].上海中医药杂志，2015（4）：1~2、22

[263] 徐立思，符德玉，桂明泰，徐邦杰.原发性高血压患者尿微量白蛋白与中医证型的相关性研究 [J].中华中医药学刊，2015（3）：564~566

[264] 王春艳，陈静，胡国华.《傅青主女科》诊治妇科痛证学术特色探析 [J].贵阳中医学院学报，2015（4）：5~7

[265] 卓鹏伟，邵命海，彭培初.彭培初治疗尿路感染的经验总结 [J].中医文献杂志，2015（3）：38~40

[266] 杨枝青.自拟慢肠方治疗轻中度溃疡性结肠炎 32 例 [J].广西中医药大学学报，2015（2）：19~20

[267] 杨枝青，杨杏林.新中国成立前的上海针灸发展[J].中医文献杂志，2015（2）：28~31

[268] 杨枝青，陈熠.陈熠主任医师应用调神解郁法治疗原发性肝癌术后经验[J].贵阳中医学院学报，2015（3）：76~78

[269] 周晴，徐燎宇，余恒先，张进.记章次公先生为医精神[J].中医药文化，2015（1）：37~39

[270] 李道五，卓鹏伟.益气养阴固表法为主治疗成人体虚多汗症疗效观察[J].新中医，2015（6）：33~34

[271] 张利，黄素英.蔡氏妇科流派治疗崩漏历代学术特色探析[J].浙江中医药大学学报，2015（7）：531~533

[272] 杨悦娅.学验俱丰赞誉甚重～访著名中医内科专家路志正教授[J].家庭中医药，2008，15（12）：5~7

[273] 杨枝青，毕丽娟，杨杏林.恽铁樵与陆渊雷学术观点比较[J].中华医史杂志，2010（4）：206~209

[274] 杨枝青，杨杏林.略论陆渊雷医学思想之日本汉方医渊源[J].中华医史杂志，2011（5）：268~270

[275] 程勇，石云，蔡轶明.上海发展中医药健康服务业的 SWOT 分析[J].中医药管理杂志，2015（9）：4~7

[276] 程勇，孙荇，石云，黄萍，蔡轶明.医改背景下中医医疗机构服务功能的若干问题探讨[J].中医药管理杂志，2014（2）：163~166

[277] 程勇.大学附属医院管理模式的演变与启示[J].中国卫生资源，2013（3）：188~190

[278] 程勇，孙荇，石云，黄萍，蔡轶明.中医医疗机构服务功能与补偿机制的问卷调查分析[J].上海中医药大学学报，2013（5）：94~97

[279] 石云，贾杨，程勇，王炜为.上海 2008 年至 2010 年门诊中药饮片处方药味数和剂量的调查分析[J].中医药管理杂志，2012（3）：234~236

[280] 程勇，石云，蔡轶明.关于发展中医保健服务业的探讨[J].中医药管理杂志，2011（7）：605~608

[281] 石云，冒展藻，邹晨詠.上海市社会办中医医疗机构现状与分析[J].中国中医药信息杂志，2014（6）：4~6

[282] 石云，张慧倩.上海中医执业医师多点执业现状与对策分析 [J].中医药管理杂志 2014（9）：1400~1402

[283] 石云，孙行军，管红叶等，对上海市综合医院中医科达标创建推进综合医院中医药工作发展的探讨 [J].中医药管理杂志，2011（8）：721~722

（本论文一览表经王春艳核对）

八、文献馆机构变化表

一、组织结构图

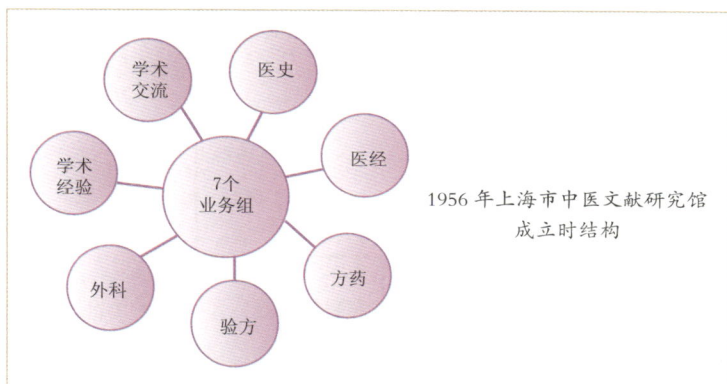

1956 年上海市中医文献研究馆
成立时结构

目前上海市中医文献馆结构

二、部分业务科室沿革

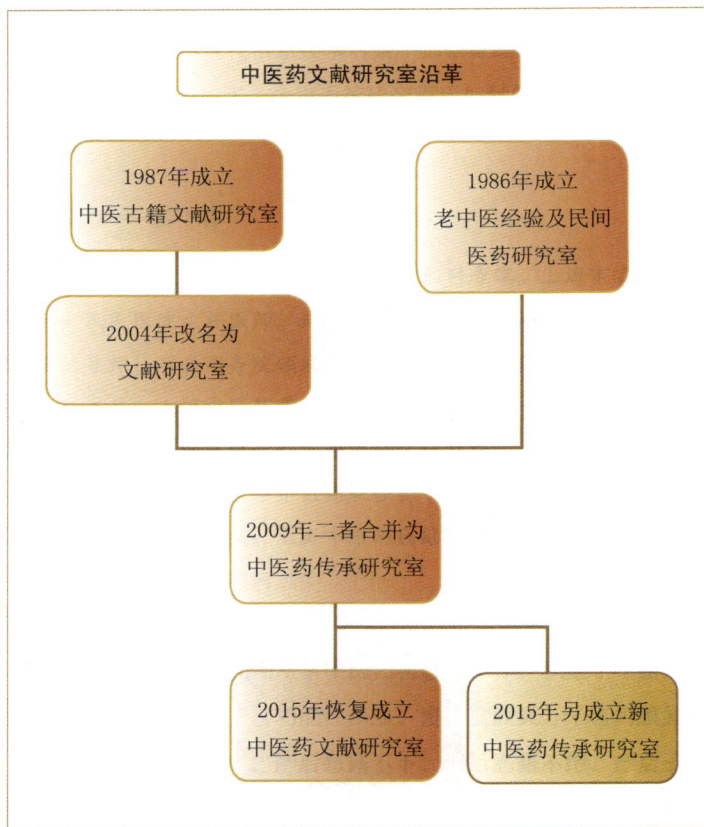

中医药文献研究室沿革

1987年成立
中医古籍文献研究室

1986年成立
老中医经验及民间
医药研究室

2004年改名为
文献研究室

2009年二者合并为
中医药传承研究室

2015年恢复成立
中医药文献研究室

2015年另成立新
中医药传承研究室

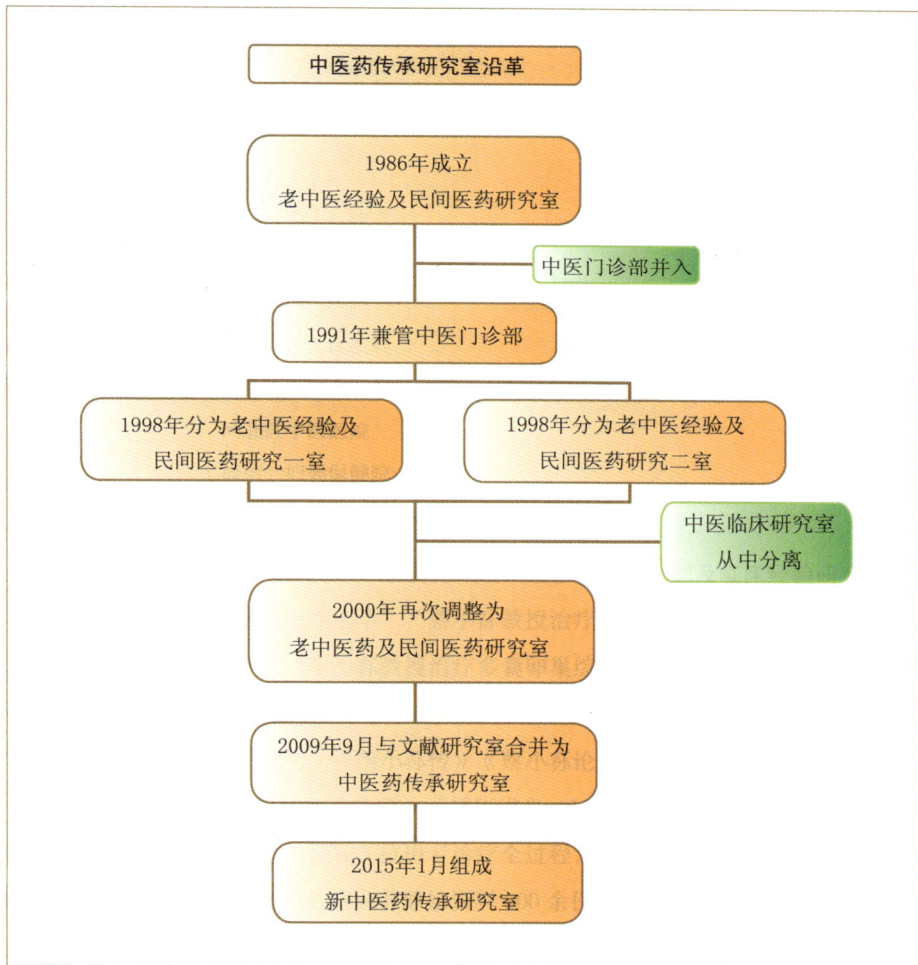

中医药传承研究室沿革

1986年成立
老中医经验及民间医药研究室

中医门诊部并入

1991年兼管中医门诊部

1998年分为老中医经验及
民间医药研究一室

1998年分为老中医经验及
民间医药研究二室

中医临床研究室
从中分离

2000年再次调整为
老中医药及民间医药研究室

2009年9月与文献研究室合并为
中医药传承研究室

2015年1月组成
新中医药传承研究室

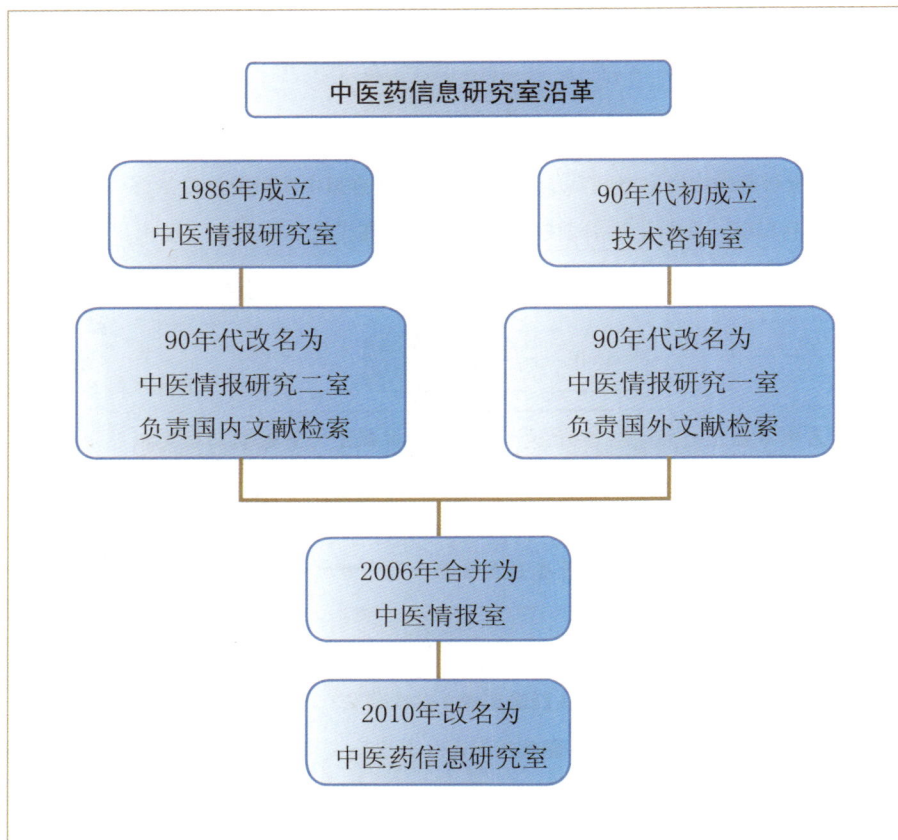

九、上海市中医文献馆大事记（1956~2015）

1956 年 7 月 16 日	上海市中医文献研究馆成立，顾渭川任馆长。馆址为南昌路 218 号。
1956~1964 年	上海市中医文献研究馆先后聘任馆员 62 位，其中 1956 年聘任 47 位，1960~1964 年又续聘 15 位。
1958 年	文献研究馆召开师带徒拜师大会。
1958 年 8 月	上海市中医文献研究馆划归上海中医学院领导。
1959 年 6 月	创办内部刊物《引玉》，至 1962 年 10 月末期。
1959 年 8 月	上海市中医文献研究馆复归上海市卫生局领导。
1959 年	文献研究馆荣获卢湾区卫生先进单位称号。
1960 年 1 月	市卫生局任命张赞臣为副馆长，主持工作。
1959~1963 年	编写出版《上海市中医文献研究馆丛刊》，包括《哮喘专辑》《消渴专辑》《中风专辑》《疟疾专辑》《黄疸专辑》及《验方选编》等一批有影响的中医书籍。
1962 年	成立党支部，张禹勋任书记。
1963 年 11 月	创办内刊《中医资料》，作为《引玉》的延续，至 1965 年 12 月末期。
1968 年 7 月	开办中医门诊部。
1972 年 3 月	受文革影响，文献研究馆被撤销。人员、中医书籍、文献资料等并入上海市中医研究所，该所归属上海中医学院领导。
1980 年 10 月	经上海市政府批准，由市卫生局负责我馆重建工作。
1980 年 12 月	上海市首届中医研究班正式开班，学制一年，学员 30 名。
1981 年	聘任俞志鸿、恽慧庄等馆员 17 名。
1981 年 7 月	我馆正式复馆，董廷瑶任馆长。
1982 年 1 月	上海市第一届中医研究班结业。
1982 年 6 月	上海市第二届中医研究班开班，学制一年，学员 31 名。
1983 年 6 月	上海市第二届中医研究班结业。

1983 年 8 月	董廷瑶著的《幼科刍言》由上海科学技术出版社出版，该书获上海市卫生局优秀中医药著作奖，中医药研究院科研成果三等奖。
1983 年 9 月	上海市第三届中医研究班开班，学制一年，学员 29 名。
1983 年 12 月	《杏苑》创刊。
1984 年 8 月	上海市第三届中医研究班结业。
1984 年 10 月	上海市第四届中医研究班开班。学制一年，学员 32 名。
1985 年	聘用陶斗元、江克明、茹十眉 3 位馆员。
1985 年 3 月	复建门诊部，取名"老中医门诊部"。
1985 年 6 月	内部印行《上海市第二届中医研究班中医学术论文选编》。
1985 年 9 月	上海市卫生局中医处副处长王翘楚兼任上海市中医文献馆馆长。
1985 年 10 月	上海市第四届中医研究班结业。
1985 年 10 月	组织"华东地区伤骨科进修班"
1985 年 12 月	市卫生局交办我馆作为"中医骨伤科函授学院上海分院"招学员 64 名。
1986 年	我馆成立中医情报研究室。
1986 年 1 月	聘姜春华、张镜人、邝安堃为顾问。
1986 年 5 月	第二期全国中医科研管理干部讲习班开班，全国各地学员 30 人，学习时间 1 个月。
1986 年 9 月	华东地区伤骨科进修班结业。全国推拿医师提高班开班。
1986 年 10 月	《上海中医药情报》创刊，由上海市医学科学技术情报研究所中医情报研究室主编。
1987 年	门诊部增设了夜门诊。
1987 年	《杏苑中医文献杂志》编辑了"老中医经验专集"，印四千册，颇受欢迎。
1987 年 2 月	《杏苑》改名为《杏苑中医文献杂志》。
1987 年 5 月	上海市第五届中医研究班开班，学制 2 年，学员 27 名。
1987 年 7 月	国际针灸、中药讲习班开班，为期二周，学员 12 人。
1987 年 9 月	成立复馆后第一届党支部，王敬同任书记。

1987 年 10 月	举行"继承整理老中医学术经验授奖表彰大会"，市政协副主席杨楗、市政协科教文委夏明芳、市卫生局领导王希孟、施杞、徐善兴等出席。
1987 年 10 月	陈熠、张仁、邓嘉成等编著的《难病辨治》由上海科学技术文献出版社出版。该书获 1987 年上海市卫生局的优秀中医药著作奖，上海市新闻出版局的上海市优秀图书（1985~1988）二等奖。
1987 年 11 月	第三期全国中医科研管理干部讲习班开班，学员 38 人。
1987 年 12 月	成立首届工会，刘来娣任主席。
1987 年 12 月	组织召开"我馆 1987 年年会暨中医防治肝炎座谈会"。
1988 年	聘任谢霖富、王正公、郭镜我、袁云瑞 4 位馆员。
1988 年	我馆承担课题"中医中西医结合科研管理的探讨"获上海市卫生局中医药科研管理奖。
1988 年 6 月	全国首届 DME 与中医科研方法研讨班在我馆举办。
1988 年 10 月	全国第四期中医科研管理干部讲习班开班，上海市卫生局顾问张镜人出席开学仪式，学员 19 人。
1988 年 12 月	上海"甲肝"流行，我馆设立甲肝文献研究小组和肝病专科门诊。
1989 年	王翘楚领衔的"针麻临床研究思路与方法"课题获上海市卫生局管理奖和荣誉奖。
1989 年	董其圣、潘文奎编注的《恽铁樵遗著选》由上海科学技术文献出版社出版，该书获 1993 年上海市卫生局中医药科技进步奖三等奖。
1989 年 3 月	周家珩任党支部书记。
1989 年 3 月	张仁著、王翘楚审定的《中国针刺麻醉发展史》由上海科学技术文献出版社出版，该书获"全国医史文献图书及医学工具书"（1991年 . 北京）全国奖。
1989 年 4 月	承办"全国针灸针麻学术讨论会"。
1989 年 4 月	第五届中医研究班结业，谢丽娟副市长以及左英、施杞等领导到会祝贺。
1989 年 5 月	我馆正式启动计算机信息化建设。

1989 年 9 月	全国第二期县级中医医院院长管理学习班在我馆举办，国家中医药管理局医政司詹文涛司长、陈洛珈处长等出席开班仪式。
1989 年 10 月	启动国家中医药管理局课题"姜春华学术思想及临床经验研究"。
1989 年 11 月	首册《国内外中医药科技进展》由上海市医学科学技术情报研究所编写、出版；1991 年起，负责编写的相关科室、人员划入我馆后，该刊物由文献馆情报研究室主编。
1990 年	国家中医药管理局举办第一批"老中医药专家学术经验继承班"，我馆受上海市卫生局委托、负责该继承班的管理工作。
1990 年 2 月	上海市卫生局批准成立上海市中医药科技情报研究所，馆长王翘楚兼任所长。
1990 年 5 月	上海市卫生局成立电教中心，挂靠我馆。
1990 年 6 月	上海市医学科学技术情报研究所之中医情报研究室划入我馆，《上海中医药情报》也一并转由上海市中医药科技情报研究所具体承办。
1990 年 6 月	全国民族医院院长管理学习班在我馆举办。
1990 年 6 月	由我馆与中华医学会上海分会图书馆合作校注的《明清中医真善孤本精选十种》系列丛书陆续出版。
1990 年 9 月	励正康任我馆馆长兼上海市中医药科技情报研究所所长。
1990 年 10 月	国家中医药管理局举办"全国第一批老中医药专家学术经验继承班"，我馆受上海市卫生局委托、负责该班的管理工作。
1990 年 10 月	承办国家中医药管理局"全国第一期中医医政管理干部学习班"。
1991 年 4 月	承办"全国中医中西医结合治疗妇科疾病进展研修班"。
1991 年 5 月	陈熠主编的《中国药酒大全》，由上海科学技术出版社出版，该书荣获 1993 年上海市卫生局中医药科技进步奖三等奖。
1991 年 9 月	承办的国家中医药管理局"第二期全国中医医政管理干部学习班"开班。
1992 年 5 月	王翘楚主编、我馆潘文奎等多位同志参与编写的《中医科技管理学》，由上海科学技术出版社出版。该书属国家中医药管理局组织编写的卫生事业管理（中医）专业系列教材。

1992 年 6 月	承办"全国中医医疗事故纠纷防范与处理研讨班"； 承办"全国中医药政策法规研讨班"，国家中医药管理局田景福局长、志仁处长、上海市卫生局施杞副局长等出席开学和结业典礼。
1992 年 10 月	与卢湾区药材公司合作开办中药房。
1993 年	成立"上海市名老中医学术之家"。
1993 年	上海市卫生局开展第一批上海市老中医药专家学术经验继承工作，由我馆负责该继承班的管理工作。
1993 年	聘任颜德馨、施维智、李国衡、朱南孙、钱伯文、施梓桥沈惠民等 7 位馆员。
1993 年	唐国顺主任领衔的情报二室与上海科文光盘公司合作，出版第一张中医检索光盘：TCMCD 中医药文献数据光盘。
1993 年 2 月	唐国顺主编的《汉英医学写作用语词典》由上海译文出版社出版，该书在 1996 年全国中医药翻译图书评选活动中获优秀奖（中国中医药学会颁发）。
1993 年 2 月	潘文奎主编的《中医临床经验的整理与研究》由中国中医药出版社正式出版。
1994 年 1 月	由陈熠、陈明华、陈建平编著的《陈苏生医籍纂要》由上海科学技术文献出版社正式出版。
1994 年 4 月	励正康馆长、周家珩书记兼副馆长应邀赴日交流访问。
1994 年 7 月	《杏苑中医文献杂志》改名为《中医文献杂志》，全国公开发行。
1999 年 7 月	经国家中医管理局审核批准为"中国中医药文献检索中心上海分中心"。
1995 年	由我馆牵头的"上海市中医药信息协作中心"成立，成员单位有龙华、曙光、岳阳和上海市中医医院。
1995 年	魏平主任领衔的情报一室与长征医院、中国图书进出口总公司合作，由台湾汉珍资讯系统公司出版发行了国内首张《中国中药文献光盘数据库》。
1995 年 8 月	蒋琴芳任党支部书记。

1995 年 8 月	我馆与上海市对外文化交流协会合作，在衡山路 3 号开设了门诊分部，合作一直持续到 1997 年 9 月终止。
1996 年	我馆配合上海市卫生局完成《儿科泰斗—董廷瑶》录像片摄制。
1997 年	国家中医药管理局开展了全国第二批老中医药专家学术经验继承班的工作，我馆受上海市卫生局委托、负责该继承班的管理工作。
1997 年 3 月	我馆荣获"1996 年全国中医情报工作先进单位"称号。
1997 年 5 月	张仁任我馆馆长兼上海市中医药科技情报研究所所长。
1997 年	"老中医门诊部"改名为"中医门诊部"，成为医保定点医疗机构，并被定为三级专科门诊部。
1998 年 10 月	"姜春华临床思路与方法研究"课题获市卫生局中医药科技成果三等奖。
1999 年 2 月	陈熠主编的《世界传统医学 - 肿瘤学》由科学出版社出版，该书为《世界传统医学大系》丛书之一。
1999 年	上海市高层次中医临床人才培养项目启动，培养时间为三年，由我馆负责该班具体管理工作。
2000 年	上海市高层次中西医结合临床科研人才选拔培养工作启动，培养周期三年，由我馆负责该班具体管理工作。
2000 年	我馆由社区推荐并经市政府批准为市级"爱心助老特色基地"。我馆陈熠副馆长被美国传统医学研究院聘为院士。
2000 年	门诊部增设了特需门诊。
2001 年 6 月	组织董廷瑶名誉馆长行医八十周年暨百岁寿辰纪念活动，上海市中医界一百余人参加了会议。
2001 年	上海市中医紧缺专科临床人才培养计划启动，培养周期为两年。
2001 年 12 月	启动全员聘用合同制改革。
2002 年	国家中医药管理局开展第三批全国老中医药专家学术经验继承工作，我馆受上海市卫生局委托、负责该继承班的管理工作。
2002 年	国家中医药管理局开始实施第一批全国优秀中医临床人才研修项目。受上海市卫生局委托，由我馆负责具体管理工作。

2003 年 8 月	纪念创刊二十周年，《中医文献杂志》扩版，出版《创刊二十周年纪念特刊》，成立第一届理事会。（《杏苑》创刊于 1983 年）
2004 年	上海市高级西学中研修人才培养计划启动，培养周期三年，由我馆负责具体管理工作。
2004 年 5 月	"上海市中医药科技服务中心"成立，挂靠我馆，张仁任中心主任，市卫生局刘国华副局长、张明岛、施杞等领导出席揭牌仪式。
2005 年	上海市高层次针灸推拿临床人才培养计划启动，培养时间两年，受卫生局中医处委托由我馆负责该班具体管理工作。
2005 年 1 月	虞坚尔任我馆馆长兼上海市中医药科技情报研究所所长。
2005 年 7 月	《中医文献杂志》成为中华中医药学会系列杂志之一。
2005 年 9 月	张云鹏、蔡小荪名老中医工作室成立，上海市卫生局刘国华副局长、全国著名老中医颜德馨等出席揭牌仪式。
2005 年 10 月	《中医文献杂志》公开发行十周年庆，朱良春、马继兴、何任、李今庸、余瀛鳌、叶显纯、李鼎、张云鹏、施杞等中医名家和相关单位负责人参加。
2006 年	"张云鹏名老中医工作室""蔡小荪名老中医工作室"入选"上海市名老中医工作室"。
2006 年	上海市老中医药专家学术经验继承高级研修班在上海市中医文献馆开班，该班的培养模式采取师承与学位相结合的新传承模式。
2006 年 5 月	方松春任我馆馆长兼上海市中医药科技情报研究所所长。
2006 年 9 月	市卫生局批准成立"上海市张云鹏名老中医工作室"。
2006 年 9 月	成立第三届支部委员会，方松春任书记，王海丽、王春艳任支部委员。
2006 年 9 月	我馆中医门诊部在上海市质量协会首份《三级医疗门诊服务质量社会公众满意度测评报告》中，在本市 20 家三级专科医院评比中名列第三。
2006 年 10 月	成立我馆专家顾问团，聘张镜人、裘沛然、颜德馨、朱南孙、石仰山、王翘楚、张云鹏等 20 名著名专家为顾问。
2006 年 10 月	制定公布文献馆"十一五发展规划"。

2006 年 11 月 24 日	在上海市中医文献馆组织建馆五十周年馆庆活动，国家局、卫生局及兄弟单位 150 余人参会，制作五十周年馆庆纪念册。
2006 年 12 月	完成国家十五科技攻关计划分课题"蔡小荪学术思想及临床经验研究"。
2007 年 3 月	举办第一届"海派中医论坛"——"'海派、海派中医'名称之界定"。
2007 年 5 月	上海市卫生局领导陈志荣书记来馆调研。
2007 年 9 月	主持承担上海市科委"创新行动计划"项目"上海市名老中医学术思想传承研究"，获资助经费 120 万。
2007 年 10 月	主持承担国家"十一五"科技支撑项目子课题"张云鹏临床经验及学术思想传承研究"。
2008 年	国家中医药管理局开展了第四批老中医药专家学术经验继承工作，由上海市卫生局的中医处、上海中医药大学研究生院和挂靠在我馆的师承办公室共同管理。
2008 年 1 月	《中医文献杂志》从季刊改为双月刊，封面装祯第 5 次改版。
2008 年 11 月	举办第二届海派中医论坛之"海派中医和而不同特色研讨会"。
2008 年 12 月	举办第二届海派中医论坛之"上海市名老中医学术思想传承方法研讨会"。
2008 年 12 月	与上海市文史馆联合举办"中医药与传统文化"全国学术论坛。
2008 年 12 月	开始与龙华医院联合主办"名医讲堂"系列讲座。
2009 年 3 月	承办"纪念三·一七抗争废止中医案活动八十周年大会"暨"海派中医论坛"揭牌仪式。
2009 年	由王海丽副馆长牵头，开发完成电子馆务 OA 系统。
2009 年	国家中医药管理局开展第二批优秀中医临床人才研修项目，我馆受上海市卫生局委托、负责该继承班的管理工作。
2009 年 12 月	主编出版《近代海上名医医案》系列丛书 5 本。
2009 年 12 月	编著出版《跟名医做临床》第一辑丛书 5 本。
2009 年 12 月	主办第三届"海派中医论坛"之"中医药学术流派传承与发展高峰论坛"，全市中医医疗机构负责人和名老中医 150 余人参会。

2010 年	"张云鹏名老中医工作室""蔡小荪名老中医工作室"入选全国名老中医药专家传承工作室。
2010 年 3 月	"上海市中医药科技服务中心"改选，方松春任中心主任。
2010 年 11 月	上海市科委"创新行动计划"项目"名老中医临证经验及学术思想传承研究"获 2010 年度首届上海中医药科技奖一等奖。
2010 年 11 月	举办第四届海派中医论坛之"海派中医流派传承工程建设思考与实践"研讨会。
2010 年 12 月	完成出版学术专著《跟名医做临床》第二辑丛书 5 本、《名医之树常青——上海名老中医学术经验精粹》《上海名老中医医案精选》《林氏头皮针疗法》《顾伯华传》。
2010 年 12 月	启动全国名老中医药专家蔡小荪传承工作室、全国名老中医药专家张云鹏传承工作室 2 个国家级工作室建设项目。
2011 年 1 月	正式启用运行文献馆"医生工作站"。
2011 年 1 月	参与科技部专项"中医药古籍与方志文献整理"，承担"上海历代地方志中中医药文献资料辑录研究"分项目。
2011 年 10 月	由文献馆申报并立项启动上海中医药三年行动计划"海派中医流派传承研究基地建设"项目，上海市中医药发展办公室为此成立的基地建设管理办公室挂靠我馆，负责该项目的管理工作。
2011 年 12 月	举办第五届"海派中医论坛"之"流派传承人才培养模式实践与思考"
2011 年 12 月	编著出版《跟名医做临床》第三辑丛书 5 本。
2012 年	国家中医药管理局开展了全国第五批老中医专家学术经验继承工作。
2012 年	国家中医药管理局开展第三批优秀中医临床人才研修项目，我馆受上海市卫生局委托、负责该继承班的管理工作。
2012 年 5 月	启动馆级"陈熠中医传承工作室"成立。
2012 年 6 月	主持承担上海中医药发展三年行动计划"海派中医流派传承工程建设"之"海派中医蔡氏妇科流派传承研究基地"建设项目。
2012 年 8 月	主持承担"海派中医流派传承工程建设"之"丁氏内科流派传承研究基地"建设分项目"章次公学术思想与临床经验研究"。

2012 年 10 月	主持承担上海中医药发展三年行动计划"海派中医流派及特色技术扶持项目"之"祝氏内科流派特色技术扶持项目"。
2012 年 12 月	启动"上海市陈熠名中医工作室"建设项目。
2012 年 12 月	主持承担"全国学术流派海派蔡氏妇科流派传承工作室"建设。
2012 年 12 月	举办第六届"海派中医论坛"之"海派中医流派传承工程实践与探索"。
2012 年 12 月	编著出版《跟名医做临床》第四辑丛书 5 本。
2012 年 12 月	编制《上海市中医文献馆十二五发展规划》。
2013 年 5 月	举办"蔡小荪教授行医七十周年学术研讨会"。
2013 年 9 月	季伟苹任文献馆馆长、党支部书记，兼上海市中医药科技情报研究所所长。
2013 年 9 月	举办《中医文献杂志》创刊三十周年纪念会及杂志发展研讨会，成立新一届编委会。
2013 年 10 月	完成卫计委中发办委办的"上海中医药网"第一期建设任务。
2013 年 12 月	出版《五脏养生》系列丛书 5 本、《海上名医用药经验集》《海派中医之光》。
2013 年	我馆申报并立项 2014 年度市财政学术类专项——"海派中医影视资料搜集整理"。
2013 年	我馆申报并立项 2014 年度市财政资助学术专项——"上海市基层中医人员（非名中医）的一技之长挖掘研究"。
2013 年	我馆申报并立项 2014 年度市财政资助学术专项——"中医药智库与决策支持专项"。
2013 年	我馆申报并立项 2014 年度市财政资助学术专项——"文献馆馆员学术传承研究项目"。
2014 年	启动卫计委系统精神文明单位创建工作。
2014 年 1 月	完成《上海中医药情报》改扩版发行工作。
2014 年 2 月	我馆与上海中医药大学文献研究所签署战略合作协议，上计委郑锦副主任、季光副校长出席。

2014 年 3 月	举办第七届海派中医论坛之"近代中西医汇通历史及借鉴学术研讨会"。
2014 年 4 月	增聘文献馆馆员 32 名。
2014 年 4 月	启动馆级"张仁中医工作室"建设。
2014 年 4 月	我馆成立"文献馆修志小组"，参与《上海市志·卫生体育分志·医疗卫生卷 1978~2010》项目，历时 3 月完成。
2014 年 5 月	启动了"馆训征集活动"，最终确定"厚德笃志，博学求真"作为我馆的馆训。
2014 年 6 月	与上海中医药大学签订教学协议及联合培养攻读硕士学位研究生协议，成为上海中医药大学研究生实习基地及带教单位。
2014 年 8 月	正式公布《我馆三年行动计划（2014~2016）》。
2014 年 9 月	举办"我馆馆员聘任仪式"暨"海派中医"影视片开机仪式
2014 年 9 月	特聘朱良春、余瀛鳌、张灿玾三位教授为名誉馆员。
2014 年 4 月	我馆第五届工会经选举产生，周晴担任我馆第五届工会主席。
2014 年 12 月	完成新一轮中层干部竞聘，恢复成立"中医药文献研究室"。
2014 年	我馆申报并立项 2015 年度财政学术类专项——"我馆馆志并馆史研究专项"，即馆史研究"五个一"项目（包括一个数据库：《馆史资料数据库》；一部纪录片：《风雨六十年——上海市中医文献馆》；一部专著：《风雨六十年—上海市中医文献馆馆史》》；一本画册：《风雨六十年——上海市中医文献馆》；一间陈列室：《上海市中医文献馆馆史陈列室》）。
2014 年	我馆申报并立项上海市卫计委第二轮中医药三年行动计划专项——"海派中医文化科普基地"。
2014 年 12 月	新的电子馆务 OA 系统启用。
2015 年 4 月	我馆被评为"第十二届（2013~2014 年度）上海市卫生计生系统文明单位"。
2015 年	程勇研究员成功中标国家社会科学基金重点项目（15AGJ003）"中医药走向世界战略研究"，为我馆第一个国家级科研基金项目。
2015 年 5 月	"上海市中医药科技服务中心"改选，季伟苹任中心主任。

2015 年 8 月 3 日　　中山大学哲学系龚隽教授作主题报告——《中国禅学思想与智慧生命》，作为杏苑学术报告会的第一讲，启动了我馆六十周年馆庆系列活动。

2015 年 10 月　　举办第八届海派中医论坛之"海派中医文化的回顾与展望"，亦为馆庆系列活动之一。

2015 年 12 月　　市科委科技服务中心的平台建设项目启动。

2015 年 12 月　　我馆馆史陈列室建成。

我馆大门改造工程完成。

我馆"杏林书苑"建成。

我馆馆史纪录片——《风雨六十年——上海市中医文献馆》完成。

十、杂志历届编委会名册

《杏苑》学术资料编审委员会

    编委　董廷瑶　陈苏生　张友琴　孟友松

    编辑　张寿杰　俞志鸿　宋知行

    秘书　邓嘉成　陈惠国

《杏苑中医文献杂志》

    编辑：《杏苑中医文献杂志》编辑室

        1993 年第 1 期始　主编：张仁

《中医文献杂志》

    1994 年第 1 期始　主编：张仁

    1995 年第 1 期始　主编：张仁　责任编辑：吴九伟

    1997 年第 1 期始　主编：张仁　责任编辑：吴九伟　英文编辑：余恒先

        编辑室编务人员：沈晓青

    2001 年第 3 期始　主编：张仁　责任编辑：吴九伟　英文编辑：唐国顺

    2002 年第 1 期始　主编：张仁　责任编辑：吴九伟　英文编辑：余恒先

    2003 年第 1 期始　主编：张仁　副主编：吴九伟　编辑部主任：杨悦娅

        责任编辑：邓嘉成　英文编辑：余恒先　编辑室编务：沈晓青

    2005 年第 1 期始　主编：张仁　副主编：吴九伟　编辑部主任：杨悦娅

        责任编辑：郑宜南　英文编辑：余恒先

    2005 年第 3 期始　主编：虞坚尔　副主编：吴九伟　杨悦娅

        编辑部主任：杨悦娅　责任编辑：郑宜南

    2006 年第 3 期始　主编：方松春　副主编：吴九伟　杨悦娅

        编辑部主任：杨悦娅　责任编辑：郑宜南

    2008 年第 1 期始　主编：方松春　副主编：吴九伟　吴佩颖　杨悦娅

编辑部主任：杨悦娅　责任编辑：郑宜南

2009 年第 1 期始　主编：方松春　副主编：吴九伟　吴佩颖　杨悦娅

编辑部主任：杨悦娅　责任编辑：郑宜南　王顺（交替各负责 1 期）

2013 年第 5 期始　主编：杨悦娅　常务副主编：吴九伟　副主编：王春艳　郑宜南

编辑部主任：杨悦娅　责任编辑：郑宜南　王顺（交替各负责 1 期）

编辑部编辑：卓鹏伟　编辑部编务：倪华

《中医文献杂志》第四届编委会名单

顾问（按姓名笔划排名）：

马继兴　邓铁涛　史常永　朱良春　任继学　何　任　张　琪　张灿玾

张镜人　李金庸　余瀛鳌　曹洪欣　路志正　裘沛然　颜德馨

主编：虞坚尔

副主编：吴九伟（常务）　杨悦娅

常务编委（按姓氏笔划排名）：

王庆其　朱邦贤　张　仁　张云鹏　张如青

陈　熠　吴九伟　杨悦娅　段逸山　虞坚尔

编委（按姓名笔划排名）：

王　键　王振国　田代华　叶显纯　丛春雨　孙光荣　江克明　华卫国　苏　礼

李　鼎　陈令霄　陆庆荣　陆金根　郑金生　周阿高　柳长华　施　杞　夏　翔

陶光正　赵国定　钱超尘　彭培初

《中医文献杂志》编辑部成员：

编辑部主任：杨悦娅

编辑部成员：吴九伟、沈晓青、郑宜南

《中医文献杂志》第五届编委会名单

主任委员：严世芸

常务副主任委员：季伟苹

副主任委员：曹正逵

主编：杨悦娅

常务副主编：吴九伟

副主编：王春艳　郑宜南

顾问（14 人，按姓氏笔画排列）：

马继兴　邓铁涛　朱良春　张　琪　张灿玾　余瀛鳌　李　鼎
李今庸　严世芸　施　杞　段逸山　路志正　颜正华　颜德馨

常务编委（28 人，按姓氏笔画排列）：

方松春　王庆其　王兴伊　王春艳　王　顺　华卫国　严隽陶
陈湘君　张云鹏　张　仁　张如青　陈　熠　李其忠　季伟苹
杨杏林　杨悦娅　吴佩颖　吴九伟　周阿高　郑宜南　卓鹏伟
胡国华　赵国定　胡鸿毅　梁尚华　秦　莹　夏　翔　虞坚尔

编委（34 人，按姓氏笔画排列）：

万　芳　王　琦　王　键　王旭东　王振国　王象礼　庄乾竹
刘玉玮　刘更生　孙光荣　许敬生　苏　礼　陆　拯　陈仁寿
李应存　张瑞贤　范永升　和中浚　林　楠　郑金生　柳长华
胡晓峰　钱超尘　陶广正　秦玉龙　顾植山　曹　瑛　黄　煌
曹东义　黄龙祥　程　伟　温长路　焦振廉　戴　铭

跋

越是远离的历史，越能体现留痕在时间上的分量。

立馆之初的那段历史，无论它是名医馆员、文献研究、临床经验，还是师徒间的谈医论道、《引玉》的交流传播，都具有一种特殊的激情与活力，这正是我们现代传承中所缺乏的。我们在统稿的过程中强烈的感受到了，责任感驱使我们要尽可能的呈现出来。著作、期刊、照片、档案⋯那些早已散失在时间长河中的历史资料，是我们能够还原馆史的关键，为此，一年来季伟苹馆长倾其丰富的人脉资源，联络上下左右，带领我们下力气察访、采集资料。

首先寻找"人"的线索。我们以我馆老职工郑雪君副主任医师在 2008 年《中医文献杂志》上发表的"上海市中医文献馆馆员志"为基础，以当年的名医馆员们发表在《上海中医药杂志》等期刊上的论文、撰著出版的论著、内部中医资料汇编中的人物线索等为补充，完整的梳理了我馆几次聘任"馆员"的史实，尤其是 1972 年以前的馆员的基本情况。当我们看到数字与人名逐渐对应准确的时候，由衷的感到欣慰。

其次搜寻"物"的踪迹。"文革"中期闭馆后，书刊、档案、资料早已散失，私事余年后的今天，我们仅从上海中医药大学图书馆的书库里查询到一小部分当年保存下来的书刊，有我馆早期编撰出版的内刊《引玉》，有从十余万个民间献方中甄选并汇编成册的《验方选编》，有馆员们倾注一生心血实践的《临床心得选集》，以及整理出版了十辑古代文献中的专病类书，如《疟疾专辑》《黄疸专辑》《消渴专辑》等系列。我们又通过中国知网、读秀等数字化检索系统，查询到由我馆编撰的建国后第一部中医史书《中国医学史》著作；老专家郭天玲教授向馆里捐献了她的私人藏品——最早的《中医资料》，我馆《中医文献杂志》杨悦娅主编贡献出她收藏多年的刊名印膜和照片，弥补了我们通过公开渠道搜集早期资料的不足。虽然能够搜寻到的建馆之初"物"品的数量不多，但却甚为弥足珍贵。

我们翻阅着一篇篇文章，其规整的体例结构、严谨的观点论据、求实的临床数据、生动的行文风格，使我们的敬佩之心油然而生。前辈们的字里行间承载着足份的学术含金量，弥散着浓浓的学术气息，那些被厚实的文化底蕴浸染的文字，字字珠玑。在搜寻实物的过程中，我们始终被当年的名医馆员、助理馆员们的工作态度、工作实绩深深的感动着。

再者觅揽"事"的卷宗。当年的中医文献研究馆，在建馆初期的头两年中归属多有变化，并且说法不一；第一批高龄馆员在民国及解放初期的从医情况，有资料记载的也模糊不清；当年馆员中评优、对外授课、临床带教等情况，都要一一核实，而这些都必须找到当年的档案资料。编写组成员一头扎进我馆档案室，在档案室刘俊芳老师、图书室包晨老师的热情帮助下，首先理清了我馆复馆后的发展脉络，以此为基础，又先后走访了上海市卫计委档案室、上海中医药大学档案室、龙华医院档案室等单位，找到了一些历史照片和文件，最终在上海市档案馆、上海市图书馆里发现了许多早期的重要资料，为《馆史》中诸多的历史细节提供了原始凭据。为了避免错漏任何史料和线索，资深研究员陈沛沛教授带领张晶滢、范骏多次往返于上海中医药大学、上海市图书馆、上海市档案馆等处，尤其是在市档案馆查资料的那段时间，连续39度的高温，炎炎夏日中亦不懈怠，终于将零散各处的历史资料归集了起来，轮廓渐渐的清晰起来。正是由于这些资料中深藏着的细节的拼接、才得以复原我馆历史中的一个个片段。

在寻觅档案资料的过程中，我们对档案文献管理的历史价值与现实意义，有了深刻的认识。为此，我们边修《馆史》边建立起了我馆的数字档案库，不仅将这次从各方寻回的档案、书刊、资料入库，永久保存，还建立了一套现代化的管理系统，为后人续写明天的馆史，奠定了基础。

将历史、现实、未来连接在一起的修史，才能明志。

《馆史》的修撰已近尾声，回顾一年半的修撰经历，得力于季伟苹馆长的严格要求、缜密部署，老专家、老领导的全力支持，全馆各科室的通力合作。我们从修撰之初的立项、察访、采集资料，到各科室（主题）初稿形成；从两易初稿后出样稿，到第一次专家审阅；从第二轮的补缺、查证，到进入统稿后的修改；从三统完成全稿，到第二次专家审阅，直至当前的邀约出版，一步一步走的踏实。然而最令我们感触的是如下一、二。

一是统稿之艰辛。由于初稿撰写时资料有限、时间紧迫，故初稿汇集时，资料疏漏、文风各异等问题比较突出，虽后经两遍修改，待汇集到统稿组时，仍然有许多基础工作要做。肖芸博士负责主统全稿，她不放过每一个存疑或前后矛盾、语焉不详之处，她与初稿的撰稿人沟通、重新翻检历史档案、辨认历史照片、查阅旧刊书籍，认真负责的核实与考证，力求所著文字能经得起推敲、检验。统稿过程漫长而艰辛，由于新史料的不断发现、或文字前后不一，诸多章节几乎需要推倒重写。统稿组的肖芸、卓鹏伟、张晶滢为了保证《馆史》

的质量，放弃节假日的休息，加班工作，甚至无暇顾及大病初愈、有孕在身等特殊情况，以高度的责任感全力以赴的完成了统稿任务。在落笔的那一天，他们疲惫的脸上露出了满足的笑容，这是一份对自己"有为"的价值认同。

二是专家的支持。向我馆亲历馆史的老专家、老领导们求证、咨询，听取意见与建议，是《馆史》编撰的重要一环。让我们感动的是，老领导、老专家们严谨认真、实事求是的风范，他们的审稿评议，仍如做学术研究般的一丝不苟，对每一点纰漏都指明更正，甚至连一些句读的失误也分别圈划批注。对一些时间点或人物姓名的模糊，专家们不但尽力帮我们厘清，而且提供详实的考证与线索，让我们有据可查；对目录、正文中诸多细节也都提出了宝贵的建议。他们对本书的重视，促使我们必须认真再认真，才能不辜负前辈的期望。

同时，老专家、老领导们对于修撰《馆史》的意义与价值，也给予了热情的支持与充分的肯定。陈熠老馆长在采访中说："见到送审稿后，感到由衷欣慰。由于中医文献馆文革撤并上海中医学院，所以好多与上海中医事业发展有关的历史问题模糊不清，1981 年复馆后，几任领导都想来个系统整理，但因各种原因，终未成愿。这次终于出现了一个较为清晰的轮廓。真所谓'前事不忘，后事之师'，对文献馆今后的发展，以致对整个上海中医事业都有很大补益。"；唐国顺教授在审稿意见中写到："出版《风雨六十年》一书是一个有远见的决策，对发展中医文献事业有重要的意义，尊重历史就能开拓发展"；王翘楚老馆长写到"这部馆史写得如此全面周到详细不容易"；郭天玲教授在审稿评语中说："……特别是对杏林书苑和愿景的描述，充满激情、文字优美、文化色彩浓郁，为文献馆的明天展现出一派气象万千的景象。"……前辈们的鼓励是我们最重要的动力。

一个甲子的历程轻轻的划过去了，明天的征程还将会有怎样的景象，我们撰稿人怀揣着梦想期待着……

何为完成了修史任务，从"器"的层面看，成果是一部馆史书籍；而从"道"的更深层次的感悟，则是在修史人的内心里，产生了难以抹去的印证，这种印记将会受益一生。

仅以此语结束难以言尽的诸多感慨！

《风雨六十年》编撰小组

2015 年 12 月 25 日冬夜